DER GENTLEMEN'S CLUB

Gary M. Douglas

Unter Mitwirkung
von Dr. Dain Heer

Der Gentlemen's Club
Copyright © 2014 Gary M. Douglas
ISBN: 978-1-63493-049-9

Alle Rechte vorbehalten. Kein Teil dieser Veröffentlichung darf wiedergegeben, in einem Datenabfragesystem gespeichert oder übertragen werden in keiner Art und Weise, weder elektronisch, mechanisch, fotokopiert, aufgezeichnet oder in einer sonstigen Form, ohne die schriftliche Einverständniserklärung des Herausgebers.

Der Autor und der Herausgeber des Buchs erhebt keinen Anspruch oder gibt irgendeine Garantie auf etwaige physische, mentale, emotionale, spirituelle oder finanzielle Resultate. Alle Produkte, Dienstleistungen und Informationen, die vom Autor zur Verfügung gestellt werden, dienen ausschließlich dem Zweck der allgemeinen Ausbildung und Unterhaltung. Die Information, die in diesem Buch zur Verfügung gestellt wird, stellt in keiner Weise einen Ersatz für medizinischen oder professionellen Rat dar. Sollte der Leser irgendeine der Informationen, die in diesem Buch enthalten sind, für sich selbst verwenden, so übernehmen Autor und Herausgeber keinerlei Verantwortung für etwaige daraus folgende Handlungen.

Veröffentlicht von
Access Consciousness Publishing, LLC
www.accessconsciousnesspublishing.com

Gedruckt in den Vereinigten Staaten von Amerika

Im ursprünglichen Gentlemen's Club Kurs gab es drei Männer, die verheiratet waren. Nicht lange, nachdem der Kurs beendet war, erhielt ich Anrufe von den Frauen, die mit diesen Jungs verheiratet waren. Jede einzelne sagte mir: „Ich danke dir so sehr, dass du diese Kurse gibst! Jetzt habe ich den Mann wieder, in den ich mich verliebt habe."

Vorwort

Der Gentlemen's Club basiert auf zwölf Telecalls, die ich mit einer Gruppe von eindrucksvollen und mutigen Männern gehalten habe. Meine Intention mit den Gentlemen's Club Kursen war es, eine Umgebung ausschließlich für Männer zu schaffen, in der die Teilnehmer frei darüber sprechen können, was es bedeutet, ein Mann in dieser Realität zu sein. In diesen Unterhaltungen ist jede Menge Energie. Manche Leserinnen mögen vielleicht manchmal vor der "Männerclub-Sprache" zurückzucken, aber ich hoffe, dass sie eine tiefere Wertschätzung für die Männer in ihrem Leben empfinden, wenn sie das Buch zu Ende gelesen haben und eine größere Erkenntnis darüber gewonnen haben, was notwendig ist, um eine Beziehung aus einer vollkommen anderen Realität heraus zu kreieren.

In den folgenden Diskussionen mag es einige Worte, Konzepte und Werkzeuge geben, die dir noch nie zuvor untergekommen sind. Es mag auch einige gewöhnliche Worte geben, wie *sein*, *menschlich* oder *empfangen*, die wir auf eine Art und Weise verwenden, die nicht allgemein üblich scheint. Wir haben versucht, all diese Wörter am Ende des Buchs in einem Glossar zu definieren.

Du wirst auch dem Löschungssatz begegnen, den wir bei Access Consciousness® verwenden. Dabei handelt es sich um eine Reihe von Abkürzungen, die sich an die Energien richtet, die die Begrenzungen und Kontraktionen in deinem Leben kreieren. Wenn du ihn zum ersten Mal liest, könnte es sein, dass er deinen Kopf ein wenig verwirrt. Das ist unsere Absicht. Er ist dafür gemacht, deinen Verstand aus dem Weg zu räumen, damit du zu der Energie einer Situation gelangen kannst.

Mit dem Löschungssatz richten wir uns an die Energie der Begrenzungen und Barrieren, die uns davon abhalten, uns vorwärts zu bewegen und uns in all die Räume auszudehnen, in die wir gern gelangen würden.

Der Access Consciousness Löschungssatz lautet "Right and Wrong, Good and Bad, POD and POC, All 9, Shorts, Boys and Beyonds"®. Am Ende des Buches befindet sich eine kurze Erklärung über die Bedeutung der einzelnen Worte.

Du kannst wählen, den Löschungssatz zu verwenden oder auch nicht; ich habe keine Ansicht darüber, aber ich möchte dich einladen, ihn auszuprobieren und zu sehen, was passiert.

Inhaltsangabe

Kapitel 1. Das Eintreten in etwas anderes 9

Kapitel 2. Sex und Beziehung kreieren
aus dem Gewahrsein, was ist 53

Kapitel 3. Ihr seid das wertvolle Produkt 87

Kapitel 4. Der König der Möglichkeiten werden 127

Kapitel 5. Der phänomenale Sex, die phänomenale
Kopulation und die phänomenale Beziehung,
die du wählen könntest. 173

Kapitel 6. Was ersehnst du dir wirklich? 217

Kapitel 7. Gut im Bett sein 243

Kapitel 8. Was ist ein Gentleman? 271

Kapitel 9. Was willst du tatsächlich
in einer Beziehung? 321

Kapitel 10. Die aggressive Präsenz der Sexualness 361

Kapitel 11. Commitment wählen 387

Kapitel 12. Den Subtext der Frauen entschlüsseln 417

Der Access Consciousness Löschungssatz 447

Glossar 451

Was ist Access Consciousness? 459

Verzeichnis der Kapitel und Überschriften 461

1
Das Eintreten in etwas anderes

Willst du von dem Versuch aus funktionieren, die Dinge zu verändern, so dass sie anders aussehen?
Oder willst du etwas anderes tun, das für dich funktioniert?

Gary:
    Willkommen zum Gentlemen's Club. Lasst uns mit einer Frage anfangen.

DIR SELBST ALS MANN VERTRAUEN / ANDEREN MÄNNERN VERTRAUEN

Kursteilnehmer:
    Ich starte eine Gruppe, die Männer ermächtigen soll, aber die Anmeldungen von den Männern kommen nur sehr zögerlich. Hast du irgendwelche Vorschläge für mich?

Gary:

Nenne das Ganze nicht „Ermächtigung für Männer". Männer haben angeblich bereits alle Macht. In Wahrheit sind sie vollkommen entmachtet – aber das wissen sie nicht. Wenn du das Ganze „Ermächtigung" nennst, wird keiner kommen, denn sie wissen nicht einmal, dass sie Ermächtigung brauchen oder wollen. Nenne das Ganze lieber „Dein Leben mit Frauen leichter machen."

Dain:

Männer wollen lieber, dass ihr Leben mit Frauen leichter wird, als dass sie ermächtigt oder mit anderen Männern verbunden sein wollen. Das meiste von dem, was Männer tun, dreht sich darum, eine Frau zu bekommen oder Sex zu haben. Für die meisten Männer ist die Vorstellung, sich gemeinsam mit anderen Männer zu treffen viel zu machtvoll. Es macht ihnen Angst.

Vor ein paar Jahren haben wir einen Access Consciousness Level Zwei und Drei Kurs in Santa Barbara gehalten. Einige der Access Consciousness Damen gingen an diesem Abend aus und sahen zwei Typen miteinander in eine Prügelei geraten. Die Damen sagten später: „Wisst ihr was? Es war offensichtlich, dass die beiden tatsächlich Sex miteinander haben wollten, aber in ihrer Welt war das nicht möglich und so haben sie stattdessen miteinander gekämpft. Der Kampf war ihre Art und Weise, das auszudrücken."

Wenn man mit Männern darüber spricht, Männer als Männer zusammenzubringen, dann kommt bei ihnen all das Zeug hoch, das sie nicht sein sollten, tun sollten und vor allem nicht miteinander sein und tun sollten.

Es war sehr interessant, die Rückmeldungen der Frauen von den "Salon des Femmes" Telecall-Kursen zu hören. Nach zwei Telecalls sagten sie Dinge wie: "Ich dachte, einem Haufen Frauen zuzuhören und keine Männer dabei zu haben, mit denen man spielen oder flirten kann, würde beschissen sein, aber jetzt habe ich das Gefühl, dass ich all diese Schwestern habe und es ist erstaunlich, wie viel mehr von mir ich habe und wie viel mehr ich mich mit Frauen und mir selbst verbunden fühle."

Als ich diese Rückmeldungen hörte, wurde mir klar, dass wir als Männer genauso sind. Wir kreieren eine Trennung voneinander, statt zusammenzukommen. Wenn wir das verändern könnten, könnten wir wahrhaftig die Welt verändern. Und wir hätten auch besseren Sex, wir wären die Potenz, die wir sind und wir hätten wesentlich mehr Spaß.

Gary:

Ich habe einen Prozess:

Welche Dummheit verwendest du, um die Trennung zwischen Männern und Frauen, Frauen und Frauen und Männern und Männern zu kreieren, wählst du? Alles, was das ist, mal Gottzillionen, werdet ihr all das zerstören und unkreieren? Right and Wrong, Good and Bad, POD and POC, All Nine, Shorts, Boys, and Beyonds.

Kursteilnehmer:

In diesem Prozess hast du gefragt: „Wählst du?" Ich neige dazu zu sagen: „*Die* du wählst." Ich bemerke, dass du das nicht sagst. Kannst du mir sagen warum?

Gary:
„Die du wählst" rechtfertigt deinen Grund, etwas zu wählen. Das ist eine festgelegte Ansicht. Es bedeutet: „Ich wähle das, weil _____." Du würdest vorziehen zu glauben, dass du aus einem bestimmten *Grund* wählst, statt *einfach nur zu wählen*. Ich versuche, dich dahin zu bringen, dass du siehst, dass es keinen Grund für das gibt, was du wählst – du wählst einfach. Deswegen frage ich: „Wählst du?"

Kursteilnehmer:
Danke.

PARTNERSCHAFTEN MIT MÄNNERN KREIEREN

Kursteilnehmer:
Kannst du über die Trennung sprechen, die ich mit anderen Männern kreiere?

Gary:
Die eine Sache, die du *nicht* tun darfst, ist, sexuelle Energie mit andern Männern zu haben. Das ist wie ein großes Nein. Du tust also, was auch immer du tun musst, um keinerlei sexuelle Energie mit anderen Männern zu haben. Und dennoch dreht sich in der sexuellen Energie so ungefähr alles um das Empfangen. Ohne sexuelle Energie gibt es kein Empfangen für dich. Wenn wir uns also vom Empfangen sexueller Energie mit anderen Männern abschneiden, schneiden wir uns auch vom Empfangen von Frauen ab, von Beziehung und von Sex. Wir schneiden uns ab vom

Empfangen von Geld und Business und allem anderen.

Wenn du Männer mit Männern haben kannst, dann hast du einen Ort, wo du eine Partnerschaft kreieren kannst, die Geld kreieren kann, oder du kannst eine Partnerschaft kreieren, die Spaß oder alles Mögliche kreieren kann. Dain und ich zum Beispiel verbringen die meiste Zeit zusammen. Wir sind gewillt, für unsere Freunde als Männer da zu sein. Ich ermutige Dain, auszugehen und Sex mit unterschiedlichen Frauen zu haben. Ich ermutige ihn zu tun, was immer er will, aber er ist mein Freund und er steht hinter mir. Wenn du eine Trennung zwischen Männern kreierst, dann kannst du niemals annehmen, dass ein Mann hinter dir steht.

Dain:
Du nimmst höchstens an, dass Männer dir von hinten das Messer in den Rücken jagen. Aber meistens ist es nicht der Mann in deinem Leben, der dir das Messer von hinten in den Rücken jagt.

Kursteilnehmer:
(Lachen)

Gary:
Frauen erstechen dich nicht von hinten. Sie schneiden dir einfach die Eier ab!

Dain:
Wenn Männer die Vorstellung abkaufen, dass es zwischen ihnen keine sexuelle Energie geben darf, schneiden sie sich selbst ab von der nährenden und liebevollen, der

ausdehnenden, generierenden, kreativen und heilenden Energie, die sie mit anderen Männern haben.

Gary:

Der „Ich bin für dich da"-Energie.

Dain:

Du schneidest dich auch davon ab, diese Energie für dich und mit dir zu haben.

Gary:

Du bist ein Mann und du musst dich von dir selbst abtrennen. Und so kannst du nicht hinter dir selbst stehen. Und das ist der Grund, warum so viele von euch sich selbst aufgeben, vor allem für Frauen.

Dain:

So viele von euch denken: „Oh, vielleicht kann ich die Frau finden, die mich schließlich ganz machen wird, die diese Leere füllen wird, die ich nicht für mich selbst fülle." Wenn du dich von dir abtrennst, bist du Teil der Trennung zwischen Männern und Männern.

Wir neigen dazu, es so zu sehen, dass die Männer, von denen wir uns abtrennen, außerhalb von uns sind, aber du musst dich von dir selbst abtrennen, um die Trennung von anderen Männern real zu machen.

Gary:

Die Frage, die ich habe, ist die: Vertraust du dir als Mann?

Dain:

Und die Antwort ist: „Teufel, nein!"

Kursteilnehmer:

Die Antwort ist: „Nein."

Gary:

Wenn du nicht selbst für dich da sein kannst, wo findest du dann jemanden, der das für dich sein kann? Du darfst einem Mann nicht erlauben, für dich da zu sein, wer also kann für dich da sein?

Dain:

Du glaubst, wenn ein Mann hinter dir steht, dann weißt du nicht, was er da hinten wohl tut; du lässt ihn nicht hinter dir stehen, weil er dir von hinten an die Eier greifen könnte.

Gary:

Das ist Wahnsinn.

Dain:

Es ist totaler Wahnsinn. Wenn du dir selbst diese seltenen Momente von Nähe mit einem Mann erlaubst, ohne eine Ansicht darüber zu haben, dann öffnet das deine Welt so dynamisch.

Gary:

Es ist ein fantastisches Geschenk und eine fantastische Möglichkeit.

Dain:

Welche Dummheit verwendest du, um die Trennung

zwischen Männern und Frauen, Frauen und Frauen und Männern und Männern zu kreieren, die du wählst? Alles was das ist, mal Gottzillionen, werdet ihr all das zerstören und unkreieren? Right and Wrong, Good and Bad, POD and POC, All Nine, Shorts, Boys, and Beyonds.

Gary:

Welche Dummheit verwendest du, um die Trennung zwischen Männern und Frauen, Frauen und Frauen und Männern und Männern zu kreieren, die du wählst? Alles was das ist, mal Gottzillionen, werdet ihr all das zerstören und unkreieren? Right and Wrong, Good and Bad, POD and POC, All Nine, Shorts, Boys, and Beyonds.

Hey Dain, weißt du, wie sie in Griechenland Männer von Jungen trennen?

Dain:

Mit einer Brechstange!

Gary:

Ich dachte, wir sollten das Ganze mit einem kranken Witz auflockern, um euch Jungs bei der Stange zu halten. Okay, lassen wir das noch einmal laufen.

Welche Dummheit verwendest du, um die Trennung zwischen Männern und Frauen, Frauen und Frauen und Männern und Männern zu kreieren, die du wählst? Alles was das ist, mal Gottzillionen, werdet ihr all das zerstören und unkreieren? Right and Wrong, Good and Bad, POD and POC, All Nine, Shorts, Boys, and Beyonds.

Warte. Wir müssen „Männer und Jungen" in diesen Prozess einfügen. Eine seltsame Energie kam hoch, nachdem wir diesen Witz gemacht haben und mir wurde klar, dass wir eine Trennung zwischen Männern und Jungen zu kreieren versuchen. Männer sind die Mentoren für die Jungen, ohne jemals hinter ihnen zu stehen.

Dain:

Wir wachsen mit der Vorstellung auf, dass wir allein sind. Wir glauben nicht nur, dass wir schlecht und falsch sind. Wir sind es nicht einmal wert, dass jemand hinter uns steht.

Gary:

Wir glauben nicht einmal, dass wir es wert sind, dass wir selbst hinter uns stehen, weshalb ich denke, dass Männer sich nicht selbst vertrauen.

Dain:

Welche Dummheit verwendest du, um die Trennung zwischen Männern und Frauen, Frauen und Frauen, Männern und Männern und Männern und Jungen zu kreieren, die du wählst? Alles, was das ist, mal Gottzillionen, werdet ihr all das zerstören und unkreieren? Right and Wrong, Good and Bad, POD and POC, All Nine, Shorts, Boys, and Beyonds.

DEINEN SINN FÜR SCHÖNHEIT ABSCHNEIDEN

Gary:

Wisst ihr, wir könnten ebenso „Männer und Mädchen"

in diesen Prozess einfügen. Ich habe bemerkt, wenn ein erwachsener Mann ein Mädchen sieht und auch nur einen Funken sexueller Energie hat, muss er in die Bewertung von sich selbst gehen, als wäre er irgendein Perverser oder eine schreckliche Person oder jemand, der Sex mit Kindern haben will, wovon nicht das Geringste notwendigerweise wahr ist.

Wenn ich ein schönes Pferd sehe, dann ist das für mich ein Pferd. Ich sehe ein schönes Pferd und es törnt mich an! Alles was mich interessiert, ist zu sehen, wie sich dieses schöne Pferd bewegt. Ich muss nichts mit ihm tun. Ich muss es nicht besitzen. Ich muss keinen Ort haben, an dem ich es kontrollieren kann. Ich erkenne einfach, dass das Pferd schön ist.

Männer schneiden ihren Sinn für Schönheit ab, weil sie Angst haben, dass das eine sexuelle Energie ist und dass das etwas „bedeutet".

Dain:

Wenn ihr als ein „Hetero"-Mann diesen Sinn für Schönheit habt, dann glaubt ihr, das bedeutet, ihr seid irgendwie schwul oder weich.

Gary:

Das nennt man „metrosexuell."

Dain:

Genau. Metrosexuell ist, wenn du all das Gute von homosexuellen Männern und all das Gute von heterosexuellen Männern in Kombination haben kannst - metrosexuell.

Gary:

Ja.

Kursteilnehmer:

(Lachen)

Dain:

Was war das?

Gary:

Jemand hat gelacht, weil wir witzig sind.

Dain:

Oh, das Geräusch habe ich seit einer Weile nicht mehr gehört. Deswegen wusste ich nicht, was es ist.

Kursteilnehmer:

(Lachen)

Gary:

Du hast zu viel mit Frauen geredet!

Dain:

Welche Dummheit verwendest du, um die Trennung zwischen Männern und Frauen, Frauen und Frauen, Männern und Männern, Männern und Jungen und Männern und Mädchen zu kreieren, die du wählst? Alles, was das ist, mal Gottzillionen, werdet ihr all das zerstören und unkreieren? Right and Wrong, Good and Bad, POD and POC, All Nine, Shorts, Boys, and Beyonds.

Gary:

Guter Gott. Die massive Ladung darauf ist einfach

unglaublich!

„WIR SIND FÜREINANDER DA"

Dain:

Neulich abends war ich mit unserem Freund Ricky beim Essen. Es war das erste Mal, dass wir zwei alleine zusammen waren. Ich habe ihm von meiner Freundschaft mit Gary erzählt. Ich sagte: „Wir sind füreinander da, aber so war das nicht vom ersten Tag an. Unsere Freundschaft hat sich mit der Zeit entwickelt. Wir haben eine Vertrauensebene kreiert, indem wir wir selbst sind und das wählen, was den anderen unterstützt, und füreinander da sind."

Ich sagte: „Als ich Gary damals kennen lernte, habe ich ihm alle möglichen Informationen über mich gegeben, die er hätte verwenden können, um mich aufzuspießen und mir ein Messer in den Rücken zu jagen, aber das hat er nicht getan. Und er hat mir jede Menge Munition in die Hand gegeben, die ich gegen ihn hätte verwenden können, aber das habe ich auch nicht getan. Es ging nur darum, wie wir einander beitragen und uns gegenseitig unterstützen können. Wir verbrachten Zeit miteinander, hatten ein Jahr lang eine erstaunliche Freundschaft und eines Tages sagte er zu mir: „Unsere Freundschaft ist vorbei."

Ich fragte: „Wovon sprichst du?"

Gary sagte: „Du hast mich die ganze Zeit bewertet. Du hast mich wirklich sehr scharf verurteilt. Der Rest der Welt kann mich gern bewerten, das ist in Ordnung. Aber meinen Freunden gebe ich nicht die Erlaubnis, mich zu bewerten.

Und deswegen ist unsere Freundschaft beendet. Du kannst weiter für Access Consciousness arbeiten, aber von diesem Moment an ist unsere Freundschaft beendet. Ich möchte nicht länger dein Freund sein. Das funktioniert nicht für mich."

Ich dachte nur: „Whoa!" Als er sagte: „Du bewertest mich", sagte mein Verstand buchstäblich: „Ja natürlich! Ist es nicht das, was Freunde tun?" Das war meine Ansicht.

Gary:

Das ist das, was Liebespaare tun, nicht Freunde.

Dain:

Er ging und ich fühlte eine Leere in meinem Leben und meiner Welt. Ich sagte mir: „Warte mal, es hat nie einen einzigen Moment gegeben, in dem Gary nicht hinter mir gestanden hätte, und ich bewerte ihn? Das ist Scheiße. Selbst wenn er jetzt geht, muss ich das für mich selbst verändern."

Ich rief ihn an und sagte: „Gary, du hast absolut recht und es tut mir wirklich leid. Ich möchte das verändern, aber ich weiß nicht wie. Ich weiß nicht, was ich jetzt tun soll und bitte dich um Hilfe. Ich werde für eine Sitzung mit dir bezahlen, wenn ich muss, aber hilfst du mir bitte, da durch zu gehen?"

Gary sagte: „Okay, ich gebe dir eine Stunde und wir werden sehen, wie es dann weiter geht." Ich habe fünfundvierzig Minuten gebraucht, um zu erkennen, dass ich gewählt hatte, ihn zu bewerten. Es fühlte sich an, als würde ich meinen Kopf durch eine Ziegelmauer rammen, um zu erkennen, dass ich das gewählt hatte, weil es sich so automatisch anfühlte.

Als ich das schließlich kapiert hatte, hat das meine ganze Welt und meine ganze Realität verändert. Ich sah, dass meine Bewertung war, er müsste an Sex mit mir interessiert sein, wenn ich ihm so viel bedeutete. Er muss schwul sein und einfach Sex wollen. Er will mich nur ins Bett kriegen. Das war die darunter liegende Ansicht, die diese Berge von Bewertungen an Ort und Stelle hielt, die ich gegen meinen Freund errichtet hatte.

Ist es möglich, dass du dir selbst nicht erlaubst, eine Freundschaft mit einem Mann zu haben, weil du irgendwo in deinem Universum gefolgert und bewertet hast, nur ein Mann, der Sex mit dir will, könne so freundlich und liebevoll sein und sich so um dich kümmern? Alles was das hochgebracht hat, mal Gottzillionen, werdet ihr all das zerstören und unkreieren? Right and Wrong, Good and Bad, POD and POC, All Nine, Shorts, Boys, and Beyonds.

Gary:
Neulich habe ich mit jemandem gearbeitet. Ich hatte die ganze Zeit das Gefühl, dass er belästigt worden war, aber er sagte nichts. Während der Sitzung habe ich ihn etwas gefragt und es kam heraus, dass es da einen Fußballtrainer gegeben hatte, von dem er sich belästigt gefühlt hatte.

Ich fragte ihn: „Wie meinst du das? Was hat der Trainer gemacht?"

Er sagte: „Na ja, er hat mir immer die Schultern massiert. Er sagte, er versuche, die Knoten aufzulockern."

Ich fragte: „Hatte dein Trainer irgendeine sexuelle

Energie, als er das gemacht hat?"

Er sagte: „Ja!"

Ich fragte: „Hatte er dir gegenüber sexuelle Energie?"

Er sagte: „Ja!"

Er hatte kein sexuelles Erlebnis mit seinem Trainer. Der Trainer hat nur versucht, ihm zu helfen. Er hatte ein liebevolles und fürsorgliches Gespür für den Jungen und der Junge hat das als sexuelles Verlangen interpretiert und so hat er sein Gewahrsein für einen Mann abgeschnitten, der diese Art von Energie ausstrahlte. Er folgerte daraus, es ginge um Sex und das Ergebnis war, dass es sich für ihn übergriffig anfühlte.

Überall da, wo es sich für dich übergriffig angefühlt hat, wenn ein Mann dich tatsächlich nur als ein süßes Kind gesehen hat oder als jemanden, der so entzückend ist, dass man es kaum aushält, oder wenn jemand nicht das Gefühl hatte, er müsse seine sexuelle Energie in deiner Gegenwart ausschalten und du ihn zurückgewiesen hast und dich selbst auch zurückgewiesen hast und in die Falschheit der ganzen Sache gegangen bist und eine Art Trennung von dir selbst oder von dir und ihm kreiert hast oder zwischen dir und Männern oder zwischen dir und Männern und Jungen, werdet ihr all das zerstören und unkreieren? Right and Wrong, Good and Bad, POD and POC, All Nine, Shorts, Boys, and Beyonds.

Offensichtlich hatten einige von euch ähnliche Erfahrungen. Hatte jemand von euch eine solche Erfahrung, wo jemand, der ein „Mann" war, sich für euch tatsächlich sexuell angefühlt hat und ihr hattet das Gefühl, er wird übergriffig oder er will etwas von euch, das ihr nicht liefern könnt oder wollt?

Alles, was das hoch bringt, mal Gottzillionen, werdet ihr das zerstören und unkreieren? Right and Wrong, Good and Bad, POD and POC, All Nine, Shorts, Boys, and Beyonds.

DIE FREUNDLICHKEIT, DIE MÄNNER HABEN

Kursteilnehmer:

Als Kind und Jugendlicher konnte ich keine Freundlichkeit bei Männern entdecken. Als ich dich und Dain getroffen habe und viele andere Männer bei Access Consciousness, dachte ich: „Oh! Das ist es! Danach habe ich gesucht!" Ich habe mir selbst nicht gestattet, das wahrzunehmen, als ich jünger war.

Gary:

Was ist passiert, als du jünger warst, von dem du nichts wissen wolltest, das einen Ort kreiert hat, an dem du dich von dir selbst und anderen Männern abtrennen musstest, um das Gefühl zu haben, du könntest diese Freundlichkeit finden, von der du wusstest, dass sie existieren muss?

Kursteilnehmer:

Ich habe gesehen, wie sich die Männer in meiner Umgebung verhalten haben. Ich habe gesehen, was mein Großvater mit meinen Schwestern getan hat und mein Vater mit meiner Mutter und habe beschlossen: „Wenn ein Mann zu sein so aussieht, dann möchte ich das nicht sein."

Gary:

Alles von dem ihr entschieden habt, dass ihr es nicht sein wollt, weil ihr keine Freundlichkeit darin gesehen habt und weil es Schmerz und Leid und Verletzung und Falschheit und Gemeinheit war, was ihr gesehen habt, werdet ihr all das zerstören und unkreieren und den Anspruch auf euch selbst geltend machen? Right and Wrong, Good and Bad, POD and POC, All Nine, Shorts, Boys, and Beyonds.

Dain:

Während ihr geredet habt, ist noch etwas aufgetaucht, was hier dazu gehört. Wie sehr warst du dir der Abneigung oder des Hasses deiner Mutter Männern gegenüber bewusst und der Abneigung und des Hasses deiner Schwestern und der Abneigung und des Hasses deiner Großmutter?

Gary:

Na ja, es war nicht einmal Hass. Es war totales Misstrauen.

Dain:

Okay, cool. Totales Misstrauen, was genau das ist, was wir gegen uns selbst empfinden.

Gary:

Ja, so kommt es schließlich. Du kannst nicht darauf vertrauen, dass Frauen den Männern vertrauen. Du siehst nicht das geringste Vertrauen bei Frauen Männern gegenüber, du siehst nicht das geringste Vertrauen bei Männern Männern gegenüber und das Resultat ist, dass du dir selbst nicht vertrauen kannst, weil du ein Mann bist.

Dain:

Was das Ganze so verdreht macht, ist die Tatsache, dass ihr das Ganze aus der Welt einer Frau auffangt und ihr erkennt das nie. Es ist da, unter allem anderen verborgen, und nagt die ganze Zeit an euch. Es kam nicht von einem Mann und es kam nicht von euch. Es war etwas, das ihr als Ansicht aufrechterhalten solltet. Ihr solltet nicht so sein, wie die Männer, denen die Frauen misstrauen. Macht das Sinn?

Kursteilnehmer:

Ja.

Gary:

Frauen vertrauen sich selbst auch nicht. Sie sind nur selten gut im Hassen, aber sie sind sehr gut im Misstrauen und sie werden hasserfüllte und gemeine Dinge im Namen der Ermächtigung tun und im Namen der Machterringung, weil sie sich angesichts des totalen Mangels an Wertschätzung und des totalen Mangels an Vertrauen machtlos fühlen.

Alles was das hochbringt oder runterlässt, können wir all das bitte zerstören und unkreieren? Right and Wrong, Good and Bad, POD and POC, All Nine, Shorts, Boys, and Beyonds.

Dain:

Es gibt eine ganze Menge in Bezug darauf, dass man sich selbst als Mann und auch anderen Männern nicht traut. Ihr bekommt den projizierten Mangel an Vertrauen mit von den Müttern, Schwestern, Tanten und allen weiblichen Personen, denn das, was sie schlussendlich als wahr definiert haben, ist: Sie können Männern nicht vertrauen. In Wirklichkeit sieht es so aus, dass sie sich selbst nicht vertrauen und auch Männern nicht vertrauen. Ihr vertraut euch selbst nicht und ihr vertraut Männern nicht, wie viel Fürsorglichkeit für euch selbst könnt ihr also tatsächlich haben?

Keine. Und das Wenige an Fürsorglichkeit, das da vielleicht vorhanden ist, wird durch das Misstrauen untergraben und so könnt ihr also nicht die geringste Fürsorglichkeit für euch selbst haben. Ihr könnt nicht hinter euch selbst stehen. Ihr müsst euch die ganze Zeit von euch selbst abtrennen. Und ihr seht keine anderen Männer, die fürsorglich sind.

Als ihr dann älter wurdet und wirklich gern Sex haben wolltet, habt ihr festgestellt, dass die Typen, von denen sich die Frauen angezogen fühlen, die Arschlöcher dieser Welt sind und ihr habt euch gedacht: „Moment mal. Das ist so verdammt verwirrend." Ihr habt keine Möglichkeit, die Energie von Fürsorglichkeit und von der Kraft, die ihr seid, wahrzunehmen. Ihr habt nicht einmal den leisesten Schimmer davon, dass es eine gute Sache ist, das anzustreben, was wahr für euch ist.

Gary:

So viele Frauen misstrauen sich selbst und ihrer Wahl, was Männer betrifft. Alles was ihnen übrig bleibt, ist einen Mann zu wählen, der genauso voller Misstrauen ist. Einige von euch haben sich Partner ausgesucht, die diese Art von Misstrauen haben, weil das zu eurer eigenen Schwingung passt und eurer Anpassung an den Mangel an Vertrauen, den ihr euch selbst gegenüber fühlt.

Dain:

Ihr sucht euch Frauen aus, die euch auf eine bestimmte Art und Weise sehen und dann denkt ihr, dass ihr so *seid*. Ihr glaubt, ihr verdient es nicht, dass man euch vertraut, und ihr kauft die Lüge ab, dass ihr so seid. Aber das seid ihr nicht. Kein Einziger von euch ist so.

Welche Dummheit verwendet ihr, um die Trennung zwischen Männern und Frauen, Frauen und Frauen, Männern und Männern, Männern und Jungen und Männern und Mädchen zu kreieren, die ihr wählt? Alles was das ist, mal Gottzillionen, werdet ihr all das zerstören und unkreieren? Right and Wrong, Good and Bad, POD and POC, All Nine, Shorts, Boys, and Beyonds.

TRENNUNG KREIEREN

Kursteilnehmer:

Ich habe nicht das Gefühl, dass ich ein Problem damit habe, sexuelle Energie von einem Mann zu empfangen, aber ich habe auf jeden Fall das Gefühl, dass ich Trennung im Allgemeinen kreiere. Ich kreiere Trennung, als ob ich ein Problem mit der sexuellen Energie von Männern hätte.

Gary:

Empfängst du tatsächlich die Energie von Männern? Oder empfängst du die Ansicht über dich selbst, dass du unvoreingenommen bist?

Kursteilnehmer:

Ja, das.

Gary:

Alles was ihr getan habt, um eine unvoreingenommene Ansicht zu kreieren, die euch selbst eliminiert, werdet ihr all das zerstören und unkreieren? Right and Wrong, Good and Bad, POD and POC, All Nine, Shorts, Boys, and Beyonds.

Kursteilnehmer:
Kreiert das Trennung?

Gary:

Eure Begründung und Rechtfertigung dafür, dass ihr Trennung kreiert, ist: „Ja, aber ich bin unvoreingenommen." Viele Leute sagen: „Ja, aber ich bin unvoreingenommen."

„Aber ich bin unvoreingenommen" ist die Lüge, die ihr euch selbst erzählt, damit ihr weiter in der Trennung funktionieren könnt, die ihr gewählt habt. Ihr kauft die Vorstellung ab, es sei nichts weiter als Unvoreingenommenheit nötig, um die Trennung zu überwinden, statt einem Gewahrsein dessen, was wahrhaftig anders sein könnte.

Kursteilnehmer:
Ja. Wow.

Gary:

Wie sehr habt ihr eure Unvoreingenommenheit als Begründung und Rechtfertigung benutzt, um Trennung zu kreieren, während ihr vorgebt, das nicht zu tun? Sehr? Ein wenig? Oder Megatonnen? Alles was das ist, mal Gottzillionen, werdet ihr all das zerstören und unkreieren? Right and Wrong, Good and Bad, POD and POC, All Nine, Shorts, Boys, and Beyonds.

Dain:

Welche Dummheit verwendet ihr, um die Trennung zwischen Männern und Frauen, Frauen und Frauen, Männern und Männern, Männern und Jungen und Männern und Mädchen zu kreieren, die ihr wählt? Alles was das ist, mal Gottzillionen, werdet ihr all das zerstören und unkreieren? Right and Wrong, Good and Bad, POD and POC, All Nine, Shorts, Boys, and Beyonds.

Kursteilnehmer:

Ich würde das gern verändern. Ich würde gern etwas anderes kreieren, etwas anderes sein, etwas anderes tun – und ich habe nicht die geringste Ahnung, wie ich das machen soll.

Gary:

Na ja, du hattest kein Beispiel dafür, wie du präsent als du selbst sein und Vergnügen an dir finden kannst, oder?

Kursteilnehmer:

Nein.

Gary:

Hast du gedacht, dich selbst zu bewerten bedeutet, Vergnügen an dir zu finden?

Kursteilnehmer:

Ja, das ist vielleicht die einzige Art, in der ich Vergnügen an mir finden kann.

Gary:

Die einzige Art, wie du Vergnügen an dir finden kannst, ist, dich aus der Falschheit von dir herauszubewerten, so dass du Vergnügen daran finden kannst, recht zu haben. Das dehnt dein Universum in keiner Weise aus, also stimmt an dieser Ansicht etwas nicht.

Dain:

Welche Dummheit verwendet ihr, um die Trennung zwischen Männern und Frauen, Frauen und Frauen, Männern und Männern, Männern und Jungen und Männern und Mädchen zu kreieren, die ihr wählt? Alles was das ist, mal Gottzillionen, werdet ihr all das zerstören und unkreieren? Right and Wrong, Good and Bad, POD and POC, All Nine, Shorts, Boys, and Beyonds.

SEXUELLE ENERGIE UND EMPFANGEN

Gary:

Lasst uns noch etwas hinzufügen: „Und dir von dir."

Was kreiert das Gefühl von Sexualness? Es ist das Gefühl von Empfangen. Wenn ihr einen Mann wie Dain habt, der euch total empfangen kann und der keine Bewertung über euch hat, dann werdet ihr von ihm empfangen. Das ist die gleiche sexuelle Energie, die ihr gern von einer Frau hättet, aber ich wäre bereit, Geld darauf zu wetten, dass ihr Dains sexuelle Energie genauso zurückweist, wie ihr die sexuelle Energie von Frauen ablehnt. Es geht darum, wie ihr nicht gewillt seid, alles zu empfangen, das ihr fähig wärt zu empfangen für, mit und durch euch.

Alles, was das hochgebracht hat und alles, was das ist, mal Gottzillionen, werdet ihr all das zerstören und unkreieren? Right and Wrong, Good and Bad, POD and POC, All

Nine, Shorts, Boys, and Beyonds.

Habt ihr auch nur die geringste Vorstellung, was ich gesagt habe?

Kursteilnehmer:

Ich fühle mich ein bisschen verloren hier.

Gary:

Das ist das Problem. Ist euch klar, wie oft ihr euch verloren fühlt in Bezug auf Beziehungen mit Männern?

Kursteilnehmer:

Ja, und mit Frauen.

Gary:

Ja. Ihr fühlt euch verloren mit Frauen, aber es ist okay, sich mit einer Frau verloren zu fühlen, weil ihr von ihr ja immerhin sexuell erregt seid.

Kursteilnehmer:

Ja, absolut.

Gary:

Aber wenn ihr euch mit einem Mann verloren fühlt, dann deswegen, weil dieser Mann x, y, oder z ist, was nichts anderes als eine Bewertung ist.

Kursteilnehmer:

Ja, ich kann spüren, dass ich einen bequemen Abstand einhalte, ich schätze mal, dass ich das Empfangen abschneide. Ich weiß nicht weshalb, aber ich tue es.

Gary:

Du schneidest alles ab, was nicht in das vorgeschriebene Muster der Bereitschaft zu empfangen passt.

Kursteilnehmer:

Ich könnte leicht sagen, dass ich niemals in meinem Leben jemanden als Vorbild hatte, der irgendetwas anders gemacht hat, so dass ich behaupten kann: „Oh, ich wusste es nicht, bla bla bla", aber das möchte ich nicht. Ich möchte etwas anderes wählen. Ich fühle mich einfach nur verloren.

Gary:

Deshalb machen wir das hier. Deshalb lassen wir diesen Prozess laufen. Noch einmal, Dr. Dain.

Dain:

Welche Dummheit verwendet ihr, um die Trennung zwischen Männern und Frauen, Frauen und Frauen, Männern und Männern, Männern und Jungen, Männern und Mädchen und dir von dir zu kreieren, die ihr wählt? Alles was das ist, mal Gottzillionen, werdet ihr all das zerstören und unkreieren? Right and Wrong, Good and Bad, POD and POC, All Nine, Shorts, Boys, and Beyonds.

ETWAS ANDERES WÄHLEN

Kursteilnehmer:

Wenn ich sehe, wie ich diese Trennung kreiere, ist es dann angemessen zu fragen, was man tun soll und wie man sein soll und wie man etwas anderes kreiert? Wenn ich in der Energie der Trennung bin, dann gehe ich weg und ziehe meine Energie zurück. Tatsächlich ziehe ich mich selbst zurück.

Gary:

Du musst fragen: Ein unendliches Wesen würde das aus welchem Grund wählen? Du musst begreifen, dass du wählst, dich zurückzuziehen. Es ist immer eine Wahl und wenn du sie verändern willst, dann musst du sagen: „Okay, ich wähle das und ich würde das aus welchem Grund wählen?" Dann sagst du: „Ich werde jetzt etwas anderes wählen, ganz egal wie das aussehen mag."

Kursteilnehmer:

Ich habe versucht, etwas anderes zu tun, aber mir gelingt überhaupt keine Veränderung und dann fühle ich mich noch dümmer…

Gary:

Wie wäre es, wenn du gewillt wärst zu erkennen, um etwas anderes zu tun, ist es nur nötig, dir anzusehen, was du wählen würdest? Du musst es nicht einmal wählen.

Kursteilnehmer:

Sich anschauen, was man wählen würde und es nicht wählen?

Gary:

Ja. Lass uns annehmen, du bist wütend auf deine Freundin und würdest sagen: „Weißt du was? Ich möchte etwas anderes tun. Was wäre etwas anderes, als wütend zu werden?"

Du sagst dann vielleicht: „Also, es ihr heimzahlen wäre eine Wahl, sie anschreien wäre eine Wahl, sie lieben wäre eine Wahl" und indem du das tust, würdest du beginnen zu sehen, dass du zahlreiche Wahlmöglichkeiten hast, nicht nur eine.

Kursteilnehmer:
Ja.

Gary:
Du versuchst, das Problem zu lösen, das du als die Tatsache definiert hast, dass du dich zurückziehst. Das ist zu kompliziert. Der simple Fakt ist, dass du dich zurückziehst. Das ist letztendlich das Ergebnis. Also sagst du: „Ich würde gern etwas anderes tun. Wie würde es aussehen, sich nicht zurückzuziehen? Wow, das wäre wie hier zu bleiben, hier zu sein und zu tun, was immer eben nötig ist."

Kursteilnehmer:
Ja.

Gary:
Begreifst du, worüber ich spreche?

Kursteilnehmer:
Ja, das hilft sehr.

Gary:
Cool. Die Wahl, sich nicht zurückzuziehen, öffnet die Türen für neue Wahlmöglichkeiten. Frag: Welche andere Wahlen habe ich hier? Wenn ich das nicht wähle, welche

anderen Wahlen habe ich dann? Wenn du von den anderen Wahlen aus funktionierst, dann können sich andere Möglichkeiten eröffnen.

Kursteilnehmer:

Ja, absolut.

Gary:

Alle versuchen immer, mich dazu zu bringen, ihnen zu zeigen, wie man eine Lösung kreiert und ich sage die ganze Zeit: „Alles, was ihr tun müsst, ist wählen."

Und dann sagen sie: „Ja, aber ich kann nicht."

Warum nicht? Weil ihr immer weiter auf das schaut, was falsch ist oder wie ihr etwas in Ordnung bringen müsst, was falsch ist, um etwas anderes zu wählen. Nein. Erkennt einfach: „Das funktioniert nicht." Und dann fragt: „Was kann ich anderes tun?"

Kursteilnehmer:

Das begreife ich. Ich sehe, dass ich um eine Art von Lösung gebeten habe. Das hilft mir sehr.

Gary:

Wenn ich das nicht wähle, welche anderen Wahlen habe ich dann?

Kursteilnehmer:

Ja, das ist super.

Gary:

So kommt ihr aus dem heraus, immer wieder das Gleiche zu tun und zu denken, dass ihr ein anderes Ergebnis bekommt.

VERÄNDERUNG VS. ETWAS ANDERES

Kursteilnehmer:
　Ich war da total verloren und hatte keine Ahnung, wie ich das verändern kann.

Gary:
　„Ich habe keine Ahnung, wie ich das verändern kann" ist eines der Dinge, worauf ihr trainiert und eingependelt wurdet. Das ist die Ansicht einer Frau: „Ich muss ein Problem haben. Und jetzt muss ich das ändern.", nicht: „Ich muss etwas anderes tun."

Kursteilnehmer:
　Das ist genau das, was ich gemacht habe.

Gary:
　Die Frage ist nicht: „Wie kann ich das verändern?" oder „Was kann ich anders tun, um das zu verändern?" Da fragt ihr nach *Veränderung*. Die Frage ist: „Was kann ich hier *anderes* tun?"
　Ihr müsst gewillt sein, etwas *anderes* zu tun und zu sein, nicht *anders* tun. Etwas *anders* zu machen ist immer noch der Versuch, es zu verändern. Ihr müsst gewillt sein, das zu sein oder zu tun, was auch immer nötig ist, um so anders zu sein, um zu bekommen, worum ihr bittet.

Kursteilnehmer:
　Vielen Dank.

Kursteilnehmer:

Ich begreife den Unterschied nicht zwischen *Veränderung* und *etwas anderes*.

Gary:

Verändere jetzt einmal deine Position auf dem Stuhl.

Kursteilnehmer:

Okay.

Gary:

Jetzt tu etwas anderes. Würdest du immer noch auf dem Stuhl sitzen oder würdest du etwas anderes tun?

Kursteilnehmer:

Oh, ich verstehe!

Gary:

Bei *Veränderung* geht es darum, dass ihr bei dem bleibt, was ihr habt, und etwas hinzufügt oder wegnehmt oder dass ihr es woanders hinbewegt – aber ihr bleibt immer noch da, wo ihr seid.

Kursteilnehmer:

Das ist dann tatsächlich nicht etwas anderes tun, oder? Man hat dann immer noch das ewig Gleiche.

Gary:

Genau. Das ist der Grund, warum ihr die Wahl verliert, wenn ihr etwas verändern wollt. Aber wenn ihr etwas anderes tut, habt ihr mehr Wahl. Frauen sagen oft zu den Männern, mit denen sie in einer Beziehung sind: „Wir müssen das ändern." Und das bedeutet nicht: „Du musst etwas anderes tun", sondern: „Du musst dich so arrangieren, dass du dich dem anpasst, wie ich will, dass du bist."

Kursteilnehmer:
Das habe ich in meiner Beziehung getan. Ich habe meine Partnerin gebeten, sich zu verändern, statt danach zu fragen, wie die Beziehung anders sein kann. Und sie verändert sich nicht und sie ist nicht anders.

Gary:
Tja, sie *verändert* sich; sie funktioniert nur nicht besser.

Kursteilnehmer:
Ja.

Gary:
Wenn du versuchst, die Beziehung zu verändern, dann versuchst du, auf dem Stuhl zu sitzen und in eine andere Richtung zu schauen. Du versuchst nicht, etwas anderes zu tun, das eine andere Wahl erlaubt. Hilft das?

Kursteilnehmer:
Ja, das hilft immens. Ich habe gestern mit einem Freund darüber gesprochen, dass Frauen komplizierter sind als Männer. Ich scheine die Ansicht von Frauen abgekauft zu haben, ich müsse die Dinge verändern, und das fühlt sich wirklich sehr kompliziert an.

Gary:
Ja, das ist das, was jeder Mann von den Frauen in seiner Umgebung lernt. Die Ansicht einer Frau wird immer sein:

„Was musst *du* verändern? Wie kann ich *dich* verändern?" Es ist kompliziert, weil ihr nicht sehen könnt, was sie wollen, dass ihr verändern sollt – und sie werden es euch nicht sagen.

Kursteilnehmer:
Ja.

Gary:
Wenn du gewillt bist, die Beziehung zu *verändern*, dann bist du nicht gewillt, die Beziehung zu verlassen.
Anders bedeutet: „Okay, also was würde ich hier gern anders machen?" *Anders* kann bedeuten, die Beziehung zu verlassen. Du hast mehr Wahlmöglichkeiten.

Kursteilnehmer:
Danke.

Dain:
Du nimmst das alles auf, seitdem du eine Mutter hast. *Anders* eröffnet alle Möglichkeiten, denn du bist nicht länger an das gebunden, was integraler Teil von dem ist, was in die Zukunft voran gehen muss. Darum geht es bei *Veränderung*.

Du musst von hier aus funktionieren: Was kann ich heute anderes sein oder tun, das dies zu dem machen würde, was ich gerne hätte? Wenn du die Dinge nur veränderst, dann versuchst du zu *verändern, wie sie aussehen*, nicht *etwas anderes zu tun, das ein anderes Ergebnis kreiert*. Begreifst du das?

Kursteilnehmer:
   Ja, hab's kapiert!

Gary:
   Welche Dummheit verwendet ihr, um das Bedürfnis nach Veränderung als realer zu kreieren, als die Möglichkeit der Unterschiedlichkeit, wählt ihr? Alles, was das ist, mal Gottzillionen, werdet ihr all das zerstören und unkreieren? Right and Wrong, Good and Bad, POD and POC, All Nine, Shorts, Boys, and Beyonds.

   Wenn ihr ein Bedürfnis nach Veränderung habt, dann operiert ihr aus der Schlussfolgerung heraus. Ihr fragt nicht: „Welche anderen Möglichkeiten gibt es hier?" Das ist der Unterschied zwischen der Wahl, ein Mann zu sein und dem Versuch, wie eine Frau zu funktionieren.

   Eine Frau trägt ein Kleid und verwendet verschiedene Accessoires, um anders auszusehen. Den meisten Frauen wurde beigebracht, ihr Aussehen zu verändern, nicht etwas anderes zu tun. Bedeutet das irgendetwas? Nein. Es ist einfach die Art und Weise, wie sie funktionieren. Ihr müsst gewillt sein, euch anzuschauen, wie sie funktionieren, und euch anzuschauen, wie ihr funktioniert. Wollt ihr aus dem Modus heraus funktionieren zu versuchen, die Dinge zu verändern, damit sie anders *aussehen*? Oder wollt ihr etwas anderes *tun*, das für euch funktioniert?

WAS KANN ICH ANDERES TUN?

Kursteilnehmer:
   Ich bin sicher, ihr habt darüber früher schon gesprochen,

aber ich habe es noch nie gehört. Ich habe mir all die Dinge angeschaut, die in letzter Zeit für mich nicht funktioniert haben, und die Art und Weise, in der ich versucht habe, sie zu verändern, ohne zu fragen: „Was kann ich hier anderes tun?" Ich habe immer gefragt: „Wie kann ich das ein kleines bisschen besser machen?" oder: „Wie kann ich es so machen, dass es ein wenig besser klappt?" statt: „Was kann ich anderes tun?"

Gary:

Wenn ihr eine Beziehung eingeht, dann neigt ihr dazu, die Dinge zu *verändern*, nicht etwas *anderes* zu tun, denn die unterschwellige Basis, von der aus ihr funktioniert, ist: „Ich habe diese Beziehung."

Dain:

Die Beziehung wird zum Mittelpunkt, um den sich alles dreht. Es ist, als ob ihr eine Schnur nehmen würdet, das eine Ende in den Boden nagelt und euch selbst erzählt, ihr könnt nur so weit gehen, wie die Schnur reicht. Das ist einer der Gründe, weshalb so viele Männer anfangen, müde zu werden, sobald sie in einer Beziehung sind. Ihr geht nach Hause zu eurer Freundin oder eurer Partnerin und ihr habt das Gefühl: „Ich möchte einfach nur hier sitzen und Bier trinken" oder: „Ich möchte einfach nur fernsehen" oder: „Ich möchte einfach nur eine rauchen gehen" oder: „Ich möchte einfach nur irgendetwas machen". Ihr seid in der Veränderung, ihr seid nicht fortwährend etwas *anderes*. Und in der Veränderung ist nicht genug Schwingung. Da ist nicht genug Lebendigkeit, da ist nicht genug Unterschiedlichkeit für euch.

Gary:

Wenn ihr anfangen würdet, von *etwas anderem* aus zu funktionieren, würdet ihr die Vitalität kreieren, die überhaupt erst eure Beziehung kreiert hat.

Dain:

Und die Frau würde um mehr davon betteln! Sie würde euch respektieren, sie würde euch begehren, sie würde von euch die ganze Zeit angetörnt sein. Aber ihr versucht sozusagen, ihr Spiel zu spielen. Ihr geht in die *Veränderung*, was die Frau dazu bringt, dass sie euch nicht respektieren will. Sie glaubt, sie kann euch überrollen, sie kann euch besitzen, euch kontrollieren und sie glaubt, dass ihr keinen Wert habt.

Gary:

Was nicht das ist, was sie in Wahrheit haben will.

Dain:

Richtig. Und unglücklicherweise, wer zwingt euch das auf?

Gary:

Ihr tut es.

Dain:

Wir haben Männer gesehen, die die größten Arschlöcher auf diesem Planeten zu sein scheinen und die Frauen können gar nicht genug von ihnen kriegen. Das, was euch anziehender machen wird, als diese unfreundlichen, lieblosen Arschlöcher je sein werden, ist die Bereitschaft, etwas anderes zu kreieren.

Gary:

Der wichtige Teil daran ist das Kreieren. Wenn ihr zu verändern versucht, versucht ihr nicht zu kreieren. Ihr versucht, das zu verwenden, was bereits eingerichtet ist und es genügend umzuändern, damit es nicht länger unbequem ist. Reicht euch das?

Dain:

Ihr glaubt, ihr müsst von der *Veränderung* aus leben, statt von der *Unterschiedlichkeit* aus. Diese Vorstellung liegt so verdammt intensiv unter allem.

Gary:

Es ist das, worauf man uns eingependelt hat.

Dain:

Wenn ihr anfangt, darüber nachzudenken, etwas anderes zu wählen, beginnt eure Zellstruktur zu vibrieren. Ihr glaubt, dass ihr durch etwas *anderes* ausflippt. Ihr glaubt, dass ihr etwas *anderes* nicht mögt. Ihr denkt, dass ihr einfach nur in der Lage sein wollt, die Dinge genügend zu verändern, dass es besser wird, aber das ist es, was euch umbringt. Ihr müsst aus diesem eingependelten Modus herauskommen und ihr macht das, indem ihr fragt: Was kann ich hier anderes sein oder tun, das einer vollkommen anderen Möglichkeit erlaubt, sich jetzt zu zeigen?

Alles was das nicht erlaubt, mal Gottzillionen, werdet ihr das bitte zerstören und unkreieren? Right and Wrong, Good and Bad, POD and POC, All Nine, Shorts, Boys, and Beyonds.

Welche Dummheit wählt ihr, um das Bedürfnis nach Veränderung als realer und notwendiger zu kreieren, als die

Möglichkeit der Unterschiedlichkeit, die ihr wählt?

Gary:

Frauen gehen in dieses „Es ist notwendig, dass du dich veränderst" und sobald irgendetwas eine Notwendigkeit wird, müsst ihr Widerstand leisten.

Was, wenn ihr etwas anderes wählen würdet, das ihr mit den Männern in eurem Leben tut? Würde das bedeuten, dass ihr Sex mit ihnen haben müsst? Nein, denn im Augenblick haltet ihr eure Beziehung mit ihnen aufrecht, ihr versucht, eure Beziehungen zu Männern zu verändern, während ihr nichts anderes macht als das, was ihr in der Vergangenheit auch schon gemacht habt. Es geht immer nur um Veränderung.

Frauen lernen von klein auf, dass man eine Papierpuppe hat und dass man neue Papierkleider daran heften kann, so dass sie verändert und anders aussieht. Aber sie ist nicht wirklich anders; ihr Aussehen wurde verändert durch das, was sie an sie angeheftet haben. Ist das genug?

Meine Ex-Frau sagte einmal: „Gary und ich haben jetzt so eine andere Beziehung, seit ich seinen Kleidungsstil verändert habe."

Dain:

Wow. „Schaut, ich habe eine männliche Puppe aus ihm gemacht."

Gary:

Ich war ihre männliche Puppe.

Dain:

Wie viele von euch wurden zur männlichen Puppe in den meisten eurer Beziehungen? Alles was das ist, mal Gottzillionen, werdet ihr das zerstören und unkreieren? Right and Wrong, Good and Bad, POD and POC, All Nine, Shorts, Boys, and Beyonds.

Die Sache, die euch dahin bringt, ist die Trennung von euch selbst.

Welche Dummheit verwendet ihr, um das Bedürfnis nach Veränderung als realer und notwendiger zu kreieren als die Möglichkeiten, die Wahlen und die Fragen der Unterschiedlichkeit, die ihr wählt? Alles was das ist, mal Gottzillionen, werdet ihr das zerstören und unkreieren? Right and Wrong, Good and Bad, POD and POC, All Nine, Shorts, Boys, and Beyonds.

Gary:

Ihr habt gefragt: „Wie kann ich das verändern?" statt zu fragen: „Welche anderen Wahlen, welche anderen Möglichkeiten, welche anderen Fragen kann ich hier haben?", was bedeutet, dass man euch nicht beitragen kann. Ihr könnt nur versuchen, jemand anderem zu geben. Macht das Sinn?

Kursteilnehmer:

Total.

Kursteilnehmer:

Das ist so gut. Es trifft genau auf mein ganzes Leben zu. Ich sehe, wie ich die Wahlen gestoppt habe, etwas anderes zu tun.

Gary:

Unglücklicherweise hat man uns kein Gewahrsein für die Unterschiedlichkeit mitgegeben. Ein Teil dieser Information ist mir in Costa Rica gekommen, als ich mit Dain über eine bestimmte Situation in seinem Leben gesprochen habe. Er hat gefragt: „Wie bringe ich das in Ordnung?" Und ich habe gefragt: „Warum solltest du es in Ordnung bringen? Du kannst etwas anderes tun."

Dain:

Und ich sagte: „So etwas machen die Leute nicht. Niemand auf der Welt macht etwas anderes. Man bringt es in Ordnung, damit es besser funktioniert." Gary ist fast umgefallen.

Gary:

Ich musste mich hinlegen. Es hat mich so bestürzt, weil ich meine ganze Zeit damit verbracht hatte, Access Consciousness von der Ansicht aus zu kreieren, dass man etwas anderes wählen würde, wenn man wüsste, dass man es kann.

Es war bestürzend und verblüffend für mich, dass meine Realität so verschieden von der aller anderen ist.

Dain:

Welche Dummheit verwendet ihr, um das Bedürfnis nach Veränderung als realer und notwendiger zu kreieren als die Möglichkeiten, die Wahlen und die Fragen der Unterschiedlichkeit, die ihr wählt? Alles, was das ist, mal Gottzillionen, werdet ihr das bitte zerstören und unkreieren? Right and Wrong, Good and Bad, POD and

POC, All Nine, Shorts, Boys, and Beyonds.

Wenn ihr von Möglichkeiten, Wahl und Frage aus funktioniert, dann ist das ein Beitrag, der in beide Richtungen geht. Es geht um den Beitrag, der ihr für andere seid und den Beitrag, der ihr für euch selbst seid. Wenn ihr mit dem Versuch aufhört, euch zu verändern, damit ihr in die Beziehung passt und damit beginnt, euch anzuschauen: „Was müsste hier anderes für mich passieren?", dann werdet ihr einen anderen Satz Fragen bekommen, einen anderen Satz Möglichkeiten und einen anderen Satz Wahlen, von dem aus ihr zu funktionieren beginnen könnt. Ich kann euch so gut wie garantieren, dass die meisten Männer sich niemals fragen, was anderes passieren müsste, damit ihre Beziehung für sie funktioniert.

Ihr fragt: „Wie kann ich mich verändern?" statt: „Wie können wir etwas total anderes tun, was auch immer es ist?" oder: „Was können wir anderes sein oder tun?" oder: „Was kann ich anderes sein oder tun, das einer anderen Möglichkeit, Wahl und Frage erlauben würde, aufzutauchen, um ein anderer Beitrag zu sein und damit mir auf andere Art beigetragen wird?"

MÖGLICHKEIT, WAHL, FRAGE UND BEITRAG

Gary:
Begreift ihr, dass ihr wirklich gern ein Beitrag wärt?

Kursteilnehmer:
Ja.

Gary:

Die einzige Art und Weise, wie ihr aus dem Beitrag heraus funktionieren könnt, ist durch Wahl, Möglichkeit und Frage. Ihr habt bereits das Ziel, ein Beitrag zu sein. Es geht nicht darum, wie man einen Beitrag hier noch hinzufügen kann, Beitrag ist das, was ihr euch und jeder andere sich als Wesen ersehnt – ein Beitrag zu sein.

Wenn ihr beginnt, von „etwas anderes" aus zu funktionieren, können sich andere Dinge in eurem Leben zeigen. Ihr müsst eine andere Realität kreieren, statt zu versuchen, diese Realität zu verändern. Versucht nicht, der Mann zu sein, der alles repariert.

Kursteilnehmer:

Wenn ich versuche, mich zu verändern, damit die Dinge besser funktionieren oder ich besser hineinpasse, ist das da, wo ich mich verliere?

Gary:

Ja, dabei verlierst du dich selbst, weil du nichts anderes tust oder bist. Du veränderst dich, damit du besser passt. Es ist, als ob du deine Kleidung gewechselt hättest. Du hast dich deiner Rolle entsprechend angezogen. Du hast dich nicht für den Erfolg angezogen.

Kursteilnehmer:

Das gibt mir so viel Gewahrsein dessen, was ich gewählt habe, dessen ich mir nie bewusst war. Ich bin wirklich dankbar dafür.

Dain:

Das erklärt viele Bereiche, wo wir als Männer nicht fähig waren, Männer zu sein und es erklärt viel von dieser Nicht-Männlichkeit, von der aus wir versucht haben zu funktionieren.

Gary:

Weil ihr versucht, euch zu arrangieren und euch zu verändern, damit ihr in den Karton-Zuschnitt des Universums der Veränderung passt.

Kursteilnehmer:

Genau. Ich habe mich selbst gefragt: „Wie kann ich mich verändern, damit es für jemand anderen besser funktioniert?" statt zu fragen: „Was funktioniert für mich?" und: „Was kann ich anderes tun, das für mich und vielleicht auch für die andere Person funktionieren würde?"

SEID IHR JEMALS DAZU ERMUTIGT WORDEN, EIN MANN ZU SEIN?

Kursteilnehmer:

Es tut mir leid, dass ich Probleme habe, das zu begreifen und zu sein, was ich als Mann sein kann. Ich bin so dankbar für den Gentlemen's Club.

Gary:

Kann ich dir eine Frage stellen?

Kursteilnehmer:

Ja.

Gary:
   Wurdest du jemals dazu ermutigt, ein Mann zu sein?

Kursteilnehmer:
   Nein, überhaupt nicht.

Gary:
   Wurde irgendjemand in diesem Call dazu ermutigt, ein Mann zu sein?

Kursteilnehmer:
   Jetzt bringst du mich zum Weinen.

Gary:
   Ich wurde nie dazu ermutigt, ein Mann zu sein. Ich wurde dazu ermutigt, ein Mann zu sein, den die Frauen heiraten würden.

Kursteilnehmer:
   Ich habe niemals einen Mann gesehen, der gewählt hat, ein Mann zu sein. Alle haben immer nur versucht, das zu sein, was für ihre Partnerin oder Frau funktioniert.

Kursteilnehmer:
   Danke Jungs, dass ihr bereit seid, euch mit uns zu befassen.

Gary:
   Wir mögen euch. Wir mögen euch lieber, als ihr euch selbst mögt.

Dain:
   Ja, genau! Wir mögen euch viel mehr, als ihr euch mögt.

Gary:

    Wir möchten, dass ihr vortretet, um etwas anderes zu sein.

Kursteilnehmer:

    Etwas anderes ist mein neues Wort.

Gary:

    In Ordnung, Jungs, passt auf euch auf. Ich liebe euch sehr.

Kursteilnehmer:

    Danke euch.

Gary:

    Tschüss.

Dain:

    Tschüss.

2

Sex und Beziehung kreieren aus dem Gewahrsein, was ist

> Ihr habt eine Tendenz, nach der Richtigkeit eurer begrenzten Ansicht zu suchen, nicht nach der Wahrheit, die ihr wahrnehmen, wissen, sein und empfangen könnt und ihr landet in Beziehungen, die nicht funktionieren.

Gary:
 Hallo, Gentlemen. Hat jemand eine Frage?

KREATION VS. ERFINDUNG

Kursteilnehmer:
 Im Moment habe ich keine Zeit, mich um diese Männersache zu kümmern. Meine ganze Energie geht dahin, Geld zu machen und mein Business zu betreiben. Ich habe keine Zeit für dieses Gentlemen-Zeug. All diese anderen Dinge sind wesentlich wichtiger. Was kreiere ich

damit? Was kann ich tun oder sein, das etwas anderes für mich kreieren würde, damit ich alles haben kann?

Gary:

Du musst dir klar darüber sein, dass es einen Unterschied gibt zwischen Kreation und Erfindung. *Erfindung* ist, wenn du fernsiehst und siehst, wie Leute irgendwelche Dinge tun, und du versuchst zu erfinden, dass das, was sie tun, tatsächlich real ist, und so sagst du die gleichen Worte und tust die gleichen Dinge und denkst, dass du damit das gleiche kreierst, was diese Leute haben. Aber du kreierst gar nichts. Es handelt sich um eine totale *Erfindung* in Bezug darauf, was Realität ist. Es ist kein *Gewahrsein* dessen, was Realität ist.

Wir hätten gern, dass ihr dahin kommt, wo ihr eine andere Art von Wahl habt, damit ihr anfangen könnt, euch anzuschauen, was *ist*, und fragt: „Wie würde ich das gern verwenden?" und: „Wie kann ich das kreieren?"

Einmal, als wir in Costa Rica waren, habe ich mir einen Film im Fernsehen angeschaut. Alles war auf Spanisch und ich habe nicht alles verstanden, aber das Wesentliche habe ich mitgekriegt. Im Film wollten sie „Leidenschaft" darstellen, also haben sie gezeigt, wie die Unterwäsche von jemandem auf den Boden fällt. Die Person hat Nikes getragen und kurze Socken. Ich hätte vielleicht „Leidenschaft" gedacht, wenn es Unterwäsche gewesen wäre, die auf Stöckelschuhe fällt. Ich hätte vielleicht „Leidenschaft" gedacht, wenn ich gewusst hätte, ob ein Mann oder eine Frau die Nikes trägt, aber so, wie es war, hat das alles für mich nicht als „Leidenschaft" funktioniert. Während ich mir das anschaute, wurde mir klar, das wir die Gedanken, Gefühle, Emotionen, Sex und keinen Sex, von denen aus wir funktionieren, *erfinden*. Wir *generieren* und *kreieren* nicht die wahren Elemente dessen, was uns alles geben wird, was wir wollen. Zum Beispiel, welcher Prozentsatz eures Sexlebens ist erfunden, entsprechend dem visuellen Kortex dieser Realität?

Dain:
Der visuelle Kortex ist der Teil des Gehirns, der die visuellen Informationen bearbeitet. Ihr seht jemanden, der zu der Erfindung eures visuellen Kortex passt, wie jemand sein sollte und dann erfindet ihr, dass das dies und das und jenes bedeutet. Was ihr seht, bedeutet nichts davon, aber ihr schneidet euer Gewahrsein ab zugunsten der Begrenzung eurer Erfindung.

WIE ES *AUSSIEHT* VS. WIE ES *IST*

Gary:
Ihr, als unendliche Wesen, nehmt wahr, wisst, seid und empfangt, nicht wahr?

Die niedrigere Schwingung von Wahrnehmen, Wissen, Sein und Empfangen ist, von Gedanken, Gefühlen, Emotionen und Sex oder kein Sex heraus zu funktionieren. Wenn ihr das tut, wird alles so dargestellt, wie ihr es als begrenztes Wesen visuell in der Welt seht. Ihr habt eine vollkommen klar abgegrenzte Ansicht darüber, was tatsächlich sein kann. Wenn ihr zum Beispiel versucht, etwas aus dem visuellen Aspekt heraus zu tun, dann könnt ihr nur sehen, wie es *aussieht* – nicht, wie es *ist*.

Ihr habt eine Tendenz, nach der Richtigkeit eurer begrenzten Ansicht zu suchen, nicht nach der Wahrheit dessen, was ihr wahrnehmen, wissen, sein und empfangen könnt und schließlich landet ihr in Beziehungen, die nicht funktionieren.

Welche Dummheit verwendet ihr, um die Erfindung der Zeichen, Siegel, Symbole, Embleme und Signifikanzen von Sex, Kopulation und Beziehung als die Falschheit, die Verweigerung von Erfolg, die Eliminierung des Empfangens und des Verlierens zu kreieren, die ihr wählt? Alles was das ist, mal Gottzillionen, werdet ihr all das zerstören und unkreieren? Right and Wrong, Good and Bad, POD and POC, All Nine, Shorts, Boys, and Beyonds.

Die Zeichen, Siegel, Symbole, Embleme und Signifikanzen sind die Abzeichen, die ihr tragt und die nichts mit dem zu tun haben, wer ihr seid. Ihr sucht nach den Zeichen, Siegeln, Symbolen, Emblemen und Signifikanzen von Sex, Kopulation und Beziehung.

Die Zeichen, Siegel, Symbole, Embleme und Signifikanzen von Kopulation sind: „Die oder der ist ganz mein Typ", „Die oder der ist nicht mein Typ", „Mit ihr oder ihm könnte es Spaß machen", „Mit ihr oder ihm macht es wahrscheinlich keinen Spaß", „Ich kann ihnen zusehen, wenn sie es tun, aber ich muss nicht beteiligt sein." Es sind all die seltsamen Orte, an die ihr geht, wo ihr statt der Wahl die Eliminierung von Möglichkeiten habt.

Die Zeichen, Siegel, Symbole, Embleme und Signifikanzen von Beziehung sind: „Oh, die oder der mag mich", „Oh, die oder der mag mich nicht", „Oh, die oder der will mit mir zusammensein", „Die oder der will nicht mit mir zusammensein", „Oh, ich will jemanden in meinem Leben haben", „Ich will niemanden in meinem Leben."

Wie oft schaut ihr euch jemanden an und sagt: „Das ist die Person, mit der ich zusammensein will", obwohl ihr keinerlei Vorstellung davon habt, wer zum Teufel diese Person ist? Ihr habt kein Gewahrsein dessen, was sie wirklich will und ihr schneidet euer gesamtes Gewahrsein dessen ab, was sie von euch verlangen wird, denn ihr möchtet nicht, dass irgendjemand irgendetwas von euch verlangt, das ihr nicht gewillt seid zu geben. Wie funktioniert das?

Kursteilnehmer:
Überhaupt nicht. Es ist wie ein Höhlenmensch-Autopilot-Ding. Es scheint etwas Grundlegendes bei Männern zu sein (mit Höhlenmenschenstimme): „Ah, das sieht gut aus, los!"

DIE SCHWANZHERRSCHAFT

Gary:
Die grundlegende Sache beim Mannsein ist, dass ihr von eurem Schwanz beherrscht sein solltet. Ob ihr schwul oder hetero seid, der Schwanz regiert. Ist das Wahrheit oder Erfindung?

Kursteilnehmer:
Erfindung.

Gary:
Wie viele von euch haben die Schwanzherrschaft erfunden? Überall wo ihr die Schwanzherrschaft erfunden

habt, werdet ihr all das zerstören und unkreieren? Right and Wrong, Good and Bad, POD and POC, All Nine, Shorts, Boys, and Beyonds.

Dain:

Das ist großartig. Die Schwanzherrschaft.

Gary:

Wie viele von euch hatten das, wo ihr erfunden habt, dass ihr ein „Ach nee Kerl" seid?

Dain:

Jedes Mal, wenn jemand Attraktives vorbeigeht!

Gary:

Jedes Mal, wenn ihr euch von irgendjemandem angezogen fühlt, werdet ihr zum „Ach nee Kerl".

Alles was ihr getan habt, um euch als „Ach nee Kerl" zu erfinden, werdet ihr all das zerstören und unkreieren? Right and Wrong, Good and Bad, POD and POC, All Nine, Shorts, Boys, and Beyonds.

Dain:

„Ach nee, kann ich das bitte haben? Kann ich noch etwas davon haben? Okay, danke. Kann ich noch etwas davon haben, bitte? Okay, danke." Es ist, als ob nichts anderes von Bedeutung wäre. Man wird zum „Ach nee Kerl".

Gary:

Ihr werdet zum einstelligen IQ.

Alles, was ihr getan habt, um euch als einstelligen IQ zu erfinden, was bedeutet, dass euer Schwanz regiert, werdet ihr all das zerstören und unkreieren? Right and Wrong, Good and Bad, POD and POC, All Nine, Shorts, Boys, and Beyonds.

Dain:
Wow. Ich mag diesen Call jetzt schon.

Gary:
Ich auch.

Dain:
Welche Dummheit verwendet ihr, um die Erfindung der Zeichen, Siegel, Symbole, Embleme und Signifikanzen von Sex, Kopulation und Beziehung als die Falschheit, die Verweigerung von Erfolg, die Eliminierung des Empfangens und des Verlierens zu kreieren, die ihr wählt? Alles was das ist, mal Gottzillionen, werdet ihr all das zerstören und unkreieren? Right and Wrong, Good and Bad, POD and POC, All Nine, Shorts, Boys, and Beyonds.

WENN IHR EIN MANN SEID, HABT IHR UNRECHT

Gary:
Hattet ihr jemals die Vorstellung, dass ihr unrecht habt, als ihr mit jemandem zusammen wart, und ihr gedacht habt, sie sei süß, gutaussehend und die Richtige für euch?

Kursteilnehmer:
Ja, aber wir haben auch unrecht, wenn wir nicht mit dieser Person zusammen sind.

Gary:

Natürlich! Wenn eure Schlange nicht in die richtige Richtung zeigt, habt ihr unrecht. Wenn sie in eine Richtung zeigt, habt ihr unrecht. Wenn sie überhaupt irgendwohin zeigt, habt ihr unrecht.

Dain:

Und wenn sie gar nicht irgendwohin zeigt, habt ihr sogar noch mehr unrecht.

Gary:

Alles was ihr getan habt, um das als eurer Realität zu erfinden, werdet ihr all das zerstören und unkreieren? Right and Wrong, Good and Bad, POD and POC, All Nine, Shorts, Boys, and Beyonds.

Dain:

Ich merkte, wenn ich mich zum Ausgehen mit verschiedenen Mädchen fertig machte, Essen gehen oder um Sex zu haben oder was auch immer, dann dachte ich immer: „Sieht das okay aus? Oh herrje, habe ich meinen Körper überall sauber rasiert? Nur noch schnell die Zähne noch einmal putzen. Oh, ich darf das Deo nicht vergessen und nicht vergessen, das zu waschen." Da war so eine Intensität von Bewertung da, wie ich verkehrt sein werde und bereits verkehrt war, und wenn ich nur perfekt genug aussehen würde oder perfekt genug klingen würde oder etwas perfekt genug sagen würde, es die Verkehrtheit irgendwie auflösen würde. Ich habe lange gebraucht, bis mir klar wurde, dass ich nur das wahrgenommen habe, was in deren Welt war.

Alles, was das ist, was ihr getan habt, um euch als das Bedürfnis nach der Perfektion eines Sexpartners zu erfinden, werdet ihr all das zerstören und unkreieren? Right and Wrong, Good and Bad, POD and POC, All Nine, Shorts, Boys, and Beyonds.

Offenbar habt ihr alle versucht, der „perfekte Sexpartner" zu sein.

Gary:

Wenn ihr ein Mann seid, habt ihr unrecht. Wenn ihr ein Mann unter Männern seid, habt ihr immer noch unrecht. Wenn ihr daran denkt, Sex mit einem Mann zu haben, habt ihr unrecht. Wenn ihr daran denkt, Sex mit einer Frau zu haben, habt ihr unrecht. Die gute Nachricht ist, ihr habt einfach immer unrecht, zum Teufel.

Alles, was ihr getan habt, um das als eure Realität zu erfinden, werdet ihr all das zerstören und unkreieren? Right and Wrong, Good and Bad, POD and POC, All Nine, Shorts, Boys, and Beyonds.

Dain:

Welche Dummheit verwendet ihr, um die Erfindung der Zeichen, Siegel, Symbole, Embleme und Signifikanzen von Sex, Kopulation und Beziehung als die Falschheit, die Verweigerung von Erfolg, die Eliminierung des Empfangens und des Verlierens zu kreieren, die ihr wählt? Alles was das ist, mal Gottzillionen, werdet ihr all das zerstören und unkreieren? Right and Wrong, Good and Bad, POD and POC, All Nine, Shorts, Boys, and Beyonds.

Gary:

Oh Gott, oh Gott. Die gute Nachricht ist, dass ihr Falschheit zu einer hohen Kunst perfektioniert habt.

Dain:

Es ist gut, bei irgendetwas richtig zu liegen.

Gary:

Ja, es ist immer gut, richtig zu liegen beim Unrecht haben. Es geht irgendwie automatisch: Weil du ein Mann bist, hast du unrecht.

Dain:

Du hast recht.

Gary:

Ich weiß, aber wenn ich recht habe, hast du unrecht und wenn ich unrecht habe, hast du recht und wenn ich ein Mann bin, habe ich unter allen Umständen unrecht.

Alles was ihr erfunden habt in Bezug auf diese Ansicht, werdet ihr all das zerstören und unkreieren? Right and Wrong, Good and Bad, POD and POC, All Nine, Shorts, Boys, and Beyonds.

Kursteilnehmer:

Glauben wir, dass wir recht haben, wenn wir sozusagen die Frau bekommen?

Gary:

Na ja, ihr denkt, wenn ihr sie bekommt, werdet ihr endlich beweisen, dass ihr die richtigen Zeichen, Siegel, Symbole, Embleme und Signifikanzen habt. Die meisten von euch sind nur gewillt, die rote Tapferkeitsmedaille oder den roten Buchstaben „A" zu haben, was Ehebrecher (engl.: Adulterer) und Arschloch bedeutet. Was, wenn du derjenige wärst, der eine andere Realität aktivieren und verwirklichen könnte? Wählt ihr das oder vermeidet ihr das? Wie oft habt ihr euch als Verlierer erfunden, noch ehe ihr begonnen habt? Mehr als eine Gottzillion Mal oder weniger?

Kursteilnehmer:
Mehr.

Gary:
Alles was das ist, mal Gottzillionen, werdet ihr all das zerstören und unkreieren? Right and Wrong, Good and Bad, POD and POC, All Nine, Shorts, Boys, and Beyonds.

Ist das nicht großartig? Ihr habt verloren, bevor ihr auch nur euren Mund aufgemacht habt. Würde es das vielleicht ein wenig erschweren, Beziehung oder Kopulation zu kreieren? Ja! Das ist nicht unbedingt in eurem Interesse.

DIE ERFINDUNG DER EMPFÄNGNISVERHÜTUNG

Dain:
Welche Dummheit verwendet ihr, um die Erfindung der Zeichen, Siegel, Symbole, Embleme und Signifikanzen von Sex, Kopulation und Beziehung als die Falschheit, die Verweigerung von Erfolg, die Eliminierung des Empfangens und des Verlierens zu kreieren, die ihr wählt? Alles was das ist, mal Gottzillionen, werdet ihr all das zerstören und

unkreieren? Right and Wrong, Good and Bad, POD and POC, All Nine, Shorts, Boys, and Beyonds.

Die Zeichen, Siegel, Symbole, Embleme und Signifikanzen sind Erfindungen, die euch davon abhalten, euer Gewahrsein zur Welt zu bringen. Sie sind wie die ultimative Empfängnisverhütung. Ihr habt Sex, Kopulation und Beziehung als Dinge, die die Falschheit kreieren, die Verweigerung des Erfolgs, die Eliminierung des Empfangens und die Sicherstellung der Niederlage. Ihr versucht, den richtigen Sex zu bekommen, die richtige Kopulation und die richtige Beziehung, damit ihr aufhören könnt, euch als ein Verlierer zu fühlen, ein Nichtgewinner und als jemand, der empfangen kann und nicht unrecht hat.

Kursteilnehmer:

Als Dain sagte: „Die Zeichen, Siegel, Symbole, Embleme und Signifikanzen sind Erfindungen, die euch davon abhalten, euer Gewahrsein zur Welt zu bringen", hat sich das für mich stimmig angefühlt. Was ist das?

Gary:

Wie viel von den Erfindungen von Sex, Kopulation und Beziehung ist eine Art und Weise, Gewahrsein zu eliminieren und es nicht zur Welt zu bringen, sondern Gewahrsein abzutreiben?

Kursteilnehmer:

Alles.

Gary:

Wie viel von dem Sex, den ihr hattet, basierte auf der

Abtreibung eures gesamten Gewahrseins? Viel? Ein bisschen? Oder Megatonnen? Right and Wrong, Good and Bad, POD and POC, All Nine, Shorts, Boys, and Beyonds.

Dain:
Welche Dummheit verwendet ihr, um die Erfindung der Zeichen, Siegel, Symbole, Embleme und Signifikanzen von Sex, Kopulation und Beziehungen als die Falschheit, die Verweigerung von Erfolg, die Eliminierung des Empfangens und des Verlierens zu kreieren, die ihr wählt? Alle was das ist, mal Gottzillionen, werdet ihr all das zerstören und unkreieren? Right and Wrong, Good and Bad, POD and POC, All Nine, Shorts, Boys, and Beyonds.

Gary:
Glaubt ihr tatsächlich, dass es euch möglich ist zu verlieren? Alles was ihr getan habt, um diesen Glauben zu kreieren, werdet ihr all das zerstören und unkreieren? Right and Wrong, Good and Bad, POD and POC, All Nine, Shorts, Boys, and Beyonds.

Es gibt keine Verlierer. Der Unterschied zwischen einem Verlierer und einem Gewinner ist der Unterschied zwischen jemandem, der es trotzdem versucht, egal was passiert, und jemandem, der es nicht einmal versucht, damit er nicht verliert.

Wie viel von dem, wie ihr euch selbst kreiert habt, war eine Erfindung, so dass ihr wirklich nicht erfolgreich sein, empfangen oder verlieren müsst, sondern immer beweisen könnt, dass ihr unrecht hattet, nichts anderes zu wählen? Alles was das ist, mal Gottzillionen, werdet ihr all das

zerstören und unkreieren? Right and Wrong, Good and Bad, POD and POC, All Nine, Shorts, Boys, and Beyonds.

Hier ist der Prozess, den ihr ab jetzt laufen lassen müsst: Welche physische Verwirklichung der Kreation von Sex, Kopulation und Erfolg bin ich jetzt imstande zu generieren, zu kreieren und einzurichten? Alles, was dem nicht erlaubt, sich zu zeigen, mal Gottzillionen, werdet ihr all das zerstören und unkreieren?

WAS, WENN ERFOLG NUR EINE WAHL IST?

Kursteilnehmer:

Du hast gesagt: „Sex, Kopulation und Erfolg." Wie kommt es, dass Erfolg zu der Gleichung gehört? Das scheint aus einer ganz anderen Ecke zu kommen.

Gary:

Tja, wenn es dir gelingt, Sex mit jemandem zu haben, fühlst du dich dann erfolgreicher?

Kursteilnehmer:

Ja.

Gary:

Wenn du das Gefühl erzielst, mehr Geld zu haben, fühlst du dich dann erfolgreicher?

Kursteilnehmer:

Ja.

Gary:
> Gibt es da tatsächlich einen Unterschied?

Kursteilnehmer:
> Es sind unterschiedliche Energien, aber die Befriedigung oder der Erfolg ist da.

Gary:
> Der Erfolg ist trotzdem da. Deshalb gebe ich euch diesen Prozess, den ihr laufen lassen solltet.
> Welche physische Verwirklichung der Kreation von Sex, Kopulation und Erfolg bin ich jetzt imstande zu generieren, zu kreieren und einzurichten? Alles, was dem nicht erlaubt, sich zu zeigen, mal Gottzillionen, werdet ihr all das zerstören und unkreieren?

Kursteilnehmer :
> Ich komme immer wieder auf *Erfolg* zurück. Das ist ein Wort so voller Ladung für mich. Dabei geht es nur um meine eigene Bestätigung und nur um Bewertung.

Gary:
> *Erfolg* ist immer eine Bewertung. Was, wenn du dir keine Sorgen um Bewertung machen müsstest? Was, wenn Erfolg nur eine Wahl ist?

Kursteilnehmer:
> Kann man nur Erfolg wählen ohne Bewertung?

Gary:
> Ja.

Kursteilnehmer:
   Kannst du das erklären?

Gary:
   Ja. Erfolg mit Bewertung ist die Vorstellung, dass du Sex mit jemandem haben wirst. Erfolg mit Bewertung ist die Vorstellung, dass du daraus resultierend etwas kreieren wirst. Brauchst du das wirklich? Was, wenn du gewillt wärst, dir etwas anzuschauen ohne ein Gefühl von Erfolg? Wie wäre es, wenn du gewillt wärst, alles zu haben, was zu haben du fähig bist? Die Dinge, die wir als Erfolg, Sex, Kopulation und Romantik betrachten, sind erfunden. Sie sind eine erfundene Realität.

DU KANNST KREIEREN – ODER DU KANNST ERFINDEN

Dain:
   Du kannst entweder *kreieren* oder *erfinden*, womit wir wieder beim Anfang dieser Konversation angelangt wären.

Gary:
   Wie viel von eurem Erfolg mit Romantik, Sex und Kopulation ist erfunden, bis zu dem Punkt, wo es euch erstickt und zerstört? Viel? Ein bisschen? Oder Megatonnen? Alles was das ist, werdet ihr all das zerstören und unkreieren? Right and Wrong, Good and Bad, POD and POC, All Nine, Shorts, Boys, and Beyonds.
   Erfindung ist, wenn ihr jemanden betrachtet und versucht, eine emotionale Verbindung herzustellen. Ihr versucht,

euren Sex und eure Kopulation von da aus zu kreieren, aber es funktioniert nicht, weil darin keine Substanz liegt. Ihr, als die Wesen, die ihr seid, habt viel mehr Substanz im Leben und unglücklicherweise habt ihr eine Tendenz, die Leute zu verschrecken, an denen ihr interessiert seid, wenn ihr ernsthaft Substanz habt.

Dain:

Ihr verschreckt sie ziemlich dynamisch. Und so lernt ihr von ganz klein an, alles abzuschwächen, was an euch intensiv ist. Alles, was großartig an euch ist. Alles, was seltsam an euch ist. Alles, was anders an euch ist, was übrigens all das ist, was dich zu *dir* macht. Es ist all das, was euch anziehend für jemanden macht, mit dem es Spaß machen würde zusammenzusein. Ihr dämpft all diese Dinge und ihr versucht, euch als etwas zu erfinden, das anziehend auf die Person wirken würde, von der ihr erfunden habt, dass ihr euch von ihr angezogen fühlen müsst.

Gary:

Wie funktioniert das für euch?

Kursteilnehmer:

Gar nicht.

Gary:

Ihr müsst euch ehrlich eingestehen, was ihr kreieren wollt. Wenn ihr die Ansicht habt: „Ich möchte, dass jemand in meinem Leben ist", was bedeutet das? Etwas? Nichts? Alles? Oder ist es so amorph, dass ihr nicht sehen müsst, was tatsächlich für euch funktionieren wird?

Wie viel von dem, was ihr beschlossen habt, was „mit jemandem zusammen zu sein" bedeutet, ist eine Erfindung der amorphen Realität des Nichts?

Dain:

Welche Dummheit verwendet ihr, um die Erfindung der Zeichen, Siegel, Symbole, Embleme und Signifikanzen von Sex, Kopulation und Beziehung als die Falschheit, die Verweigerung von Erfolg, die Eliminierung des Empfangens und des Verlierens zu kreieren, die ihr wählt? Alles was das ist, mal Gottzillionen, werdet ihr all das zerstören und unkreieren? Right and Wrong, Good and Bad, POD and POC, All Nine, Shorts, Boys, and Beyonds.

Welche physische Verwirklichung der Kreation von Sex, Kopulation und Erfolg seid ihr jetzt imstande zu generieren, zu kreieren und einzurichten? Alles, was dem nicht erlaubt, sich zu zeigen, mal Gottzillionen, werdet ihr all das zerstören und unkreieren? Right and Wrong, Good and Bad, POD and POC, All Nine, Shorts, Boys, and Beyonds.

ETWAS KREIEREN, DAS ANDERS IST

Gary:

Versteht ihr alle, dass wir darüber sprechen, etwas zu kreieren, das anders ist? Ihr müsst begreifen, wie ihr etwas haben wollt. Fragt:

- Wird es leicht sein?
- Wird es Spaß machen?
- Wird es expansiv für mich sein?

- Wird es nährend für mich sein?
- Werde ich etwas lernen?

Wenn nicht, dann fragt ihr einfach nur nach jemanden, der euch ficken wird. Und wenn ihr nach jemandem fragt, der euch ficken wird, dann werden euch jede Menge Leute ficken – und nicht immer auf eine gute Art.

Dain:

Wahre Geschichte.

Gary:

Macht das Sinn für euch?

Kursteilnehmer:

Ja.

Gary:

Wie viele von euch wurden gefickt – und nicht auf eine gute Art – von jemandem, von dem ihr entschieden habt, dass ihr mit ihr oder ihm zusammensein wollt? Überall, wo ihr diese Entscheidung getroffen habt, denn jedes Mal, wenn ihr eine Entscheidung trefft, wenn ihr eine Bewertung habt, eine Berechnung anstellt oder eine Schlussfolgerung zieht über irgendjemanden, mit dem ihr Sex oder Kopulation haben werdet, habt ihr euren Sarg zugenagelt und ihr werdet in dieser Situation sterben. Alles was das ist, mal Gottzillionen, werdet ihr all das zerstören und unkreieren? Right and Wrong, Good and Bad, POD and POC, All Nine, Shorts, Boys, and Beyonds.

Dain:

Welche Dummheit verwendet ihr, um die Erfindung der Zeichen, Siegel, Symbole, Embleme und Signifikanzen von Sex, Kopulation und Beziehung als die Falschheit, die Verweigerung von Erfolg, die Eliminierung des Empfangens und des Verlierens zu kreieren, die ihr wählt? Alles was das ist, mal Gottzillionen, werdet ihr all das zerstören und unkreieren? Right and Wrong, Good and Bad, POD and POC, All Nine, Shorts, Boys, and Beyonds.

Welche physische Verwirklichung der Kreation von Sex, Kopulation und Erfolg seid ihr jetzt imstande zu generieren, zu kreieren und einzurichten? Alles, was dem nicht erlaubt, sich zu zeigen, mal Gottzillionen, werdet ihr all das zerstören und unkreieren? Right and Wrong, Good and Bad, POD and POC, All Nine, Shorts, Boys, and Beyonds.

Welche Dummheit verwendet ihr, um die Erfindung der Schwanzherrschaft zu kreieren, wählt ihr? Alles, was dem nicht erlaubt, sich zu zeigen, mal Gottzillionen, werdet ihr all das zerstören und unkreieren? Right and Wrong, Good and Bad, POD and POC, All Nine, Shorts, Boys, and Beyonds.

Gary:

Wie viele von euch denken, dass euer Schwanz alles beherrscht, euch selbst eingeschlossen? Alles, was ihr getan habt, um eurem Schwanz die Herrschaft über euch zu geben, werdet ihr all das jetzt zerstören und unkreieren? Right and Wrong, Good and Bad, POD and POC, All Nine, Shorts, Boys, and Beyonds.

MACHST DU DICH WENIGER SEXUELL?

Dain:
Wie viele von euch haben sich selbst total asexuell gemacht in dem Bemühen, dafür zu sorgen, dass euer Schwanz *nicht* die Regie in eurem Leben führt? Alles was das ist, mal Gottzillionen, werdet ihr all das zerstören und unkreieren? Right and Wrong, Good and Bad, POD and POC, All Nine, Shorts, Boys, and Beyonds.

Gary:
Wow. Es ist nicht so, dass sie sich asexuell gemacht haben. Sie haben sich weniger sexuell gemacht, damit sie von denen empfangen werden können, die Sex nicht mögen.

Dain:
Oh ja, ich habe das sehr, sehr lange getan.

Kursteilnehmer:
Oh mein Gott.

Gary:
Alles, was ihr getan habt, um euch weniger sexuell zu machen, damit ihr von denen empfangen werden könnt, die keinen Sex mögen, werdet ihr all das zerstören und unkreieren, mal Gottzillionen? Right and Wrong, Good and Bad, POD and POC, All Nine, Shorts, Boys, and Beyonds.

Kursteilnehmer:
Wir lernen das schon als Kinder. Gestern habe ich meinen

Sohn zu seiner Mutter gebracht und es war interessant zu beobachten, wie er seine Sexualness total ausgeschaltet hat, damit sie ihn empfangen konnte.

Gary:

Ja, ihr merkt, dass ihr verteufelt werdet und dass man Hackfleisch aus euch macht, wenn ihr diese Art von Sexualness habt.

Welche Dummheit verwendet ihr, um die Erfindung der Falschheit eurer Sexualness zu kreieren als die Perfektion der Bewertungen eurer Sexualness und als Bedürfnis, denjenigen sexuelle Energie zur Verfügung zu stellen, die tot sind und sterben, wählt ihr? Alles was das ist, mal Gottzillionen, werdet ihr all das zerstören und unkreieren? Right and Wrong, Good and Bad, POD and POC, All Nine, Shorts, Boys, and Beyonds.

Dain:

Wow. Wow. Habe ich bereits erwähnt: „Wow"?

VERSUCHT IHR, DIEJENIGEN ZU HEILEN, DIE AN EINEM MANGEL AN SEXUELLER ENERGIE STERBEN?

Gary:

Das ist ein guter Prozess. Da sind Tonnen an Ladung drauf. Offensichtlich haben die meisten von euch ihre sexuelle Energie heruntergefahren, damit ihr diejenigen heilen könnt, die an einem Mangel an sexueller Energie sterben.

Kursteilnehmer:
   Oh mein Gott.

Dain:
   Welche Dummheit verwendet ihr, um die Erfindung der Falschheit eurer Sexualness zu kreieren als die Perfektion der Bewertungen eurer Sexualness und als Bedürfnis, denjenigen sexuelle Energie zur Verfügung zu stellen, die tot sind und sterben, wählt ihr? Alles was das ist, mal Gottzillionen, werdet ihr all das zerstören und unkreieren? Right and Wrong, Good and Bad, POD and POC, All Nine, Shorts, Boys, and Beyonds.

   Hey, ich habe eine Frage. Ist das der Grund, weshalb man ausflippt, wenn man jemanden trifft, der sexuelle Energie hat, vor allem wenn es ein Mann ist, und man allen möglichen seltsamen Konkurrenz-Scheiß macht? Du suchst dir lieber eine Frau oder einen Partner, der tot ist und stirbt, und versuchst, sie zum Leben zu erwecken, und bist sauer, wenn irgendein anderer Typ daran interessiert ist, sie zum Leben zu erwecken, anstatt du?

   Welche Dummheit verwendest du, um die Erfindung der Falschheit deiner Sexualness zu kreieren als die Perfektion der Bewertungen deiner Sexualness, du böser, böser Junge, und als Bedürfnis, denjenigen sexuelle Energie zur Verfügung zu stellen, die tot sind und sterben, wählst du? Alles was das ist, mal Gottzillionen, wirst du all das zerstören und unkreieren? Right and Wrong, Good and Bad, POD and POC, All Nine, Shorts, Boys, and Beyonds.

Gary:

Darf ich nur darauf hinweisen, dass euer Sperma in jemanden zu spritzen nicht bedeutet, Leben und Existenz zu kreieren?

Überall, wo ihr versucht habt, das zu kreieren und alles, was ihr erfunden habt, das tatsächlich Leben und Existenz kreiert, werdet ihr all das bitte zerstören und unkreieren, mal Gottzillionen? Right and Wrong, Good and Bad, POD and POC, All Nine, Shorts, Boys, and Beyonds.

Kursteilnehmer:

Was, wenn du es *auf* sie spritzt?
(Lachen)

Dain:

Ich liebe dich. Ich liebe dich.

Welche Dummheit verwendet ihr, um die Erfindung der Falschheit eurer Sexualness zu kreieren als die Perfektion der Bewertungen eurer Sexualness, denn was solltet ihr sonst mit eurer ganzen Zeit und Energie anfangen, und als Bedürfnis, denjenigen sexuelle Energie zur Verfügung zu stellen, die tot sind und sterben, wählt ihr? Alles was das ist, mal Gottzillionen, werdet ihr all das zerstören und unkreieren? Right and Wrong, Good and Bad, POD and POC, All Nine, Shorts, Boys, and Beyonds.

Gary:

Wie viele von euch haben nämlich erfunden, dass die Leute, mit denen ihr Sex habt, die tot sind und sterben, die Leute sind, die den Sex brauchen, den ihr liefern könnt? Alles, was ihr getan habt, um das zu kreieren, statt euch tatsächlich bis zum Abwinken zu vergnügen, werdet ihr all das zerstören und unkreieren? Right and Wrong, Good and Bad, POD and POC, All Nine, Shorts, Boys, and Beyonds.

Dain:

Welche Dummheit verwendet ihr, um die Erfindung der Falschheit eurer Sexualness zu kreieren als die Perfektion der Bewertungen eurer Sexualness und als Bedürfnis, denjenigen sexuelle Energie zur Verfügung zu stellen, die tot sind und sterben, wählt ihr? Alles was das ist, mal Gottzillionen, werdet ihr all das zerstören und unkreieren? Right and Wrong, Good and Bad, POD and POC, All Nine, Shorts, Boys, and Beyonds.

Gary:

Habt ihr entschieden, dass ihr die Toten und Sterbenden seid, denen ihr sexuelle Energie liefern müsst?

Dain:

Und dass ihr tatsächlich sexuelle Energie von Leuten bekommen könnt, die tot sind und sterben?

Gary:

Alles, was ihr getan habt, um diese Erfindung als real zu kreieren, werdet ihr all das zerstören und unkreieren? Right and Wrong, Good and Bad, POD and POC, All Nine, Shorts, Boys, and Beyonds.

Kursteilnehmer:

Es scheint ein Gradmesser für Erfolg zu sein, wenn man in der Lage ist, jemanden aufzubahren, der tot ist und im

Sterben liegt.

Dain:

Da ist nichts mehr zu holen und ihr sagt: „Ich werde dich zum Leben erwecken! Und weil ich das kann, bin ich stark. Ich bin ein Erfolg, weil ich dich zum Leben erweckt habe."

Welche Dummheit verwendet ihr, um die Erfindung der Falschheit eurer Sexualness zu kreieren als die Perfektion der Bewertungen eurer Sexualness und als Bedürfnis, denjenigen sexuelle Energie zur Verfügung zu stellen, die tot sind und sterben, wählt ihr? Alles was das ist, mal Gottzillionen, werdet ihr all das zerstören und unkreieren? Right and Wrong, Good and Bad, POD and POC, All Nine, Shorts, Boys, and Beyonds.

Gary:

Alles, was euch nicht erlaubt zu sehen, wo ihr die Toten und Sterbenden gewählt habt, um mit ihnen Sex zu haben, statt Leute zu wählen, mit denen es tatsächlich Spaß machen könnte, werdet ihr all das zerstören und unkreieren? Right and Wrong, Good and Bad, POD and POC, All Nine, Shorts, Boys, and Beyonds.

Dain:

Alles, was euch dazu bringt, die Toten und Sterbenden zu werden, damit jemand kommt und euch Energie gibt, werdet ihr all das bitte zerstören und unkreieren? Right and Wrong, Good and Bad, POD and POC, All Nine, Shorts, Boys, and Beyonds.

SEXUELLE ANZIEHUNG

Gary:

Ist es das, was ihr sexuelle Anziehung nennt?

Dain:

Wow.

Gary:

Es ist das, was ihr als sexuelle Anziehung erfunden habt. Wenn ihr jemanden trefft, der tot und am Sterben ist, dann fühlt er oder sie sich von euch angezogen. Wenn ihr tot und am Sterben seid, dann werdet ihr für jemand anderen anziehend sein.

Alles was das ist, mal Gottzillionen, werdet ihr all das zerstören und unkreieren? Right and Wrong, Good and Bad, POD and POC, All Nine, Shorts, Boys, and Beyonds.

Wie viel Prozent eurer sexuellen Anziehung ist eine Erfindung, um euch dazu zu bringen, die Falschheit von euch zu sehen oder zu sein? Ein bisschen? Viel? Oder Megatonnen? Alles was das ist, mal Gottzillionen, werdet ihr all das zerstören und unkreieren? Right and Wrong, Good and Bad, POD and POC, All Nine, Shorts, Boys, and Beyonds.

Dain:

Welche Dummheit verwendet ihr, um die Erfindung der Falschheit eurer Sexualness zu kreieren als die Perfektion der Bewertungen eurer Sexualness und als Bedürfnis, denjenigen sexuelle Energie zur Verfügung zu stellen, die tot sind und sterben, wählt ihr? Alles was das ist, mal

Gottzillionen, werdet ihr all das zerstören und unkreieren? Right and Wrong, Good and Bad, POD and POC, All Nine, Shorts, Boys, and Beyonds.

Gary:

Wow, das ist sogar noch intensiver, als ich gehofft hatte.

Kursteilnehmer:

Ich bin wirklich dankbar.

Dain:

Mann, das ist wirklich erstaunlich. Und ich habe gedacht, der andere wäre ein nie endender Prozess.

Welche Dummheit verwendet ihr, um die Erfindung der Falschheit eurer Sexualness zu kreieren als die Perfektion der Bewertungen eurer Sexualness und als Bedürfnis, denjenigen sexuelle Energie zur Verfügung zu stellen, die tot sind und sterben, wählt ihr? Alles was das ist, mal Gottzillionen, werdet ihr all das zerstören und unkreieren? Right and Wrong, Good and Bad, POD and POC, All Nine, Shorts, Boys, and Beyonds.

Gary:

Was, wenn ihr mehr sexuelle Energie hättet als die anderen Leute um euch herum?

Wie viele von euch sind sexuelle Heiler und wollen, dass andere für sie sexuelle Heiler sind? Das ist die Sache, die euch umbringt. Ihr wollt, dass andere für euch die sexuellen Heiler sind. Jede Erfindung, die ihr in dieser Welt kreiert habt, werdet ihr sie alle zerstören und unkreieren? Right and Wrong, Good and Bad, POD and POC, All Nine, Shorts, Boys, and Beyonds.

FOKUS AUF DER KREATION

Ihr versucht zu *erfinden*, dass irgendetwas passieren wird, statt es zu *kreieren*, so dass es passiert.

Wenn ihr erfolgreich sein wollt, dann müsst ihr euch anschauen, was ihr in der Lage seid zu kreieren. Ihr müsst euch auf die Kreation fokussieren, mit jemandem sexuell zusammenzukommen.

Dain:

Wenn ihr erfindet, dass etwas geschehen wird und dann geschieht es nicht, bleibt ihr mit eurer Falschheit zurück, nicht fähig zu sein, das zu kreieren, was ihr erfunden habt und das ihr fähig sein solltet zu kreieren. Ihr seid gewillt, viel Zeit und Energie dafür aufzuwenden, mit wem oder was ihr vielleicht Sex haben werdet oder von wem ihr flachgelegt werdet oder wie auch immer ihr es ausdrücken wollt, aber: Wie viel Energie seid ihr gewillt, in die Kreation von Erfolg in jedem Bereich eures Lebens zu stecken?

Gary:

Ihr neigt dazu, Sex als die Identifizierung von Erfolg zu verwenden. Ihr seid erfolgreich, wenn ihr sexuelle Energie habt, die auf viele Leute anziehend wirkt. Was, wenn das die Lüge ist, die euch gefangen hält?

Alles, was ihr getan habt, die Lüge abzukaufen, dass sexuelle Energie das Zeichen von Erfolg ist und dass sexuelle Energie dafür sorgen wird, dass ihr flachgelegt werdet, werdet ihr all das zerstören und unkreieren? Right and Wrong, Good and Bad, POD and POC, All Nine,

Shorts, Boys, and Beyonds.

Kursteilnehmer:

Hey, Gary, du sagst, dass es eine Lüge ist, aber es fühlt sich so wahr an. Ich habe die Vorstellung mit Haut und Haaren abgekauft, dass man erfolgreich wird, wenn man sexuelle Energie hat.

Gary:

Ist das wahr oder ist es das, was du gegen dich selbst verwendest?

Dain:

Oder ist es das, was du gegen dich selbst erfindest?

Gary:

Alles, was ihr getan habt, um diese Energie gegen euch zu verwenden, statt für euch, werdet ihr all das zerstören und unkreieren? Right and Wrong, Good and Bad, POD and POC, All Nine, Shorts, Boys, and Beyonds.

URLAUB MACHEN

Dain:

All diese Erfindungen sind ein riesiger Teil dessen, was verhindert, dass Sex jemals Spaß machen kann, weil das eben auf all diesen Erfindungen beruht. So haltet ihr euch unter anderem von dem Erfolg ab, der möglich ist. Denkt nur einmal an die Menge an Energie, die ihr für Sex aufwendet und dafür, flachgelegt zu werden – oder um zu vermeiden, flachgelegt zu werden – und fragt: „Wenn ich diese Menge an Energie für mein Business aufgewendet hätte, wie viel Geld hätte ich im letzten Jahr gemacht?" Vielleicht könntet ihr die Möglichkeit in Betracht ziehen, das zu verändern, damit ihr anfangt, diese Energie in euer Business zu stecken.

Es gab eine Zeit in meinem Leben, in der Frauen die große Sache waren. An einem Punkt war es so, dass ich am Vormittag ein Date mit einem Mädchen hatte und später am Tag dann hatte ich Sex mit einer anderen. Ich verbrachte die Nacht mit ihr und am nächsten Nachmittag kam noch ein anderes Mädchen zu Besuch und wir beide hatten Sex. Ich hatte sozusagen zweieinhalb Tage Urlaub.

Gary:

So nennen wir das jetzt: „Dain macht Urlaub."

Dain:

Ja, „ich mache Urlaub"! Da habe ich meinen Verstand ausgeschaltet. Es waren meine Ferien von Bewusstsein, Gewahrsein und vom Kreieren meines Business.

Gary:

Welche physische Verwirklichung von Sex und Kopulation als „Urlaub" seid ihr jetzt in der Lage zu generieren, zu kreieren und einzurichten? Alles, was nicht erlaubt, dass sich das zeigt, mal Gottzillionen, werdet ihr all das zerstören und unkreieren? Right and Wrong, Good and Bad, POD and POC, All Nine, Shorts, Boys, and Beyonds.

Dain:

Ich war wirklich dankbar für diese Erfahrung, weil mir

dadurch klar wurde, dass ich wirklich eine Riesenmenge Energie in die Universen der Leute gebracht habe, um sie zum Leben zu erwecken und Sex zu der Sache zu machen, mit der ich ihre Bewertungen auflösen, ihre Körper antörnen und einen Level an Intensität haben konnte, den ich mag. Ich habe mir das betrachtet und gesagt: „Mann, wenn ich diese ganze Energie in mein Business gesteckt hätte, dann hätte mein Business dieses Wochenende abgehoben, anstatt nur ein bisschen vorwärts zu kriechen." Ich habe ihm so viel Energie entzogen. Es ist nicht so, dass du eine endliche Menge an Energie hättest, aber wenn du die Vorstellung hast: „Das ist es, was kreativ ist, das ist es, was generierend ist und wenig anderes ist es", dann nimmst du dich selbst raus aus dem Erfolg, den du kreieren könntest.

Gary:

Wisst ihr, wie ich das früher umgangen habe? In den alten Zeiten, in denen ich Drogen, Sex und Rock and Roll betrieben habe, habe ich zwei Joints geraucht, bevor ich Sex mit jemandem hatte, so dass ich all ihren Bewertungen aus dem Weg gehen konnte. Es hat wirklich gut funktioniert.

Dain:

Wenn ihr dieses Gewahrsein haben könnt und fragt: „Zerstöre ich eigentlich meinen Erfolg hier, mit den Wahlen, die ich treffe?", findet ihr vielleicht heraus, dass ihr eine andere Wahl treffen könnt. Ihr sagt dann vielleicht: „Okay, was wäre nötig, damit das hier kreativ und generierend wird? All die Erfindungen, die ich habe, die kreieren, dass ich genau das jetzt hier tue, zerstöre und unkreiere ich."

WIE WÄRE ES, SEX UND BEZIEHUNG VON EINER TOTAL ANDEREN REALITÄT AUS ZU KREIEREN?

Gary:

Ich möchte gern, dass ihr euch in der kommenden Woche anschaut, wie es wäre, wenn ihr gewillt wärt, Sex und Beziehung von einer total anderen Realität aus zu kreieren. Macht euch eine Endlosschleife mit dieser Frage und lasst sie nonstop laufen:

Welche physische Verwirklichung von Sex, Kopulation, Beziehung und Erfolg von einer Realität jenseits dieser Realität bin ich jetzt in der Lage zu generieren, zu kreieren und einzurichten? Alles was das ist, mal Gottzillionen, werdet ihr all das zerstören und unkreieren? Right and Wrong, Good and Bad, POD and POC, All Nine, Shorts, Boys, and Beyonds.

Dain:

Okay, schöne Männer.

Kursteilnehmer:

Ich wollte nur noch sagen, wie dankbar ich für diese Telecalls bin. Sie sind einfach großartig. Vielen Dank.

Kursteilnehmer:

Vielen Dank.

Dain:

Danke. Wie wird es noch besser als das?

Gary:
   Danke, Jungs. Ich liebe euch sehr.

3
Ihr seid das wertvolle Produkt

*Ich mache die anderen nicht länger zum wertvollen Produkt.
Ich bin zu dem wertvollen Produkt geworden und
mir steht mehr zur Verfügung als jemals zuvor.*

Gary:

Hallo, Gentlemen. Lasst uns mit ein paar Fragen beginnen.

DÄMONEN DER NOTWENDIGKEIT

Kursteilnehmer:

Ich bin so dankbar für den Gentlemen's Club. Zum ersten Mal in meinem Leben bin ich glücklich darüber, ein Mann zu sein und im Körper eines Mannes zu sein. Ich habe die Frage gestellt: „Wie wird es noch besser als das?" und zu etwa 90% höre ich: „Kann es nicht." Ich weiß nicht, ob das mein Gedanke ist, der Gedanke von jemand anderem oder der Gedanke von einer Wesenheit.

Ich habe auch gefragt: „Welche Dummheit verwende ich, um die totale Ausradierung und Eliminierung von 'Wie wird es noch besser als das?' zu kreieren, wähle ich?" Kannst du da ein wenig Klarheit schaffen, bitte?

Gary:

Du musst fragen: Dämonen der Trennung? Und du musst ihnen sagen, dass es Zeit ist zu gehen. Du sagst: Dämonen, geht dahin zurück, woher ihr gekommen seid, niemals wieder kehrt zurück zu mir oder meiner Realität.

Irgendjemand oder irgendetwas, das dir erzählt, du könntest etwas nicht tun, ist ein Dämon. Eine Wesenheit ist jemand, der froh wäre, einen neuen Körper übernehmen zu können. Ein Dämon ist eine Wesenheit, dem die Aufgabe übertragen wurde, Macht über jemanden oder etwas zu gewinnen. Er wird dich einsperren und dich klein halten. Wir wollen euch dorthin bringen, wo das nicht der Fall ist. Dämonen kommen, sobald du der Anhänger von jemandem wirst, denn ihr versucht, Macht von der Person zu bekommen, der ihr folgt. Hat irgendeiner von euch jemals die Macht an eine Frau abgegeben?

Kurseilnehmer:

(Lachen)

Gary:

Das wäre also ein *Ja*. Lasst uns mit diesem Prozess anfangen:

Welche Dummheit verwendet ihr, um die Erfindungen zu kreieren, die künstlichen Intensitäten und die Dämonen der Notwendigkeit, dem entgegengesetzten Geschlecht zu folgen, wählt ihr? Alles was das ist, mal Gottzillionen, werdet ihr all das zerstören und unkreieren? Right and Wrong, Good and Bad, POD and POC, All Nine, Shorts, Boys, and Beyonds.

Kursteilnehmer:

Könntest du darüber sprechen, was künstliche Intensität ist?

Gary:

Wenn du etwas wirklich willst, dann nimmst du den Standpunkt ein: „Das ist eine wirklich gute Idee!" Du machst es intensiv. Du sagst: „Ich brauche das so sehr!" Das ist eine erfundene Ansicht. Sie ist künstlich. Du verwendest Intensität, um den Glauben zu kreieren, dass du etwas Gutes kreieren wirst.

Jedes Mal, wenn ihr einer Frau folgen wollt oder der goldenen Vagina, kreiert ihr einen Ort, wo ihr zum Effekt von Dämonen werdet. Und falls ihr in irgendeinem Leben eine Frau wart, dann versucht ihr, Männern zu folgen. Wann auch immer ihr euch zum Anhänger von jemandem macht, ladet ihr die Dämonen dazu ein, euch zu kontrollieren.

Kursteilnehmer:

Wenn man einem Guru folgt, versucht man damit, Macht über ihn zu bekommen?

Gary:

ihr folgt einem Guru, weil ihr wollt, dass er euch als die brillante Person sieht, die ihr seid. Ihr ladet die Dämonen zu euch ein, weil ihr wollt, dass sie euch sehen und erkennen, wie brillant ihr seid. Die Dämonen werden jedes Mal aktiviert, wenn ihr versucht, jemandem zu folgen.

Kursteilnehmer:

Das ist so interessant.

Gary:

Welche Dummheit verwendet ihr, um die Erfindungen zu kreieren, die künstlichen Intensitäten und die Dämonen der Notwendigkeit, dem entgegengesetzten Geschlecht zu folgen, wählt ihr? Alles was das ist, mal Gottzillionen, werdet ihr all das zerstören und unkreieren? Right and Wrong, Good and Bad, POD and POC, All Nine, Shorts, Boys, and Beyonds.

Ihr erfindet, dass Dämonen eine Machtquelle sind und dass künstliche Intensität eine Machtquelle ist. Natürlich war keiner von euch jemals künstlich intensiv? Oder doch?

Welche Dummheit verwendet ihr, um die Erfindungen zu kreieren, die künstlichen Intensitäten und die Dämonen der Notwendigkeit, dem entgegengesetzten Geschlecht zu folgen, wählt ihr? Alles was das ist, mal Gottzillionen, werdet ihr all das zerstören und unkreieren? Right and Wrong, Good and Bad, POD and POC, All Nine, Shorts, Boys, and Beyonds.

Wann auch immer ihr versucht, jemandem oder etwas zu folgen, ladet ihr das ein, was das schlimmste Ergebnis in eurem Leben kreieren wird. Die Vorstellung von Anhängerschaft ist die Vorstellung, dass jemand Kontrolle über euch haben muss oder dass jemand Kontrolle über euch haben kann und dass es für jemanden wichtiger ist, Kontrolle über euch zu haben, als es für euch ist, ihr selbst zu sein.

Welche Dummheit verwendet ihr, um die Erfindungen zu kreieren, die künstlichen Intensitäten und die Dämonen der Notwendigkeit, dem entgegengesetzten Geschlecht zu folgen, wählt ihr? Alles was das ist, mal Gottzillionen, werdet ihr all das zerstören und unkreieren? Right and Wrong, Good and Bad, POD and POC, All Nine, Shorts, Boys, and Beyonds.

Kursteilnehmer:
Ich habe große Schwierigkeiten, bei diesem Telecall präsent zu bleiben. Ich möchte einfach nicht hier sein. Ich möchte mir meine Kopfhörer herunterreißen. Ist das Dämonenzeug oder etwas anderes?

Gary:
Dämonen versuchen immer, euch von den Sachen wegzubringen, die euch Freiheit von ihnen geben würden. Und deswegen sagt jetzt alle den Dämonen, die ihr jemals gewählt habt, um das entgegengesetzte Geschlecht zu haben oder das entgegengesetzte Geschlecht zu sein: Geht dahin zurück, woher ihr gekommen seid, niemals wieder kehrt zurück zu mir oder meiner Realität.

Kursteilnehmer:
Wow, das ist cool.

Kursteilnehmer:
Danke.

Gary:
Fühlt sich das für irgendjemanden besser an?

Kursteilnehmer:
    Ja!

Gary:
    Welche Dummheit verwendet ihr, um die Erfindungen zu kreieren, die künstlichen Intensitäten und die Dämonen der Notwendigkeit, dem entgegengesetzten Geschlecht zu folgen, wählt ihr? Alles was das ist, mal Gottzillionen, werdet ihr all das zerstören und unkreieren? Right and Wrong, Good and Bad, POD and POC, All Nine, Shorts, Boys, and Beyonds.
    Bist du jetzt eher in der Lage, präsent zu bleiben?

Kursteilnehmer:
    Ich bin jetzt sehr viel präsenter. Mein Körper zittert fast.

Gary:
    Gut. Ist das ein Zittern oder ist das die Energie, die dein Körper tatsächlich sein kann? Ihr ladet Wesenheiten und Dämonen in euren Körper und eure Realität ein, damit ihr der Dämon im Bett sein könnt, der ihr sein solltet. Das ist es, wo ihr Sex von einer Frau verlangen solltet und von ihr wird erwartet, dass sie es tut, denn sie sollte euch folgen, aber ihr selbst folgt ihr bereits, wer also hat die Führung und wie funktioniert das?

Kursteilnehmer:
    Gar nicht.

Kursteilnehmer:
    Gary, ich habe dich neulich sagen hören – und es war das erste Mal, dass ich dich das sagen hörte – dass, je bewusster

wir werden, desto mehr wir diese Dämonen aufwecken.

Gary:
Je bewusster ihr werdet, desto mehr weckt ihr diese Wesenheiten und Dämonen auf, denn je weniger ihr gewillt seid, der Effekt der Dinge zu sein, desto schwieriger wird es für sie, ihre Aufgabe weiterhin zu erfüllen.

Kursteilnehmer:
Ich habe bemerkt, wenn ich diesen Dämonenprozess laufen lasse, hören an manchen Tagen die Stimmen auf und an manchen Tagen sind sie zehn mal so stark.

DIE WELT EINES DÄMONEN MIT BEWUSSTSEIN DURCHSETZEN

Gary:
Ja, weil eine neue Art von ihnen erwacht. Ihr könnt Folgendes laufen lassen:
Welche Dummheit verwende ich, um das durchlässige Bewusstsein zu vermeiden, das ich wählen könnte? Alles, was dem nicht erlaubt, sich zu zeigen, mal Gottzillionen, werdet ihr all das zerstören und unkreieren? Right and Wrong, Good and Bad, POD and POC, All Nine, Shorts, Boys, and Beyonds.

Wenn du die Welt eines Dämons mit Bewusstsein durchdringst, kann er sich selbst hier nicht aufrechterhalten. Dämonen haben die Aufgabe, Anhänger zu kreieren und Leute als Effekt zu kreieren, Trillionen von Jahren erfüllt und sie möchten es wirklich nicht länger tun. Sie mögen nicht, wo sie gerade sind; sie mögen nicht länger das, wo sie gebunden sind, genauso wenig, wie ihr es mögt, dass sie an euch gebunden sind. Je mehr Bewusstsein ans Licht kommt auf dem Planeten Erde, desto weniger Wert hat ihre Aufgabe. In Indien und im größten Teil des mittleren Ostens verehren sie seit Jahrhunderten die Dämonengötter und in anderen Teilen der Welt praktizieren die Leute schwarze Magie.

Die Vorstellung, dass ihr als Wesen etwas außerhalb von euch braucht, ist eine erfundene Realität. Die Leute sagen Dinge wie: „Oh, der Rum-Dämon" oder: „Die Dämonen haben mich dazu gebracht, das zu tun" oder: „Da steckt der Teufel drin." Damit laden wir Dämonen in die Existenz ein, aber im Angesicht von Bewusstsein können sie ihre Aufgabe nicht länger erfüllen. Also lasst das weiter laufen:

Welche Dummheit verwende ich, um das durchlässige Bewusstsein zu vermeiden, das ich wählen könnte? Alles, was dem nicht erlaubt, sich zu zeigen, mal Gottzillionen, werdet ihr all das zerstören und unkreieren? Right and Wrong, Good and Bad, POD and POC, All Nine, Shorts, Boys, and Beyonds.

Kursteilnehmer:
Gibt es einen Geld-Dämon?

Gary:
Ja. Geld wird als Dämon gesehen. Die Leute betrachten Geld als den Dämon, der sie davon abhält, ein Leben zu haben. „Geld ist die Wurzel allen Übels" oder „Die Liebe zum Geld ist die Wurzel allen Übels." Egal wie du es ausdrückst, Geld wird als Übel dargestellt, nicht als etwas,

das leicht und freudvoll ist oder wert ist, es zu haben. Seht ihr, wie das funktioniert?

Welche Dummheit verwendet ihr, um zu vermeiden, die durchlässigen Gesetze des Bewusstseins zu sein, das ihr wählen könntet? Alles, was dem nicht erlaubt, sich zu zeigen, mal Gottzillionen, werdet ihr all das zerstören und unkreieren? Right and Wrong, Good and Bad, POD and POC, All Nine, Shorts, Boys, and Beyonds.

Hier ist ein anderer Prozess, den ihr vielleicht laufen lassen solltet:

Welche physische Verwirklichung, die durchlässigen Gesetze des Bewusstseins zu sein, seid ihr jetzt fähig zu generieren, zu kreieren und einzurichten? Alles, was dem nicht erlaubt, sich zu zeigen, mal Gottzillionen, werdet ihr all das zerstören und unkreieren? Right and Wrong, Good and Bad, POD and POC, All Nine, Shorts, Boys, and Beyonds.

Wenn ihr diese beiden Prozesse in einer Endlosschleife laufen lasst, werden sie die Dinge in allen Aspekten eures Lebens verändern, nicht nur in Bezug auf Beziehungen und Frauen.

MACHST DU JEMANDEN RECHTSCHAFFEN?

Kursteilnehmer:
Ich kämpfe damit, was ich vom Leben will. Ich zweifle mich selbst ständig an.

Gary:
Lasst uns diesen Prozess versuchen:

Welche Dummheit verwende ich, um die Erfindungen, die künstlichen Intensitäten und die Dämonen zu kreieren, die die Rechtschaffenen bewachen und schützen, denen ich folge, wähle ich? Alles was das ist, mal Gottzillionen, werdet ihr all das zerstören und unkreieren? Right and Wrong, Good and Bad, POD and POC, All Nine, Shorts, Boys, and Beyonds.

Kursteilnehmer:
Sagtest du: „Die Rechtschaffenen"? Was ist das?

Gary:
Die Rechtschaffenen, denen ich folge, wähle ich? Lass uns annehmen, du entscheidest, dass jemand rechtschaffen ist. Sie sind nicht leicht zu haben. Sie sind keine Schlampen. Sie werden sich selbst nicht leichtfertig hergeben. Also entscheidest du, dass sie rechtschaffen sind und rechtschaffen bedeutet, besser als du. Wann immer du beschließt, dass jemand besser ist als du, musst du dich selbst falsch machen, wegen allem, was du wählst. Dann musst du dir anschauen, wie beschissen du bist, weil diese Person dich nicht gewählt hat.

Nicht, dass Männer das mit Frauen machen würden. Oh ja, das tun sie! Lasst uns den hier noch einmal laufen.

Welche Dummheit verwende ich, um die Erfindungen, die künstlichen Intensitäten und die Dämonen zu kreieren, die die Rechtschaffenen bewachen und schützen, denen ich folge, wähle ich? Alles was das ist, mal Gottzillionen, werdet ihr all das zerstören und unkreieren? Right and Wrong, Good and Bad, POD and POC, All Nine, Shorts, Boys, and Beyonds.

Habt ihr jemals bemerkt, wie ihr sagt: „Sie ist das perfekte Mädchen?" So macht ihr sie rechtschaffen. „Dieses Mädchen ist perfekt. Sie ist so schön." Rechtschaffen. Das ist die Art und Weise, wie ihr jemanden rechtschaffen macht, statt euch selbst als etwas Wertvolles zu haben.

Alles was das ist, mal Gottzillionen, werdet ihr all das zerstören und unkreieren? Right and Wrong, Good and Bad, POD and POC, All Nine, Shorts, Boys, and Beyonds.

Welche Dummheit verwende ich, um die Erfindungen, die künstlichen Intensitäten und die Dämonen zu kreieren, die die Rechtschaffenen bewachen und schützen, denen ich folge, wähle ich? Alles was das ist, mal Gottzillionen, werdet ihr all das zerstören und unkreieren? Right and Wrong, Good and Bad, POD and POC, All Nine, Shorts, Boys, and Beyonds.

Kursteilnehmer:

Als ich dich letzte Woche angerufen habe, hast du mir ein Clearing gegeben, in dem es darum ging, für mich zu wählen, statt für alle anderen. Ich habe angefangen, das mehr zu tun vor allem mit meiner Partnerin und das hat viele intensive Situationen kreiert, denn sie war daran gewöhnt, dass ich zuerst *sie* wähle oder *uns* und niemals *mich*.

Gary:

Na ja, sie hat eine goldene Vagina.

Kursteilnehmer:

(lacht) Absolut. All das, was in den letzten beiden Wochen geschehen ist, passt zu der Energie von allem, was du heute sagst. Kannst du mir helfen zu klären, was ich hier nicht sehe?

Gary:

Welche Dummheit verwendest du, um die golden Vagina zu kreieren, die du wählst? Alles was das ist, mal Gottzillionen, werdet ihr all das zerstören und unkreieren? Right and Wrong, Good and Bad, POD and POC, All Nine, Shorts, Boys, and Beyonds.

VEREINBAREN UND LIEFERN

Kursteilnehmer:

Sie reagiert stark, wenn ich etwas anderes zu tun oder zu sein wähle als vorher.

Gary:

Du veränderst die Sachlage. Ihr habt niemals eine Vereinbarung und Lieferung miteinander ausgemacht, nicht wahr?

Kursteilnehmer:

Nein, absolut nicht.

Gary:

Eine Beziehung ist eine Geschäftsvereinbarung, also müsst ihr eine Vereinbarung und Lieferung treffen, genauso wie ihr es in einer geschäftlichen Verbindung tun würdet. Die Schwierigkeiten in Geschäftsbeziehungen und anderen Beziehungen treten auf, weil die meisten Leute keine Ahnung haben, was sie gerne hätten. Sie glauben, wenn sie freundlich und nett sind, würden ihnen die Leute freundliche und nette Dinge liefern.

Ihr seid nicht gewillt zu sehen, was die Leute liefern wollen, was sie liefern werden und was die Vereinbarung für sie bedeutet. Ihr habt eine Gottzillion Fantasien über das, was passieren sollte, was bedeutet, dass ihr euch nicht anschaut, was tatsächlich geschehen wird. Ihr müsst von Vereinbarung und Lieferung ausgehen, sonst wird es da keinen Platz geben, von dem aus ihr eure Realität steigern könnt. Ihr müsst euch darüber klar werden, was exakt ihr braucht und euch wünscht und was die andere Person braucht und sich wünscht. Fragt:

- Was ist die Vereinbarung?
- Was wirst du liefern?
- Was erwartest du, dass ich liefere?
- Wie genau wird das aussehen und wie wird das funktionieren?
- Was muss ich für dich sein?

Ihr müsst sagen: „Hey, Liebste, können wir hier eine Vereinbarung und Lieferung treffen? Was erwartest du von mir?" Wenn ihr sie „Liebste" nennt, statt „Süße" oder „Schätzchen", muss sie freundlicher sein, um dem Titel zu entsprechen, den ihr ihr gegeben habt.

Kursteilnehmer:

Cool. Habe ich Dämonen kreiert mit meinen Wahlen, die mit ihr zu tun haben?

Gary:

Ja. Wie viele Dämonen hast du, die kreieren, dass du ihr immerzu folgst? Ein paar, viele oder Megatonnen?

Kursteilnehmer:
   Megatonnen.

Gary:
   Hast du sie zum Guru deines Lebens gemacht? Wie viele von euch Männern haben Frauen zum Guru gemacht, dem ihr folgen sollt? Alles, was ihr getan habt, um die Dämonen zu kreieren, die dafür sorgen, dass ihr ihr und ihren Befehlen weiter folgt und tut, was sie sagt und alles, was das ist, mal Gottzillionen, werdet ihr all das zerstören und unkreieren? Right and Wrong, Good and Bad, POD and POC, All Nine, Shorts, Boys, and Beyonds.

Kursteilnehmer:
   Das passt zu der Frage, die ich dir gestellt habe, ob jemandem zu folgen bedeutet, dass man versuchen will, Macht über den anderen zu bekommen.

WIRD DAS MEINE AGENDA AUSDEHNEN?

Gary:
   Einige Jahre lang haben Dain und ich uns immer die Frage gestellt: „Wird das meine Agenda ausdehnen?", wenn wir überlegt haben, ob wir etwas bestimmtes tun sollen. Die Idee dahinter war, dass wir es tun sollten, wenn etwas unsere Agenda ausdehnen würde.
   Es war sehr schockierend herauszufinden, dass die Penisse aller Männer Agenda heißen, und wenn eine Frau ins Spiel kommt, werdet ihr alle denken, dass eure Agenda sich ausdehnen wird. Tatsache ist, ihr wisst, dass es so ist.

Kursteilnehmer:
(Lachen)

Gary:
Eure Agenda ist das Ding, das zwischen euren Beinen hängt. Jedes Mal, wenn ihr an Sex denkt, dehnt ihr eure Agenda aus. Dain und ich haben einen Weg gefunden, um die Agenda herumzukommen, indem wir fragen:
+ Wenn ich das wähle, wie wird mein Leben in fünf Jahren sein?
+ Wenn ich das nicht wähle, wie wird mein Leben in fünf Jahren sein?

Das ist die einzige Art, wie ihr herausfinden werdet, was ihr gerne kreieren würdet, was eure Agenda ausdehnen würde.

Kursteilnehmer:
Wieso ausgerechnet fünf Jahre? Das ist ziemlich weit weg. Warum nicht nur ein Jahr?

Gary:
Fünf Jahre sind so weit in der Zukunft, dass du nicht erfinden kannst, wie etwas sein wird. Indem ihr es fünf Jahre entfernt platziert, wird es euch möglich, eher etwas energetisch wahrzunehmen als von Gedanken, Gefühlen und Emotionen aus.

Kursteilnehmer:
Danke.

WENN DU DER ANFÜHRER BIST, WIRST DU ZUM WERTVOLLEN PRODUKT

Kursteilnehmer:

Diese Sache mit „den Rechtschaffenen folgen" beschreibt das, was ich immer mit meinen sexuellen Beziehungen mit Männern getan habe. Ich sehe einen Typen und sage mir: „Ja, das ist er!" Der einstellige IQ kommt ins Spiel und los geht es. Ich übergebe ihm all meine Macht, wie du sagst, und gebe ihm recht und wenn er mich nicht wählt, dann bin ich verkehrt. Kannst du mir eine andere Art und Weise zeigen, damit umzugehen?

Gary:

Ja, du musst fragen: „Warum folge ich diesem Typen, statt selbst der Anführer zu sein?"

Welche Dummheit wählst du, um zu vermeiden, der Anführer zu sein, der zu sein du wählen könntest? Alles was das ist, mal Gottzillionen, werdet ihr all das zerstören und unkreieren? Right and Wrong, Good and Bad, POD and POC, All Nine, Shorts, Boys, and Beyonds.

Kursteilnehmer:

Wie sieht das aus?

Gary:

Na ja, wenn du der Anführer bist, wirst du das wertvolle Produkt. Bei Access Consciousness kommen die Frauen zu Dain und sagen: „Oh, ich hätte so gern Sex mit dir." Meinen sie das wirklich?

Kursteilnehmer:
 Nein.

Gary:
 Nein. Was meinen sie damit?

Kursteilnehmer:
 Sie wollen Macht über ihn haben. Sie wollen Bedeutung haben.

Gary:
 Ja. Sie wollen signifikant sein und sie wollen eine Beziehung haben. Diese Wochenende habe ich eine Nachricht von einer Frau bekommen. Darin stand: „Ich würde so gern mit dir zum Essen ausgehen und eine gute Zeit mir dir verbringen und mehr." Sie sieht nett aus, aber sie ist eine Dämonenschlampe aus der Hölle.

Kursteilnehmer:
 Ist das nicht genau dein Fall, Gary? Ist das nicht genau das, was du magst?

Gary:
 Das mochte ich früher. Ich habe entdeckt, dass es für mich normalerweise schlecht ausgeht, wenn ich der goldenen Vagina folge. Ich mache die anderen nicht länger zum wertvollen Produkt. Ich bin das wertvolle Produkt geworden und jetzt steht mir mehr zur Verfügung als jemals zuvor.

 Welche Dummheit verwendest du, um zu vermeiden, das wertvolle Produkt und der Anführer zu sein, den du wählen könntest? Alles was das ist, mal Gottzillionen, werdet ihr all das zerstören und unkreieren? Right and Wrong, Good and Bad, POD and POC, All Nine, Shorts, Boys, and Beyonds.

Die meisten von euch glauben, wenn jemand *gewillt* ist, euch zu haben oder Sex mit euch zu haben, dass sie nicht wertvoll sein können. Und wenn sie *nicht* gewillt sind, Sex mit euch zu haben, dann seid ihr nicht wertvoll. Warum wertet ihr euch ab?

Alles was das ist, mal Gottzillionen, werdet ihr all das zerstören und unkreieren? Right and Wrong, Good and Bad, POD and POC, All Nine, Shorts, Boys, and Beyonds.

Kursteilnehmer:

Ich habe neulich eine Frau getroffen und es war, als würde sie sagen: „Wir müssen jetzt Sex haben, bevor wir gehen."

Gary:

Es muss um ihre Wünsche gehen, ihre Realität, was sie wählt und was sie kreieren will. Was hat das mit deinen Wünschen zu tun?

Kursteilnehmer:

Nichts.

Gary:

Die meisten Leute funktionieren aus dem heraus, was andere Leute wünschen und brauchen, statt zu wählen, was für sie funktioniert.

Kursteilnehmer:

Wie kommt es, dass sie das gleiche Mangel-Ding in

ihrem Universum hat?

Gary:

Auch sie versucht, jemanden zu finden, dem sie folgen kann. Beachtet, dass es beim ersten Prozess, den ich euch gegeben habe, nicht um Mann oder Frau ging, sondern um das entgegengesetzte Geschlecht:

Welche Dummheit verwendet ihr, um die Erfindungen, die künstlichen Intensitäten und die Dämonen der Notwendigkeit, dem entgegengesetzten Geschlecht zu folgen, wählt ihr? Alles was das ist, mal Gottzillionen, werdet ihr all das zerstören und unkreieren? Right and Wrong, Good and Bad, POD and POC, All Nine, Shorts, Boys, and Beyonds.

Es trifft auf beide Seiten im Spiel zu. Das ist die Sache, die euch bewusst sein muss. Wie spielt ihr die beiden Seiten des Spiels? Wenn ihr jemanden findet, der einen Wahnsinn hat, der zu eurem passt, dann fühlt ihr euch sehr angezogen zu ihm oder ihr. Ist das nicht süß? Euer zusammenpassender Wahnsinn zieht euch zueinander hin.

Kursteilnehmer:

(Lachen)

Kursteilnehmer:

Und was ist das, wenn wir Leute umbringen wollen, die wir aus einem anderen Leben kennen? Ist das etwas anderes?

Gary:

Wenn ihr diese wirklich intensive Anziehung erlebt, wo ihr euch von der betreffenden Person nicht trennen könnt, dann geht es normalerweise darum. Es ist das, wo ihr sagt: „Ich möchte wirklich bla bla bla" oder: „Es ist wirklich wichtig für mich, dass wir zusammenkommen" oder: „Ich weiß, dass wir in vielen Leben zusammen waren."

Kursteilnehmer:

In letzter Zeit fange ich an, andere Dinge zu tun. Ich bin nicht mehr so sehr in die alten Muster zurückgegangen wie zuvor. Irgendetwas hat sich wirklich bewegt.

Gary:

Cool, wir sind auf dem Weg. Und das ist es, was wir anstreben wollen: Auf dem Weg sein.

DIE FALSCHHEIT DARAN, SICH SEX ZU WÜNSCHEN

Kursteilnehmer:

Könntest du über Dämonen sprechen in Bezug auf die Falschheit, sich Sex zu wünschen?

Gary:

Zuallererst sind Sex und Kopulation immer schon eine Falschheit gewesen.

In wie vielen Leben habt ihr Dämonen gewählt und Gott oder sonst jemanden um Hilfe gebeten, der euch davon abhalten könnte, Sex zu wollen? Wie viele Dämonen habt ihr, die sexuelle Energie abschneiden?

Kursteilnehmer:

Viele.

Gary:

Alles, was das ist, mal Gotzillionen, werdet ihr jetzt verlangen, dass sie dahin zurückkehren, von wo sie hergekommen sind, um niemals wieder zu euch und in eure Realität zurückzukommen, in alle Ewigkeit?

Kursteilnehmer:

Ja.

Gary:

Alles, was dem nicht erlaubt, sich zu zeigen, mal Gottzillionen, auf drei: Eins…zwei…drei! Danke.

Habt ihr jemals gesagt: „Bitte, Gott, lass mich nicht immerzu Sex haben wollen, weil ich so verkehrt bin, wenn ich immerzu Sex haben will!" oder: „Ich muss Sex haben. Kann mir jemand helfen, damit ich Sex haben kann?" Beides lädt die Dämonen ein. Beides nimmt dir deine Macht. Ihr müsst die Wahl haben und die Bereitschaft zu empfangen.

TOTALE PRÄSENZ BEI SEX UND KOPULATION

Kursteilnehmer:

Was passiert, wenn du deinen Körper beim Sex verlässt? Hat das mit Dämonen zu tun?

Gary:

Na ja, normalerweise ist es eine Form von Präsentsein, ohne präsent zu sein, wenn du deinen Körper beim Sex verlässt. Du versuchst, deine sich ausdehnende Agenda an Ort und Stelle zu lassen, ohne dass du dich als du selbst zeigst. Das funktioniert nicht, oder?

Kursteilnehmer:
    Nein.

Gary:
    Wie wäre es, wenn ihr total präsent wärt?
    Welche Dummheit verwendet ihr, um totale Präsenz beim Sex und der Kopulation zu vermeiden, wählt ihr? Alles was das ist, mal Gottzillionen, werdet ihr all das zerstören und unkreieren? Right and Wrong, Good and Bad, POD and POC, All Nine, Shorts, Boys, and Beyonds.

KULTURELLE EINPENDELUNG

Kursteilnehmer:
    Ich bin Asiat und mir scheint, dass Asiaten in Bezug auf Sex konservativer sind.

Gary:
    Nein, sie sind unterdrückter in Bezug auf Sex.

Kursteilnehmer:
    Ist das eine kulturelle Programmierung?

Gary:
    Ja.

Kursteilnehmer:
    Ich bin Single und ich habe Probleme, mich Frauen zu nähern. Ich weiß nicht, was das eigentliche Thema ist.

Manchmal ist es wie ein Gefühl von Angst oder Furcht.

Gary:

Leute, ihr müsst begreifen, dass ihr gewahr seid. Es gibt genauso viel Furcht und Angst in der Welt einer Frau wie in eurer, wenn nicht noch mehr. Ihr solltet vielleicht fragen: „Ist das meins?", denn sehr oft haben die Frauen genauso viel Probleme wie ihr.

Als ich in der Highschool war, gab es ein Mädchen, das als die schönste Frau der Schule galt. Niemand hat mit ihr gesprochen oder sie um eine Verabredung gebeten. Alle haben sich davor gefürchtet, weil sie sicher waren, dass sie von ihr zurückgewiesen werden würden. Schließlich habe ich all meinen Mut zusammengenommen und sie eingeladen. Wie sich herausstellte, war sie die langweiligste Person, mit der ich jemals ausgegangen bin. Danach habe ich hässliche Mädchen für Verabredungen gewählt, weil sie zumindest interessant waren. Mir ist klar geworden, dass jemand, der wirklich hübsch ist, genauso ängstlich ist, wenn es um Verabredungen geht, wie jemand, der hässlich ist. Ihr müsst fragen: „Ist diese Furcht oder Angst oder was immer es ist, meine oder ist es ihre?", damit ihr wisst, was los ist.

Kursteilnehmer:

Wie kann ich das überwinden, unabhängig von allen Bewertungen der anderen, was auf Mädchen zuzugehen betrifft?

Gary:

Du kannst erkennen, dass du das wertvolle Produkt bist.

Kursteilnehmer:

Ich war beim Drei-Tage-Körperkurs und ich wollte Körperprozesse mit Frauen austauschen, aber die Gesellschaft und meine Mutter hat mir beigebracht, dass es verkehrt ist, Mädchenkörper zu berühren.

Gary:

Man hat dir beigebracht, dass es verkehrt ist, Mädchenkörper zu berühren. Du bist falsch, wenn du sie berührst und du bist falsch, wenn du sie nicht berührst. Das ist kulturelle Einpendelung. Kulturelle Einpendelung ist all das, was du allen anderen abkaufst. Es ist all das, was deine Gesellschaft und deine Kultur dir sagen. All diese Dinge sind irrige Haufen Schutt. Versuche, das laufen zu lassen:

Welche Dummheit verwende ich, um die kulturelle Einpendelung zu kreieren, die ich wähle? Alles was das ist, mal Gottzillionen, werdet ihr all das zerstören und unkreieren? Right and Wrong, Good and Bad, POD and POC, All Nine, Shorts, Boys, and Beyonds.

Kursteilnehmer:

Deckt das auch die Religionen ab?

Gary:

Ja, Religion ist immer eine kulturelle Einpendelung. In wie vielen Leben wart ihr Priester und habt eure Gelübde gebrochen und hattet Sex mit jemandem, normalerweise mit einem Jungen, aber wir werden nicht darüber sprechen. Es ist nicht normal, keusch zu sein.

Alles was das ist, mal Gottzillionen und all die Leben, in denen ihr euch selbst bewertet habt, weil ihr eure

Keuschheitsgelübde gebrochen habt, werdet ihr all das zerstören und unkreieren? Right and Wrong, Good and Bad, POD and POC, All Nine, Shorts, Boys, and Beyonds.

Welche Dummheit verwendet ihr, um das Geschlechtslosmachen zu kreieren, das ihr wählt? Alles was das ist, mal Gottzillionen, werdet ihr all das zerstören und unkreieren? Right and Wrong, Good and Bad, POD and POC, All Nine, Shorts, Boys, and Beyonds.

DIE SEXUELLE ENERGIE SEIN, DIE DU BIST

Kursteilnehmer:

Gary, was ist geschlechtslos machen?

Gary:

Geschlechtslos machen ist, wenn ihr, statt das sexuelle Wesen zu sein, das ihr seid, versucht, es zu unterdrücken, zu leugnen, es nicht zu sein, und Wege findet, es zu eliminieren.

Kurteilnehmer:

Ah. Richtig.

Gary:

Welche Dummheit verwendet ihr, um das Geschlechtslosmachen und Unkopulieren zu kreieren, das ihr wählt? Alles, was das ist, mal Gottzillionen, werdet ihr all das zerstören und unkreieren? Right and Wrong, Good and Bad, POD and POC, All Nine, Shorts, Boys, and Beyonds.

Ihr steckt so viel Energie in das Geschlechtslosmachen und Unkopulieren! Es ist erstaunlich, dass ihr überhaupt jemals im Bett landet.

Welche Dummheit verwendet ihr, um das Geschlechtslosmachen und Unkopulieren zu kreieren, das ihr wählt? Alles was das ist, mal Gottzillionen, werdet ihr all das zerstören und unkreieren? Right and Wrong, Good and Bad, POD and POC, All Nine, Shorts, Boys, and Beyonds.

Ihr habt versucht, euch selbst für immer geschlechtslos zu machen und zu unkopulieren! Ich gehe nicht aus und habe Sex, aber ich habe jede Menge Gelegenheiten. Ich stelle immer diese Fragen:

- Wird es leicht sein?
- Wird es Spaß machen?
- Werde ich etwas lernen?

Normalerweise wenn ich frage: „Werde ich etwas lernen?", bekomme ich: „Ja, ich werde lernen, wie schlecht es sein wird!" Also lasse ich es. Früher habe ich angenommen, wenn meine Agenda sich ausdehnt, muss es richtig sein, es zu tun. Keiner von euch hat diese Ansicht, oder?

Welche Dummheit verwendet ihr, um die Erfindungen, die künstlichen Intensitäten und die Dämonen zu kreieren, dass euer Penis immer die Quelle der Ausdehnung eurer Agenda ist, wählt ihr? Alles was das ist, mal Gottzillionen, werdet ihr all das zerstören und unkreieren? Right and Wrong, Good and Bad, POD and POC, All Nine, Shorts, Boys, and Beyonds.

Wie viel von dem, was sexuelle Energie ist, unterdrückt ihr?

Kursteilnehmer:

Da geht es wieder darum, jemandem zu folgen, richtig? Du veränderst oder unterdrückst deine sexuelle Energie abhängig von dem, was du glaubst, dass die Frau mag.

Gary:

Ja, statt tatsächlich du selbst zu sein. Wen du wirklich die sexuelle Energie bist, dann bist du alles, was du bist. Wenn du alles bist, was du bist, dann wirst du intensiver aufregend, wertvoller und begehrenswerter.

Alles was das ist, mal Gottzillionen, werdet ihr all das zerstören und unkreieren? Right and Wrong, Good and Bad, POD and POC, All Nine, Shorts, Boys, and Beyonds.

Kursteilnehmer:

Ich war verwirrt, weil ich mich selbst gefragt habe: „Was verlangt diese Person von mir?" und: „Was ist sie gewillt zu empfangen?" Ich habe begriffen, was sie gewillt war zu empfangen und ich habe mich entschieden, das zu sein – aber sie war nicht gewillt, sehr viel zu empfangen.

WAS WÜRDE ICH GERN FÜR MICH KREIEREN?

Gary:

Das ist, was die meisten von uns tun. Wir versuchen, nur das zu geben, was die anderen empfangen können und wir geben ihnen recht. Was wäre, wenn ihr, statt die Richtigkeit der anderen Person vorauszusetzen oder ihre Rechtschaffenheit oder das Gute an ihr, stattdessen gewillt wärt hinzuschauen und zu sagen: „Ich würde wirklich gern etwas anderes hier kreieren. Was würde ich gern für mich kreieren?"

Wenn ihr anfangen würdet, euch anzuschauen, was ihr für euch kreieren könntet, würdet ihr dann mehr generieren und kreieren – oder weniger? Würdet ihr Personen in eurem Leben kreieren, die gewillter wären zu empfangen, wenn ihr tun würdet, was für euch funktionieren würde?

Neulich habe ich mit Dain gesprochen und ich sagte: „Du musst damit aufhören zu schauen, was Frauen sich wünschen und damit anfangen zu fragen, was du dir wünschst. Deine ausgedehnte Agenda hat kein Bewusstsein."

Wünscht sich eure ausgedehnte Agenda mehr als das, was am Anfang kommt? Alles, was das hochbringt, mal Gottzillionen, werdet ihr all das zerstören und unkreieren? Right and Wrong, Good and Bad, POD and POC, All Nine, Shorts, Boys, and Beyonds.

Welche Dummheit verwendet ihr, um die Falschheit zu kreieren, ein Mann zu sein, wählt ihr? Alles was das ist, mal Gottzillionen, werdet ihr all das zerstören und unkreieren? Right and Wrong, Good and Bad, POD and POC, All Nine, Shorts, Boys, and Beyonds.

Ein Mann ist weich, wenn er hart ist, und hart, wenn er weich ist. Wisst ihr, was das bedeutet?

Kursteilnehmer:
　Nein.

ORGASMUS DURCH KONTRAKTION / ORGASMUS DURCH AUSDEHNUNG

Gary:

Wenn ihr wegen jemandem einen Ständer habt, werdet ihr ihnen geben, was immer sie wollen. Wenn ihr ihnen nicht gebt, was sie wollen, wenn ihr bekommt, was ihr wollt, dann habt ihr plötzlich kein Interesse mehr. So funktioniert der Körper. Daran ist nichts Richtiges oder Falsches. Wenn ihr euch für Sex entscheidet, für die Vorstellung von Orgasmus und ihr habt einen Orgasmus durch Kontraktion - das ist, was die meisten Leute tun - stimuliert euch der Sex nicht dazu weiterzuleben. Wenn ihr euch für Kontraktion entscheidet, um Orgasmus zu kreieren, kreiert ihr nicht die generierende Energie des Lebens - das bekommt ihr, wenn ihr Orgasmus durch Ausdehnung kreiert.

Alles, das euch dazu gebracht hat, kein Wort von dem zu verstehen, was ich gerade gesagt habe, werdet ihr all das zerstören und unkreieren? Right and Wrong, Good and Bad, POD and POC, All Nine, Shorts, Boys, and Beyonds.

Als ihr Jungen wart, seid ihr vielleicht ins Badezimmer gegangen, um zu masturbieren. Ihr wolltet es so schnell wie möglich hinter euch bringen, weil niemand wissen sollte, was ihr da tut. Höchstwahrscheinlich haben eure Eltern euch nicht dazu ermutigt, euch selbst zu beglücken. Sehr wenige Mütter oder Väter sagen: „Nimm dir Zeit dafür, bereite dir selbst Vergnügen und genieße deinen Penis." Sie fragen eher: „Was machst du da drinnen?"

Wenn ihr eure sexuelle Energie wirklich steigern wollt, dann empfehle ich euch sehr, damit anzufangen, anders zu masturbieren. Ihr könnt es mit eurer Freundin tun oder ohne sie. Sie findet vielleicht Vergnügen daran, wenn ihr euch tatsächlich Zeit zum Masturbieren nehmt. Beschließt, dass ihr nicht in den ersten dreieinhalb Minuten kommt, dass ihr länger damit wartet. Seid gewillt, eine Stunde auf eine sanfte, weiche Art mit eurem Penis zu spielen und jedes Mal, wenn ihr das Gefühl habt, kurz vor dem Kommen zu sein, werdet langsamer, anstatt schneller zu werden, um zu kommen. Macht es langsamer und behutsamer. Nehmt ein Gleitmittel, wenn ihr wollt, aber tut es langsam und behutsam. Seid leicht, süß und freundlich. Jedes Mal, wenn ihr fühlt, dass ihr kontrahiert, sagt: „Nein" und dehnt euch aus.

Es kann sein, dass ihr dabei euren Ständer verliert, aber spielt weiter sanft mit eurem Penis, bis euer Ständer wieder da ist. Macht weiter mit dem behutsamen und leichten Streicheln. Wenn ihr das tut, kommt ihr irgendwann zu dem Punkt, wo ihr a) ein besserer Liebhaber werdet, b) gewillt sein werdet, euch selbst zu erlauben, Geliebte zu haben, die sich diese Art von Zeit mit euch und für euch zu nehmen und c) statt mit einem Ausbruch von Energie zu explodieren, der zu einer Begrenzung wird, beginnt ihr, einen Orgasmus zu kreieren, der Energie generiert. Nach einem solchen Orgasmus – ausgedehnt und nicht kontrahiert – werdet ihr euch an die Arbeit machen wollen, werdet ihr Spaß haben wollen, werdet ihr mehr tun wollen, als einfach einzuschlafen.

Wenn ihr jemals die Erfahrung gemacht habt, dass ihr einschlafen wolltet, gleich nachdem ihr fertig wart, habt ihr Kontraktion angewandt, um Orgasmus zu kreieren. Kontraktion zu verwenden, um Orgasmus zu kreieren, vermindert immer die generierenden und kreativen

Energien eures Körpers, zugunsten des Orgasmus.

Kursteilnehmer:

Kommt die künstliche Intensität, die wir kreieren, von der Erregung durch Pornographie?

Gary:

Wenn ihr euer Ding so schnell reibt, wie ihr nur könnt, um zu kommen, dann kreiert ihr eine künstliche Intensität, um zu kommen.

Kursteilnehmer:

Cool.

Gary:

Ihr erfindet das als die einzige Art, wie ihr kommen könnt und dann, wenn ihr Sex mit einer Frau habt, dann müsst ihr die ganze Zeit hart und schnell sein, als wäre das die einzige Art, sie zu befriedigen. Wieso geht es immer darum, wie *sie* befriedigt wird, nicht darum wie *ihr* befriedigt werdet? Wenn ihr gewillt seid, von Ausdehnung aus zu funktionieren, statt euch selbst zum Orgasmus zu treiben, ladet ihr den Orgasmus ein. Ihr ladet diejenigen, mit denen ihr Sex habt, zu einer anderen Möglichkeit und einer anderen Wahl ein.

Kursteilnehmer:

Die Frau, mit der ich mich gerade treffe, hat das neulich mit mir gemacht. Sie hat meinen Penis gestreichelt und gesaugt und geleckt und ich bin eingeschlafen. Ich habe sogar ein paar Mal geschnarcht. Was ist das? Kommt das einfach, weil mein Körper sich entspannt?

Gary:

Ja, weil der Körper entspannt sein sollte. Bist du je mit einem Ständer aufgewacht?

Kursteilnehmer:

Wenn ich entspannt bin, kriege ich einen wirklich harten Ständer.

Gary:

Genau! Entspannung ist die Quelle dessen, was einen Ständer kreiert. Entspannung ist die Quelle von Erregung. Das ist der Grund, weshalb ich möchte, dass ihr das übt. Lasst die Vorstellung weg, dass ihr versucht, einen Orgasmus zu kreieren. Stattdessen zielt ihr auf die Fähigkeit, einen nachhaltigeren Ständer zu kreieren, einen genussreicheren Ständer. Es geht darum, euren Ständer einfach nur deswegen zu genießen, weil er ein Ständer ist. Das wird dich anfangen lassen, besser zu sein, wenn du mit jemandem im Bett bist.

Es wird dich auch dahin bringen, Wahl zu haben, was du kreieren willst und die Art und Weise, wie du es kreieren willst, was dich zum wertvollen Produkt macht. Im Augenblick wären die meisten von euch sehr glücklich, einfach einen feuchten, warmen Ort zu haben, um euren Penis hineinzustecken. Das ist so ziemlich genug für die meisten Männer. Und weil das so ziemlich genug für die meisten Männer ist, fangen die Frauen an zu denken, dass Männer selbstsüchtig sind. Sie finden, dass Männer zu schnell sind, sie machen nicht langsam genug. Viele Frauen haben die Ansicht, Sex ist nur bum, bum, bum. Sie denken: „Würdest du bitte einfach nur machen und abspritzen, damit wir damit aufhören können?" Es geht nicht darum, die Frauen zu einem ausgedehnten Leben und einem ausgedehnten Sein einzuladen durch die orgasmische Qualität von Sex. Es geht nur darum zu kommen oder sie zum Kommen zu bringen. Keines von beiden sollte das Ziel sein.

Kursteilnehmer:

Hast du ein Clearing dafür, vom kontrahierten zum ausgedehnten Orgasmus zu kommen?

Gary:

Unglücklicherweise kann ich das nicht kreieren. Ihr müsst üben, weil ihr gelernt habt, es auf die andere Art und Weise zu tun. Es ist nicht falsch. Es wird nur nicht das kreieren, was die meisten von euch, wie ich meine, gern haben würden. Liege ich da falsch?

Kursteilnehmer:

Nein.

Gary:

Ihr hättet gern, dass Sex etwas ist, was euch stärkt und euer Leben ausdehnt – nicht nur eure Agenda. Soweit ich sehen kann, gibt es hier eine andere Möglichkeit. Welche Möglichkeit würdet ihr am liebsten haben? Die ausgedehntere Version von Sex und Kopulation oder die eher kontrahierte Version davon?

Kursteilnehmer:

Die ausgedehntere Version.

Kursteilnehmer:

Gary, du hast mir eine Frage gegeben, die sehr hilfreich war: In was hinein kann ich mich entspannen, das beim Sex und bei der Kopulation eine großartigere Möglichkeit kreieren würde, als ich jemals wusste, dass sie existiert?

Gary:

Danke dir dafür. Ich hatte diese Frage ganz vergessen. Das wird helfen, aber es geht nicht wirklich darum, eine Frage zu stellen. Ihr müsst gewillt sein, es zu üben. Wenn ich dir die Frage gegeben habe, dann deswegen weil niemand mich lange genug reden ließ, um zu erklären, was ihr tun müsst. Also übt – und verwendet diese Frage. Wie war sie noch mal?

Kursteilnehmer:

In was hinein kann ich mich entspannen, das beim Sex und bei der Kopulation eine großartigere Möglichkeit kreieren würde, als ich jemals wusste, dass sie existiert?

Gary:

Welche physische Aktualisierung von totaler Entspannung in den Sex und die Kopulation seid ihr jetzt in der Lage zu generieren, zu kreieren und einzurichten? Alles, was dem nicht erlaubt, sich zu zeigen, werdet ihr all das zerstören und unkreieren? Right and Wrong, Good and Bad, POD and POC, All Nine, Shorts, Boys, and Beyonds.

Kursteilnehmer:
Wenn ich arbeite und es intensiv wird, dann masturbiere ich manchmal in dieser kontrahierten Art. Was ist das?

Gary:
Du glaubst, dass es dich entspannen wird, wenn du kommst. Aber willst du kommen – oder dein Leben ausdehnen?

Kursteilnehmer:
Das zweite.

Gary:
Wenn du diese Art von Spannung spürst, geh ins Badezimmer und streichle dich selbst 15 Minuten lang, statt dreieinhalb Minuten und tue es, *ohne* zu kommen, dann geh wieder an die Arbeit und schau, wie es dir geht. Die Sache ist die, um hart zu werden, musst du dich entspannen.

Kursteilnehmer:
Oft realisiere ich, dass die Intensität gar nicht meine ist.

Gary:
Die Intensität ist nicht deine, aber du kannst dich in das nicht-orgasmische Spiel mit deinem Penis entspannen und wenn du dann ausgehst, werden die Leute auf die Beule in deiner Hose schauen und anfangen, dich zu wollen. Das wird mehr dafür tun, deine Agenda auszudehnen als alles andere.

INTEGRITÄT MIT SICH SELBST

Kursteilnehmer:

Wenn ich unterwegs bin, dann vermeide ich die Leute oft und kontrahiere meine sexuelle Energie. Ich kann tatsächlich spüren, wie ich selbst verschwinde. Geht es da nur darum, diese Sexualness auszudehnen oder präsent zu sein?

Gary:

Ist es so, dass du deine sexuelle Energie kontrahierst und dich selbst verschwinden lässt? Oder ist es so, dass andere Leute überhaupt nicht sexuell sein können?

Kursteilnehmer:

Das zweite, ja.

Gary:

Versuchst du, dich den Leuten um dich herum anzugleichen?

Kursteilnehmer:

Ja.

Gary:

Welche Dummheit verwendet ihr, um euch der schwingungsmäßigen Disintegrität um euch herum anzupassen, wählt ihr? Alles was das ist, mal Gottzillionen, werdet ihr all das zerstören und unkreieren? Right and Wrong, Good and Bad, POD and POC, All Nine, Shorts, Boys, and Beyonds.

Kursteilnehmer:
Was bedeutet *Disintegrität?* Wie funktioniert das?

Gary:
Funktionieren die Leute von Integrität aus? Oder funktionieren sie aus Schlussfolgerung und Bewertung?

Kursteilnehmer:
Schlussfolgerung und Bewertung.

Gary:
Okay, ist es das, von dem aus du funktionieren willst?

Kursteilnehmer:
Nein. Dann sollte ich also von Integrität aus funktionieren?

Gary:
Ja. Integrität mit euch selbst. Ihr zwingt euch die Schwingungen um euch herum auf, als ob die Schwingungen um euch herum das wären, was ihr sein solltet. Aber was ihr wirklich sein solltet, seid *ihr,* ohne Rücksicht auf irgendetwas anderes. Integrität bedeutet, in eure Großartigkeit einzutreten, ohne Bewertung. Integrität bedeutet, euch selbst treu zu sein.

Welche Dummheit verwendet ihr, um die schwingungsmäßige Einpendelung mit den disintegrierenden Realitäten, die andere Leute verwenden, zu kreieren, wählt ihr? Alles was das ist, mal Gottzillionen, werdet ihr all das zerstören und unkreieren? Right and Wrong, Good and Bad, POD and POC, All Nine, Shorts, Boys, and Beyonds.

Kursteilnehmer:

Bezieht sich das wieder auf das, was du über Dämonen gesagt hast? Willst du sagen, dass ich Dämonen einlade, wenn ich die Leute um mich herum großartiger als mich selbst mache?

Gary:

Wenn du irgendjemanden großartiger als dich machst, statt einfach nur anders als du, dann musst du bestimmen, ob du ein Anhänger bist. Wahrheit, bist du ein guter Anhänger? Ich habe „Wahrheit" gesagt, bevor ich die Frage gestellt habe, deswegen musst du zugeben, was wahr ist.

Kursteilnehmer:

Nein, nicht wirklich.

Gary:

Nein, du bist ein scheiß Anhänger, weswegen du, wenn du in einer Beziehung bist, immer an dem Punkt anlangst, an dem du stocksauer bist. Oder du sorgst dafür, dass die andere Person stocksauer wird, damit du in deiner Richtigkeit sein kannst.

Kursteilnehmer:

Können wir das jetzt ändern?

Gary:

Alles, was ihr getan habt, um das als eure Realität zu haben, werdet ihr all das zerstören und unkreieren? Right and Wrong, Good and Bad, POD and POC, All Nine, Shorts, Boys, and Beyonds.

Wie wäre es, wenn ihr in Integrität mit euch wärt und

wenn ihr alles seid, was ihr seid, ohne Entschuldigungen? Wärt ihr attraktiver oder weniger attraktiv?

Kursteilnehmer:

Wer würde da einen Scheiß drauf geben?

Gary:

Genau! Ihr würdet einen Scheiß drauf geben und weil ihr einen Scheiß drauf geben würdet, würden alle euch sehr begehrenswert finden. Solange ihr keinen Scheiß drauf gebt, werden sie nach einem Weg suchen, wie sie euch benutzen können, wie sie euch davon überzeugen können, so zu werden, wie sie euch gern hätten, und wie sie euch davon überzeugen können, dass ihr tun solltet, was sie von euch wollen.

Kursteilnehmer:

Danke für all das. Ich habe gerade die Energie davon mitbekommen und es ist: „Wow!"

Gary:

In Ordnung, Jungs. Ich glaube, wir sind hier fertig.

Kursteilnehmer:

Danke, Gary.

Gary:

Im Ordnung, Freunde. Passt auf euch auf. Ich liebe euch sehr und wir hören uns bald wieder.

4
Der König der Möglichkeiten werden

*Was, wenn du tatsächlich bist,
was du bisher vorgegeben hast, nicht zu sein?
Was, wenn du tatsächlich der König der Möglichkeiten bist?*

Gary:

Hallo, Gentlemen, Dr. Dain ist heute bei uns.

DIE EWIGE SAISON DER UNZUFRIEDENHEIT

Dain:

Hallo alle. Ich bin froh, bei diesem Call dabei zu sein. Ich muss sagen, dass ich Widerstand dagegen hatte, mich mit Männern wie euch zu verbinden, bevor wir diese Calls angefangen haben und deswegen denke ich mal, dass sich etwas in unserer Welt verändert. In meiner Welt auf jeden

Fall. Ich hoffe, in eurer verändert sich auch etwas.

Auf der einen Seite wisst ihr, dass ihr hier seid, um die Dinge in der Welt zu verändern, auf der anderen Seite gibt es eine vertraute Unzufriedenheit, die in der Gegenwart anderer Männer hochkommt. Ihr denkt, dass es mit Frauen nicht so wäre, aber mit Frauen ist es sogar noch stärker. Ihr wollt das nicht sehen, weil Frauen andere Eigenschaften haben, die ihr…interessant findet, sagen wir mal.

Gary:

Welche Dummheit verwendet ihr, um die Erfindungen, die künstlichen Intensitäten und die Dämonen der ewigen Saison der Unzufriedenheit zu kreieren, die ihr wählt? Alles was das ist, mal Gottzillionen, werdet ihr all das zerstören und unkreieren? Right and Wrong, Good and Bad, POD and POC, All Nine, Shorts, Boys, and Beyonds.

Dain:

Oh, welch Freude!

Gary:

Oh, welch Elend!

Dain:

Ich frage mich, was wir tatsächlich zusammen kreieren könnten, wenn wir über die Vorstellung hinweg kämen, dass unsere Trennung wertvoller für uns ist, als die Verbindung der Möglichkeiten, die wir kreieren könnten.

Welche Dummheit verwendet ihr, um die Erfindungen, die künstlichen Intensitäten und die Dämonen der ewigen Saison der Unzufriedenheit zu kreieren, die ihr wählt?

Alles, was das ist, mal Gottzillionen, werdet ihr all das zerstören und unkreieren? Right and Wrong, Good and Bad, POD and POC, All Nine, Shorts, Boys, and Beyonds.

Kursteilnehmer:
Was meint ihr mit *Unzufriedenheit?*

Gary:
Es bedeutet, dass ihr niemals wahrhaft zufrieden mit irgendetwas seid. Ihr wisst, dass ihr es sein solltet, aber tatsächlich fühlt ihr euch nicht so. Und ihr versucht immer weiter herauszufinden, wie ihr euch zufrieden fühlen könnt oder wie es so sein müsste, denn das ist es, wie ihr euch fühlen solltet, was tatsächlich nicht real für euch ist.

Kursteilnehmer:
Oh, das.

Gary:
Es ist, als würdet ihr glauben: „Jetzt, wo ich eine Frau habe, werde ich glücklich sein." Ihr versucht immer, zufrieden zu sein mit dem, was ihr habt und niemals seid ihr es. Warum solltet ihr zufrieden sein wollen? Was wäre der Wert daran?

Kursteilnehmer:
Es ist, als gäbe es darauf keine gute Antwort.

Gary:
Warum sucht ihr immer nach Zufriedenheit, statt nach Gewahrsein? *Zufriedenheit* ist die Vorstellung, dass man mit dem zufrieden sein sollte, was man bekommen kann. Es

gibt keinen einzigen unter euch, der keine goldene Vagina in seinem Leben bekommen kann – und ihr sollt zufrieden sein mit der Tatsache, dass ihr eine goldene Vagina zur Verfügung habt, wenn ihr danach verlangt. Ihr fragt nie: Welche Wahlen habe ich hier, die ich noch nicht einmal in Betracht gezogen habe?

Alles, was das hochgebracht hat, mal Gottzillionen, werdet ihr all das zerstören und unkreieren? Right and Wrong, Good and Bad, POD and POC, All Nine, Shorts, Boys, and Beyonds.

Dain:

Welche Dummheit verwendet ihr, um die Erfindungen, die künstlichen Intensitäten und die Dämonen der ewigen Saison der Unzufriedenheit zu kreieren, die ihr wählt? Alles was das ist, mal Gottzillionen, werdet ihr all das zerstören und unkreieren? Right and Wrong, Good and Bad, POD and POC, All Nine, Shorts, Boys, and Beyonds.

Gary:

Habt ihr jemals bemerkt, dass ihr denkt, ihr werdet zufrieden sein, wenn ihr eine Frau in eurem Leben habt? Nur klappt das selten, denn die Frau hat zum Ziel, sicher zu stellen, dass ihr niemals zufrieden seid? Sobald ihr euch mit allem zufrieden fühlt, wird die Frau sagen: „Schatz, wir müssen reden", was bedeutet: „Du bist verkehrt, du bist im Arsch, du bist angeschissen" und nicht auf eine gute Art.

Welche Dummheit verwendet ihr, um die Erfindungen, die künstlichen Intensitäten und die Dämonen der ewigen Saison der Unzufriedenheit zu kreieren, die ihr wählt? Alles was das ist, mal Gottzillionen, werdet ihr all das zerstören und unkreieren? Right and Wrong, Good and Bad, POD and POC, All Nine, Shorts, Boys, and Beyonds.

Männer glauben, dass die Frauen mit ihnen zufrieden sein werden, aber sie sind es nie. Männer schauen, wie sie Zufriedenheit mit einer Frau kreieren können, denn sie denken, sobald eine Frau zufrieden ist, werden sie endlich auch Zufriedenheit empfinden. Es funktioniert nicht!

EINE VERDREHTE UNZUFRIEDENHEIT, DIE TRENNUNG ZWISCHEN MÄNNERN KREIERT.

Dain:
Ich habe eine seltsame Energie zwischen Männern bemerkt, die damit im Zusammenhang steht. Es ist wie eine verdrehte Unzufriedenheit, die Trennung zwischen ihnen und anderen Männern kreiert. Gary, ich weiß, dass du das mit anderen Männern nicht hast, aber ich habe bemerkt, dass viele Männer das bei mir haben. Ich treffe einen Typen und kann diese Energie wahrnehmen.

Am besten kann ich es so beschreiben: Gary hat mir erzählt, dass er einmal mit einem Typen gearbeitet hat, der sagte: „Ich habe ein Problem mit Dain. Ich konkurriere mit ihm." Gary hat in Bezug auf ihn schließlich begriffen, dass er in Wirklichkeit Sex mit mir wollte und er hat Konkurrenz mit mir von dort aus kreiert. Er hat versucht, mich zu Fall zu bringen. Er hat mich falsch gemacht und hinter meinem Rücken schlecht über mich geredet.

Könnt ihr Jungs euch vorstellen, was uns sonst noch zur

Verfügung stünde, wenn so etwas total verschwinden würde? Ich weiß nicht, wie es euch geht, aber das ist einer der Orte, an denen ich die Fähigkeiten und die Kraft zerstöre, die mir zur Verfügung stehen. Es ist die Fähigkeit, mit erhobenem Kopf zu gehen und einem Gefühl von Leichtigkeit. Ich beanspruche nicht, einen Weg da hindurch zu kennen, ich erwähne es nur, weil das etwas ist, was andere Männer nicht gewillt sind wahrzunehmen oder darüber zu sprechen. Ich sage: „Wisst ihr was? Es ist an der Zeit, darüber zu sprechen, es ist an der Zeit, sich das bewusst zu machen und es ist an der Zeit, das verdammt nochmal zu ändern, denn wenn ihr euch von anderen Männern abtrennt, dann kreiert ihr auch eine Trennung von euch selbst."

Wenn ihr morgen aufwachen würdet und ihr wärt nicht mehr hetero oder schwul oder als welche Sexualität ihr euch auch immer definiert habt, merkt ihr, wie viel Freiheit das für euch kreieren würde? Wenn ihr nicht aufwachen müsstet und euch auf die Suche nach der Frau oder dem Mann begeben müsstet, wenn ihr euch nicht auf die Suche nach Sex machen müsstet, worin könntet ihr eure Energie sonst stecken? Was könntet ihr kreieren und generieren, das eine andere Möglichkeit kreieren würde?

Gary:

Und warum solltet ihr euch von euch selbst abtrennen? Die Sache ist die: Um eine feste Ansicht zu haben, müsst ihr euch von euch selbst abtrennen.

Wie viel von dem, was ihr versucht habt, als eure Sexualität zu kreieren, ist tatsächlich der Ort, an dem ihr eine Notwendigkeit kreiert habt, euch dessen so wenig wie möglich gewahr zu sein, was möglich ist? Alles was das ist, mal Gottzillionen, werdet ihr all das zerstören und unkreieren? Right and Wrong, Good and Bad, POD and POC, All Nine, Shorts, Boys, and Beyonds.

Dain:

Welche Dummheit verwendet ihr, um Persönlichkeit und Sexualität als die Wahl aller Wahlen für das Sein zu kreieren, wählt ihr? Alles was das ist, mal Gottzillionen, werdet ihr all das zerstören und unkreieren? Right and Wrong, Good and Bad, POD and POC, All Nine, Shorts, Boys, and Beyonds.

WAS, WENN ES KEIN EMPFINDEN VON BEDÜRFNIS IN EUREM LEBEN GÄBE?

Gary:

Das wäre ein anderer Ort, von dem aus man funktionieren könnte. Es wäre die Erkenntnis, dass es kein Bedürfnis in eurem Leben gibt. Wenn ihr aus dem Gefühl des Brauchens herauskommt, müsst ihr keinen Ort mehr kreieren, an dem es Begrenzungen gibt. Begrenzung basiert auf Brauchen. Warum? Weil es beim Brauchen immer um den kleinsten gemeinsamen Nenner geht, den ihr kreieren könnt. Dabei geht es darum, Dinge zu erfinden. Wann immer ihr etwas erfindet, verwendet ihr es, um eine Aufregung zu kreieren.

Welche Erfindung verwendet ihr, um die Sexualität zu kreieren, die ihr wählt? Alles, was das ist, mal Gottzillionen, werdet ihr all das zerstören und unkreieren? Right and Wrong, Good and Bad, POD and POC, All Nine, Shorts, Boys, and Beyonds.

Welche Erfindung verwendet ihr, um die Aufregung mit Frauen zu kreieren, die ihr wählt? Alles was das ist, mal Gottzillionen, werdet ihr all das zerstören und unkreieren? Right and Wrong, Good and Bad, POD and POC, All Nine, Shorts, Boys, and Beyonds.

Welche Dummheit verwendet ihr, um die Erfindungen, die künstlichen Intensitäten und die Dämonen der ewigen Saison der Unzufriedenheit zu kreieren, die ihr wählt? Alles was das ist, mal Gottzillionen, werdet ihr all das zerstören und unkreieren? Right and Wrong, Good and Bad, POD and POC, All Nine, Shorts, Boys, and Beyonds.

Dieses Gefühl von Unzufriedenheit ist der Grund, weshalb Männer immer nach einer neuen Frau suchen. Es ist der Grund, weshalb Beziehungen nicht existieren können. Ihr müsst immer unzufrieden sein mit dem, was ihr habt. Ihr nehmt an, wenn ihr haben würdet, was ihr denkt, was ihr haben solltet, ihr ein anderes Ergebnis bekämt, was der Grund dafür ist, dass ihr niemals zufrieden mit nur einer einzigen Frau sein könnt. Und weshalb eine Frau niemals mit nur euch zufrieden sein kann.

Alles was das ist, mal Gottzillionen, werdet ihr all das zerstören und unkreieren? Right and Wrong, Good and Bad, POD and POC, All Nine, Shorts, Boys, and Beyonds.

Dain:

Welche Dummheit verwendet ihr, um die Erfindungen, die künstlichen Intensitäten und die Dämonen der ewigen Saison der Unzufriedenheit zu kreieren, die ihr wählt? Alles was das ist, mal Gottzillionen, werdet ihr all das zerstören und unkreieren? Right and Wrong, Good and Bad, POD

and POC, All Nine, Shorts, Boys, and Beyonds.

Gary:

Wie viele von euch haben versucht, mit einer Frau zufrieden zu sein, während ihr gleichzeitig immer nach einer anderen Frau sucht?

Als ich verheiratet war, habe ich immer gedacht: „Da muss es etwas Großartigeres geben", dann hatte ich eine Erfahrung eines früheren Lebens, in dem ich berühmt war und da war eine Frau, die die ganze Zeit nach mir suchte. Ich habe erkannt, dass ich die Ansicht hatte, dass es irgendwann endlich eine Frau geben würde, die mich wahrhaftig liebt, mich wahrhaftig wegen mir will und wahrhaftig denkt, dass ich wundervoll bin. Unglücklicherweise geschieht so etwas tatsächlich nicht. Das ist eher die Fantasiewelt des Wahnsinns der Möglichkeit als die Wahrheit der Realität.

Welche Dummheit verwendet ihr, um die Erfindungen, die künstlichen Intensitäten und die Dämonen der ewigen Saison der Unzufriedenheit zu kreieren, die ihr wählt? Alles was das ist, mal Gottzillionen, werdet ihr all das zerstören und unkreieren? Right and Wrong, Good and Bad, POD and POC, All Nine, Shorts, Boys, and Beyonds.

Zum Glück hat keiner von euch Jungs diese Ansicht gehabt.

Kursteilnehmer:

(Lachen) Nein.

Gary:

Doch habt ihr. Ihr seid so süß. Ich liebe euch alle.

Dain:

Welche Dummheit verwendet ihr, um die Erfindungen, die künstlichen Intensitäten und die Dämonen der ewigen Saison der Unzufriedenheit zu kreieren, die ihr wählt? Alles was das ist, mal Gottzillionen, werdet ihr all das zerstören und unkreieren? Right and Wrong, Good and Bad, POD and POC, All Nine, Shorts, Boys, and Beyonds.

Ich habe eine Frage. Wenn ihr einen anderen Typen seht, den ihr als euch ähnlich bewertet und ihr seht, wie er mehr wählt als ihr, was bewirkt das in eurer Welt?

Kursteilnehmer:

Es bewirkt, dass ich mich jämmerlich fühle.

Dain:

Es bewirkt, dass ihr euch jämmerlich fühlt und so kreiert ihr eine Trennung, in der ihr weniger-als seid.

Kursteilnehmer:

Ja.

Gary:

Welche Erfindung verwendet ihr, um euch als weniger als Frauen zu kreieren, wählt ihr? Alles was das ist, mal Gottzillionen, werdet ihr all das zerstören und unkreieren? Right and Wrong, Good and Bad, POD and POC, All Nine, Shorts, Boys, and Beyonds.

Kursteilnehmer:

Wow.

Dain:

Welche Erfindung verwendet ihr, um euch als weniger als Frauen zu kreieren, wählt ihr? Alles, was das ist, mal Gottzillionen, werdet ihr all das zerstören und unkreieren? Right and Wrong, Good and Bad, POD and POC, All Nine, Shorts, Boys, and Beyonds.

Gary:

Wow, ich werde das verändern:

Welche Erfindung verwendet ihr, um euch als weniger wertvoll als Frauen zu kreieren, wählt ihr? Alles was das ist, mal Gottzillionen, werdet ihr all das zerstören und unkreieren? Right and Wrong, Good and Bad, POD and POC, All Nine, Shorts, Boys, and Beyonds.

UNVERTEIDIGT SEIN

Dain:

Wow. Das beschreibt es recht gut.

Welche Erfindung verwendet ihr, um euch als weniger wertvoll als Frauen zu kreieren, wählt ihr? Alles was das ist, mal Gottzillionen, werdet ihr all das zerstören und unkreieren? Right and Wrong, Good and Bad, POD and POC, All Nine, Shorts, Boys, and Beyonds.

Es gibt dabei zwei Teile, die ihr euch anschauen könnt. Das eine ist die Erfindung. Fragt: Welche Erfindung verwende ich, um das Problem zu kreieren, mich Frauen zu nähern, das ich wähle?

Die andere Sache ist, dass wir eine Position verteidigen und wenn ihr irgendetwas zu verteidigen habt, habt ihr

Schwierigkeiten, auf Leute zuzugehen und mit ihnen zu reden, außer wenn ihr glaubt, dass ihr gut gegen sie gerüstet seid.

Eines der Dinge, die Frauen am anziehendsten finden, ist ein Mann, der gewillt ist, total unverteidigt da zu sein. Dann sagen sie: „Oh mein Gott, wo kommst du denn her?" Alle anderen nähern sich ihnen mit der Einstellung: „Hey, ich bin so cool wegen diesem und ich bin so cool wegen jenem. Du solltest mal sehen, wie cool ich bin." An so etwas sind Frauen gewöhnt und darin liegt ein gewisses Maß an Schwindel, das sie unterhaltsam finden können, aber ihr seid weit anziehender für sie, wenn ihr total unverteidigt seid.

Unverteidigt bedeutet nicht, dass ihr ein jämmerlicher, kleiner Schlappschwanz seid. Es bedeutet, dass ihr so viel Gewahrsein von euch verfügbar habt, dass ihr euch gegen gar nichts verteidigen müsst. Ihr geht einfach auf jemanden zu und sagt: „Hi, ich weiß, dass du mir in die Eier treten könntest. Ich weiß, dass du mich vielleicht nicht magst. Ich weiß, dass du vielleicht über mich lachst, aber das ist in Ordnung, weil ich weiß, dass ich, wenn ich wieder weggehe, genauso viel von mir habe, wie ich hatte, als ich mit dir gesprochen habe." Wenn ihr eine Position verteidigen müsst, dann steht euch dies nicht als eine eurer Wahlmöglichkeiten zur Verfügung.

Welche verteidigte Position wählt ihr, die ihr wahrhaftig verweigern könntet, die, wenn ihr sie verweigern würdet zu verteidigen, euch die Freiheit geben würde zu sein? Alles was das ist, mal Gottzillionen, werdet ihr all das zerstören und unkreieren? Right and Wrong, Good and Bad, POD

and POC, All Nine, Shorts, Boys, and Beyonds.

WIRD SIE MICH ZU EINEM WERTVOLLEN PRODUKT MACHEN?

Solange ihr die Sexualität von Dingen anwendet, habt ihr nicht die Freiheit zu sein. Ihr habt keine Freiheit oder Leichtigkeit, weil ihr euch meistens, bevor ihr auch nur daran denkt, auf jemanden zuzugehen, fragt: „Erfüllt sie all die Kriterien, die mich zu einem wertvollen Produkt machen?" Das ist der einzige Grund, weshalb ihr überhaupt mit ihr sprecht. Neunzig Prozent der Zeit sind neunzig Prozent der Männer nicht einmal an ihr interessiert. Es ist eher wie: „Wow, lass mal sehen. Wird die da mich wertvoll machen? Wird die da mich wertvoll machen? Wird die da drüben mich wertvoll machen?" Nicht: „Wow, das würde Spaß machen."

Wir streichen Freude und Spaß aus der Gleichung und wählen, das zu tun, was uns wertvoll macht. Als ich vor langer, langer Zeit im College war, habe ich ein Mädchen kennen gelernt. Sie war das eine Mädchen, von dem ich definitiv wusste, dass ich mit ihr Sex haben könnte und ich hatte seit einer sehr langen Zeit keinen Sex gehabt und deswegen habe ich mit ihr geflirtet und ich habe sie angetörnt. Sie war nicht die Art Mädchen, die mich zu einem wertvollen Produkt machen würde. Mit ihr Sex zu haben hat Spaß gemacht, aber sie hatte nicht die Qualitäten, die mich zu einem wertvollen Produkt gemacht hätten. Also versuchte ich, nachdem wir Sex hatten, sie aus dem Haus zu schaffen, ohne jemanden aufzuwecken, damit sie nicht...

Gary:

...erkennen würden, wie hässlich sie war?

Dain:

Ja, damit sie nicht merkten, wie hässlich sie war und wie gemein sie tatsächlich dann wurde. Die Sache, die ich dabei erkannte, war die: „Das hat nicht das Geringste damit zu tun, Spaß zu haben. Ich suche nach einem vorherbestimmten Resultat und ich versuche, jemanden zu finden, der dazu passt. Es hat nichts mit mir zu tun und es hat nichts mit ihr zu tun." Wie viel von eurem Sex und euren Beziehungen habt ihr von diesem Ort aus kreiert?

DIE VERMEIDUNG DER FREUDE VON SEX UND KOPULATION

Gary:

Welche Dummheit verwendet ihr, um die absolute und totale Vermeidung der Freude von Sex und Kopulation zu kreieren, die ihr wählt? Alles was das ist, mal Gottzillionen, werdet ihr all das zerstören und unkreieren? Right and Wrong, Good and Bad, POD and POC, All Nine, Shorts, Boys, and Beyonds.

Damals in den 70er Jahren habe ich ein Mädchen aus Schweden kennen gelernt. Die Schweden galten als so viel sexuell freier als alle anderen auf der Welt, so dass ich dachte, dass wir Spaß miteinander haben würden – außer dass sie so verdammt bewertend war und so festgefahren in ihren Ansichten. Wo ist da die Freiheit?

Kursteilnehmer:

Die Vermeidung der Freude von Sex und Kopulation. Geht es da um die Standards der Moral und all den anderen Scheiß, der in meinem Universum auftaucht?

Gary:

Jeder hat Standards. Alle haben Moral. Du hast Glück, wenn du süß genug bist, dann kannst du alle Standards und jede Moral überwinden. Aber wenn du nicht süß und sexy genug bist, kannst du sie nicht überwinden. Eines Tages möchte ich euch beibringen, wie ihr gehen müsst, um eure eigene Steifheit zu überwinden.

Kursteilnehmer:

Was meinst du damit?

Gary:

Ihr geht nicht so, als würdet ihr euren Körper genießen, oder so, als ob ihr wirklich gern ficken würdet. Ihr geht nicht so, als ob ihr wirklich gern Sex haben wolltet. Ihr seht aus, als wärt ihr die *Vorstellung* dessen, was Sex haben will, nicht wie *jemand, der tatsächlich Sex mag.*

Ihr eliminiert eine bestimmte Art von Energiefluss im Körper, damit ihr nicht das sein könnt, was die *Freude am Sex* einlädt. Ihr könnt nur das sein, was die *Möglichkeit von Sex* einlädt. Also ladet ihr die Möglichkeit ein und dann müsst ihr zwei oder drei Frauen jede Nacht haben, was in Ordnung ist. Es ist großartig. Es ist wundervoll, aber wo bleibt ihr in dieser Gleichung?

Kursteilnehmer:
   Das stimmt. Ich bin noch nicht einmal dort angelangt.

Gary:
   Das ist der Teil, der sich verändern muss.
   Welche Dummheit verwendet ihr, um euch als den Märchenprinzen zu kreieren, der niemals flachgelegt wird, wählt ihr? Alles was das ist, mal Gottzillionen, werdet ihr all das zerstören und unkreieren? Right and Wrong, Good and Bad, POD and POC, All Nine, Shorts, Boys, and Beyonds.
   Welch Erfindung verwendet ihr, um zu vermeiden, der König zu sein, wählt ihr? Alles was das ist, mal Gottzillionen, werdet ihr all das zerstören und unkreieren? Right and Wrong, Good and Bad, POD and POC, All Nine, Shorts, Boys, and Beyonds.

DAS ANTÖRNEN, DAS DU BIST

   Wie viele von euch wurden, als ihr Kinder wart, auf unpassende Weise bei verschiedenen Gelegenheiten erregt, ohne dass ihr die geringste Ahnung hattet, was euch erregt hat?

Kursteilnehmer:
   Ja. Oft.

Gary:
   Ja.
   Alles, was ihr getan habt, um all das zu unterdrücken und zurückzudrängen, werdet ihr all das zerstören und

unkreieren? Right and Wrong, Good and Bad, POD and POC, All Nine, Shorts, Boys, and Beyonds.

Der Grund, weshalb ihr erregt werdet, ist, weil ihr andere erregt. Wenn ihr die sexuelle Energie seid, die ihr seid, dann erregt ihr die sexuelle Energie in den Körpern der anderen. Ihr törnt die Leute an und weil ihr sie antörnt, werdet ihr angetörnt oder zumindest euer Körper.

Wie viel von dem angetörnt Sein, das ihr irgendwann einmal empfangen habt, ist ein Ort, wo ihr euer Gewahrsein des Antörnens, das ihr wart, abgewertet habt und auch das Antörnen, das andere Leute für euch waren? Alles was das ist, mal Gottzillionen, werdet ihr all das zerstören und unkreieren? Right and Wrong, Good and Bad, POD and POC, All Nine, Shorts, Boys, and Beyonds.

Daran hängt ernsthaftes Unbewusstsein. Als ich fünfzehn war, wurde ich jeden Tag in der Algebrastunde angetörnt und dann hat mein Lehrer mich aufgerufen. Was ist dieses angetörnt Werden bei Algebra? Jahrelang habe ich gedacht, dass ich verdammt seltsam bin, weil mich Algebra geil macht. Und dann, eines Tages, habe ich mir das angeschaut und sagte: „Wow!" Ich hatte nicht realisiert, dass mein Mathematiklehrer schwul war und ich ihn angetörnt habe. Sobald ich einen Ständer hatte, hat er versucht, mich dazu zu bringen, dass ich aufstehe und zur Tafel gehe, um dort etwas vorzurechnen.

Überall wo ihr nicht gewillt seid, die Tatsache anzuerkennen, dass ihr genauso geil seid wie damals, als ihr fünfzehn wart, und alles, was ihr getan habt, um das zu unterdrücken und zurückzudrängen, werdet ihr all das zerstören und unkreieren? Right and Wrong, Good and

Bad, POD and POC, All Nine, Shorts, Boys, and Beyonds.

Kursteilnehmer:

Ich habe eine Frage. Manchmal, wenn ich mit einer Frau zusammen bin und wir diesen wirklich schönen Raum zwischen uns haben, bekomme ich eine Erektion. Das kreiert etwas wirklich Seltsames und Merkwürdiges in meinem Universum. So etwas wie: „Hier bin ich kein Mann."

Gary:

Wenn du also mit einer Frau ausgehst und ihr habt diesen wirklich schönen Raum zwischen euch, aber du bist nicht angetörnt, erkennst du dann jemals an, dass sie vielleicht nicht gewillt ist, Sex zu haben? Oder dass sie gewillt ist, Sex zu haben, aber du und dein Körper haben kein Verlangen? Du denkst, sobald eine Frau dich will, musst du liefern.

Kursteilnehmer:

Das ist wahr.

Gary:

Das ist deswegen so, weil du ein kompletter und totaler Hurenbock bist.

Dain:

Gary sagt das so, als ob das was Schlechtes wäre, aber das denke ich nicht.

Gary:

Ich habe keine Ansicht darüber, ob ein Hurenbock zu sein eine schlechte Sache ist, aber solange du nicht anerkennst, dass du ein Hurenbock bist, wenn jemand dich will, wirst du es tun, ganz egal wie sie oder er aussieht. Dain hat von dem Mädchen gesprochen, mit der er Sex hatte, weil er wusste, dass es leicht sein würde. *Leicht* bedeutet, dass es dich nichts kosten wird, also tust du es. Ihr Jungs versucht immer zu sagen: „Ja, aber sie muss meinen Standards entsprechen." Eure Standards sind die Sachen, die ihr benutzt, um das zu vermeiden, was ihr wählen könntet.

Welche Erfindung von Standards verwendet ihr, um zu vermeiden, was ihr wählen könntet, das leicht wäre und Spaß machen würde? Alles was das ist, mal Gottzillionen, werdet ihr all das zerstören und unkreieren? Right and Wrong, Good and Bad, POD and POC, All Nine, Shorts, Boys, and Beyonds.

Kursteilnehmer:
Die Sache mit dem Denken, dass man liefern muss, hat das auch mit einem Standard zu tun?

Gary:
Nein, das hat mehr damit zu tun, ein Märchenprinz zu sein. Wenn du nicht verheiratet bist, musst du ein Prinz sein. Sobald du verheiratet bist, bist du ein Sklave. Du kannst niemals der König sein.

Kursteilnehmer:
Unglücklicherweise.

Gary:
Welche Dummheit verwendet ihr, um zu vermeiden, der König zu sein, das ihr wählen könntet? Die schöne Sache

am Königsein ist, dass ein König dreckig sein kann, muffig riechen kann, alles Mögliche sein kann. Und trotzdem bekommen sie alles, was sie wollen.

Alles was das ist, mal Gottzillionen, werdet ihr all das zerstören und unkreieren? Right and Wrong, Good and Bad, POD and POC, All Nine, Shorts, Boys, and Beyonds.

Kursteilnehmer:

Wir sprechen über Ständer, Erektionen und darüber, dass man sich sexuell fühlt. Ich habe mir gestern die Bars von einer älteren Dame laufen lassen und ich hatte eine richtig schöne Erektion, während sie meine Bars laufen ließ. Das passiert oft. Bedeutet das, dass sie gerne Sex mit mir hätte? Oder ist es so, dass ich sie errege oder dass ich von ihr erregt werde? Was hältst du davon?

Dain:

Ja.

Gary:

Das ist korrekt, ja. Tut mir leid. Du bist ein Mann. Du hast einen Penis. Du atmest. Du möchtest eine Erektion haben. Das ist einfach so. Wann bist du am nützlichsten? Wenn du steinhart bist. Wann bist du nutzlos? Wenn du es nicht bist. Die meisten Männer versuchen, diese Art von sexueller Energie zu vermeiden. Die ältere Dame hat dich angeschaut und gedacht: „Kann ich das bitte haben?" und dein Körper hat gesagt: „Oh, danke. Hier, ich zeige dir, wie gut es wäre" und deswegen hast du einen Ständer bekommen. Es ist nicht so, dass du sie gewollt hättest. Es ist die Tatsache, dass sie dich wollte und du gewillt warst, das von ihr zu empfangen, weil sie nicht deinem Standard entspricht.

Dain:

Es ist auch Teil der Lebensenergie. Wenn ihr lebt, seid ihr angetörnt. Wenn ihr sterbt, seid ihr es nicht. Die meisten Menschen auf diesem Planeten sind am Sterben und so wissen wir nicht, wie es ist, ganz selbstverständlich angetörnt zu sein, aufgrund des Lebens und zu leben. Es ist wirklich die Energie des lebendig Seins, ganz egal wie jemand oder etwas es aus euch herauszuprügeln versucht hat.

Kursteilnehmer:

Als ich fünfzehn war, bekam ich die ganze Zeit einen Ständer – im Bus, auf der Heimfahrt im Zug, wo auch immer. Ich war einfach vom Leben angetörnt und davon zu leben. Jetzt scheint es unregelmäßiger vorzukommen. Es geschieht nicht mehr so oft. Es wäre toll, zu dieser Zeit zurückgehen zu können, als ich regelmäßig einen Ständer hatte und ich vom Leben und davon zu leben erregter war.

DIE ULTIMATIVE ERREGUNG

Gary:

Ja, das ist die ultimative Erregung – das Leben und zu leben. Die ultimative Erregung ist jemand, der gewillt ist zu leben. Die ältere Dame war gewillt zu leben und sie hat dich als Möglichkeit gesehen, um sogar noch besser zu leben. Wenn man fünfzehn ist, gibt es jede Menge Leute, die auf euch scharf sind und ihr bemerkt es nicht, weil ihr so etwas nicht bemerken solltet. Ihr glaubt, ihr müsst dann etwas damit tun. Aber es bedeutet nicht, dass ihr etwas damit tun müsst. Es bedeutet einfach nur, dass Leute auf euch scharf sind.

Wie viel Energie verwendet ihr, um sicherzustellen, dass die Lust niemals hinter euch her ist und niemals euer Leben, eure Lebensführung, eure Realität oder euren Ständer durchdringt? Alles was das ist, mal Gottzillionen, werdet ihr all das zerstören und unkreieren? Right and Wrong, Good and Bad, POD and POC, All Nine, Shorts, Boys, and Beyonds.

Dain:

Es wäre schlecht, wenn tatsächlich die Lust wieder deine Realität durchdringen würde. Als du ein Teenager warst, war das außer Kontrolle. Und du warst wie Gary in der Algebrastunde, der gedacht hat: „Oh, mein Gott! Oh nein! Ich habe schon wieder einen Ständer" und dann hat ihn der Lehrer aufgerufen und er hat gedacht: „Nein! Ich kapiere Mathe einfach nicht!"

Gary:

„Ich weiß die Antwort nicht. Ich habe keine Ahnung. Nein, diese Aufgabe kann ich nicht lösen", Ich habe mich selbst unbeholfen gemacht in diesem Bereich meines Lebens. Ich war algebraisch behindert, weil ich nicht aufstehen und meinen Ständer sehen lassen wollte.

Dain:

Es wäre cool gewesen, in einer Realität zu leben, in der er

hätte aufstehen und seinen Ständer zeigen können. „Hey, bei mir passiert gerade etwas Cooles. Ich habe so einen Ständer, dass ich gleich auf alle hier komme. Was wollten Sie noch mal über quadratische Gleichungen wissen?" Was, wenn wir in einer Realität leben würden, in der das möglich wäre? Wenn man diese Möglichkeit in Betracht zieht, merkt man, wie weit entfernt wir davon sind, das zu haben und zu sein, was auch immer gerade mit uns und unseren Körpern geschieht. Wir sind so dynamisch von unseren Körpern abgeschnitten. Wenn wir das nicht tun müssten, was wäre dann sonst noch möglich?

Gary:

Welche Erfindung verwende ich, um den Ständer zu vermeiden, den ich wählen könnte? Alles was das ist, mal Gottzillionen, werdet ihr all das zerstören und unkreieren? Right and Wrong, Good and Bad, POD and POC, All Nine, Shorts, Boys, and Beyonds.

Kursteilnehmer:

Dieser Call törnt mich wirklich an.

Gary:

Wenn ihr einen Ständer aufgrund des Lebens und weil ihr lebt hättet, würde euch das mehr Kreation und mehr Generierung verschaffen, als ihr derzeit habt?

Kursteilnehmer:

Zum Teufel, ja!

Gary:

Wenn ihr nicht gewillt seid, das zu haben, wo Lust, die Freude am Leben und die Freude an der Kopulation Teil eurer Realität sind, dann seid ihr nicht gewillt, eurer Leben mit generierenden und kreativen Fähigkeiten zu leben. Eine orgasmische Qualität des Lebens kommt von der Bereitschaft, die Intensität der Lust und die kreativen Säfte zu haben, die den Orgasmus begleiten.

Welche Erfindung verwendet ihr, um den Ständer zu vermeiden, den ihr wählen könntet? Alles was das ist, mal Gottzillionen, werdet ihr all das zerstören und unkreieren? Right and Wrong, Good and Bad, POD and POC, All Nine, Shorts, Boys, and Beyonds.

Hat irgendeiner bemerkt, dass ihr vielleicht ein ganz klein wenig Lust am Leben und zu leben bekommt?

Kursteilnehmer:

Ja.

Gary:

Wie viele von euch haben bemerkt, dass es euch wirklich gut fühlen lässt, einen Ständer zu haben?

Dain:

Es ist wie ein Glücksmoment. Es ist wie: „Oh, hi!"

Gary:

Es ist ein liederlicher Glücksmoment.

Dain:

Welche Dummheit verwendet ihr, um die Erfindungen, die künstlichen Intensitäten und die Dämonen der ewigen

Saison der Unzufriedenheit zu kreieren, wählt ihr? Alles was das ist, mal Gottzillionen, werdet ihr all das zerstören und unkreieren? Right and Wrong, Good and Bad, POD and POC, All Nine, Shorts, Boys, and Beyonds.

Welche Erfindung verwendet ihr, um den Ständer zu vermeiden, den ihr wählen könntet? Alles was das ist, mal Gottzillionen, werdet ihr all das zerstören und unkreieren? Right and Wrong, Good and Bad, POD and POC, All Nine, Shorts, Boys, and Beyonds.

Welche Erfindung verwendet ihr, um die Unterdrückung und die Verdrängung der sexuellen Energie zu kreieren, wählt ihr? Alles was das ist, mal Gottzillionen, werdet ihr all das zerstören und unkreieren? Right and Wrong, Good and Bad, POD and POC, All Nine, Shorts, Boys, and Beyonds.

Welche Erfindung verwendet ihr, um euch als „nicht der König" zu kreieren, wählt ihr? Alles was das ist, mal Gottzillionen, werdet ihr all das zerstören und unkreieren? Right and Wrong, Good and Bad, POD and POC, All Nine, Shorts, Boys, and Beyonds.

Welche Dummheit verwendet ihr, um euch als den Märchenprinzen zu kreieren, der niemals flachgelegt wird, wählt ihr? Alles was das ist, mal Gottzillionen, werdet ihr all das zerstören und unkreieren? Right and Wrong, Good and Bad, POD and POC, All Nine, Shorts, Boys, and Beyonds.

Gary:
Tja, den Teil solltet ihr noch hinzufügen! Ihr werdet nur von Prinzessinnen flachgelegt, statt von jeder und jedem,

der schlau genug ist, Spaß mit euch zu haben. Ihr wisst ja, Prinzessinnen sind alle Jungfrauen und sie wissen nicht, wie man gibt – und sie wissen ganz sicher nicht, wie man einem Mann einen bläst.

Alles was das ist, mal Gottzillionen, werdet ihr all das zerstören und unkreieren? Right and Wrong, Good and Bad, POD and POC, All Nine, Shorts, Boys, and Beyonds.

Dain:

Welche Erfindung verwendet ihr, um euch als weniger wertvoll als die Frauen zu kreieren, die ihr wählt? Alles was das ist, mal Gottzillionen, werdet ihr all das zerstören und unkreieren? Right and Wrong, Good and Bad, POD and POC, All Nine, Shorts, Boys, and Beyonds.

Welche Erfindung verwendet ihr, um den Ständer zu vermeiden, den ihr wählen könntet? Alles was das ist, mal Gottzillionen, werdet ihr all das zerstören und unkreieren? Right and Wrong, Good and Bad, POD and POC, All Nine, Shorts, Boys, and Beyonds.

Gary:

Habt ihr bemerkt, wie erregt euer Körper wurde, als wir den da haben laufen lassen?

Kursteilnehmer:

Ja.

Gary:

Also was auch immer ihr tut, lasst den nicht als Endlosschleife laufen und hört ihn euch nicht die nächsten dreißig Tage an. Bitte tut das nicht, sonst könntet ihr vielleicht feststellen, dass ihr aufgeregt werdet, wenn ihr an Leben und zu leben im Allgemeinen denkt.

Dain:

Und das wäre schlecht.

Gary:

Wenn ihr fünfzehn seid, dann seid ihr gespannt auf das Leben und gleichzeitig seid ihr deprimiert. Ihr seid dankbar, wenn ihr einen Ständer habt und alles andere scheint weniger wichtig, solange ihr einen Ständer habt. Was, wenn ihr das als generierende Energie in eurem Leben verwenden würdet, statt als eine Falschheit?

Welche Erfindung verwendet ihr, um den Ständer zu vermeiden, den ihr wählen könntet? Alles was das ist, mal Gottzillionen, werdet ihr all das zerstören und unkreieren? Right and Wrong, Good and Bad, POD and POC, All Nine, Shorts, Boys, and Beyonds.

SEX IST EINE LEBENSKRAFT

Kursteilnehmer:

So ist es im Moment in meinem Leben. Wenn ich nicht gerade Sex habe oder masturbiere oder einen Ständer habe, scheint alles andere in seiner Bedeutung zu verblassen.

Gary:

Ja, ich weiß. Warum ist das so? Hast du irgendeine Ahnung?

Kursteilnehmer:
   Nein, warum ist das so?

Gary:
   Wenn du einen Ständer bekommst, dann bekommst du die Lebenskraft, die mit dir und deinem Körper existiert. Sex ist eine Lebenskraft. Es ist etwas, das dir das Gewahrsein der Möglichkeiten der Kreation und Generierung über die Begrenzungen dieser Realität hinaus gibt – aber das ist nicht die Art und Weise, wie Sex uns in dieser Realität präsentiert wird. Es wird als Richtigkeit oder Falschheit dargestellt, nicht als eine Energie, die auf dem Leben und darauf zu leben beharrt. Sex wird als etwas behandelt, das von uns verlangt, unser Leben zu begrenzen und wie wir leben.

Kursteilnehmer:
   Das macht meinem Kopf den Garaus.

Gary:
   Das ist eine gute Sache. Und wenn es sowohl deinem großen und deinem kleinen Kopf den Garaus machen würde ...

Dain:
   Das wäre super.

Gary:
   Alles, was das hochgebracht hat, mal Gottzillionen, werdet ihr all das zerstören und unkreieren? Right and Wrong, Good and Bad, POD and POC, All Nine, Shorts, Boys, and Beyonds.

Welche Erfindung verwendet ihr, um den kleinen Kopf mit eurem großen Kopf zu überstimmen, wählt ihr?

Kursteilnehmer:
Ich habe einen großen Kopf. Von welchem sprichst du?

Gary:
Von beiden. Wenn dein kleiner Kopf so groß wie dein großer Kopf ist, dann solltest du Pornos drehen, Kumpel.

Dain:
Welche Erfindung verwendet ihr, um euren kleinen Kopf mit eurem großen Kopf zu überstimmen, die ihr wählt? Alles was das ist, mal Gottzillionen, werdet ihr all das zerstören und unkreieren? Right and Wrong, Good and Bad, POD and POC, All Nine, Shorts, Boys, and Beyonds.

Welche Erfindung verwendet ihr, um die Ausdehnung eurer Agenda zu vermeiden, die ihr wählen könntet? Alles was das ist, mal Gottzillionen, werdet ihr all das zerstören und unkreieren? Right and Wrong, Good and Bad, POD and POC, All Nine, Shorts, Boys, and Beyonds.

DICH SELBST ALS WERTVOLL SEHEN

Kursteilnehmer:
In letzter Zeit habe ich darauf gewartet, dass die Frauen wählen, statt für mich zu wählen. Werden mir diese Clearings in Bezug darauf helfen?

Gary:
Das Clearing über das Wertvollsein: „Welche Erfindung

verwendet ihr, um Frauen als wertvoller als euch selbst zu kreieren, wählt ihr?" wird die meiste Veränderung kreieren. Damit könnt ihr die Bereiche verändern, in denen ihr darauf seht, wie die Frau wertvoll ist, statt ihr selbst. Ihr seht euch nicht als wertvoll.

Kursteilnehmer:
Ich weiß.

Gary:
Wenn du dich selbst nicht als wertvoll siehst, gehst du auf die Frauen mit einer widerlichen, liederlichen Energie zu, die verdorben und nicht nett ist. Sie verschafft Frauen die Ansicht, dass du irgendeine Art von Perverser bist. Es ist keine Einladung für sie, zu dir zu kommen. Es ist, als würdest du versuchen, zu ihnen zu gelangen. Macht das Sinn?

Kursteilnehmer:
Ich habe eine Frau getroffen und am Anfang war ich das wertvolle Produkt. Ich habe Energie gezogen und ich war einfach ich und dann, nach einer Weile war es: „Oh, ich bin wieder bei meinen alten Mustern angelangt." Ich weiß nicht, wie ich da rauskommen kann.

Gary:
Du solltest vielleicht das laufen lassen:
Welche Erfindung verwende ich, um das Problem mit dieser Dame zu kreieren, das ich wähle? Alles was das ist, mal Gottzillionen, werdet ihr all das zerstören und unkreieren? Right and Wrong, Good and Bad, POD and

POC, All Nine, Shorts, Boys, and Beyonds.

WAS WIRD ES BRAUCHEN, DAMIT DIESE BEZIEHUNG FUNKTIONIERT?

Kursteilnehmer:
Danke. Ich habe bei einem Gentlemen's Club Call von Australien aus zugehört und jemand fragte: „Wie kreiere ich eine Beziehung?" Du hast so etwas gesagt wie: „Die Frau kreiert ihre Vorstellung der Beziehung und der Mann kreiert seine Vorstellung der Beziehung und wenn sie versuchen, dass beide Vorstellungen zusammenkommen, dann funktioniert es nicht."

Gary:
Letztendlich läuft es auf Folgendes hinaus: Ihr versucht zu sehen, wie ihr in die Welt der Frau passt, um eine Beziehung mit ihr zu kreieren. Sie versucht herauszufinden, wie ihr in ihre Welt passen könntet, was für sie Beziehung bedeutet und bei keinem von beiden geht es darum, präsent zu sein mit: „Was wird hier tatsächlich funktionieren?"

Ihr fangt an, wunderschöne, romantische Bilder von euch beiden zusammen zu malen. Ihr lächelt und küsst euch und alles ist perfekt. Ihr sagt: „Oh, sie ist perfekt. Das wird perfekt werden." Sind das Fragen? Nein! „Alles wird gut werden. Ich kann kaum erwarten, bis ich herausfinde, wie das ausgehen wird." Nichts davon ist eine Frage. Die Erfindung der Vorstellung einer perfekten Beziehung ist nicht das Gewahrsein der Beziehung, die ihr tatsächlich gerade habt. Ihr kreiert Ärger für euch selbst oder Ärger für sie, eins von beidem, statt zu sehen, was tatsächlich möglich ist.

Ihr müsst fragen:
- Was braucht es, damit diese Beziehung funktioniert?
- Was passiert hier und wie hätte ich gerne, dass es ist?

DIE FEINHEIT DES GEWAHRSEINS, DAS IHR TATSÄCHLICH HABT

Dain:

Es basiert auf Schlussfolgerungen, statt auf der Feinheit des Gewahrseins, das ihr tatsächlich habt. Ihr habt eine Feinheit des Gewahrseins. Es ist das Gewahrsein jeder Feinheit der Energie, die da ist. Es ist ein Gewahrsein dessen, was möglich ist, was nicht möglich ist, was mit jemandem möglich ist und was nicht.

Man hat uns beigebracht, Schlussfolgerungen zu ziehen, statt gewahr zu sein, und wenn ihr eine Schlussfolgerung zieht, dann schneidet ihr die ganze Feinheit des Gewahrseins ab, das ihr habt. Ihr schneidet all das ab, was ihr sehen und wahrnehmen könnt. Alles, was euch bleibt, ist, von der Schlussfolgerung aus zu funktionieren, die ihr gezogen habt. Wenn ihr an ein Mädchen denkt und euch dann erlaubt, eine Frage zu stellen, dann werdet ihr eine Leichtigkeit oder eine Schwere spüren oder ihr werdet etwas Verdrehtes spüren, das andauert, und ihr könnt fragen: „Okay. Ist das die Feinheit meines Gewahrseins?" Wenn dem so ist, dann wird es zu einer Detektivarbeit herauszufinden, was dieses Etwas ist, das ihr spürt. Wenn ihr merkt, dass ihr zu einer Menge Schlussfolgerungen gekommen seid, könnt ihr fragen: Was kann ich jetzt verändern, um das zu etwas anderem zu machen? Oder ist das überhaupt in der Lage, verändert zu werden?

Gary:

Das ist die Frage, die ihr stellen müsst. Die meisten Typen kommen zu der Schlussfolgerung: „Oh, diese Frau ist wundervoll. Diese Frau ist großartig. Sie ist alles, was ich jemals gewollt habe." Und was für eine Frage ist das?

Kursteilnehmer:

Gar keine.

Gary:

Keine Frage zu haben, ist realer für uns. Wir erfinden die Vorstellung, dass das die Art ist, wie etwas sein soll, statt zu fragen: „Was kann das sein? Was hätte ich gern, dass es ist, das ich noch nicht einmal wahrgenommen habe?"

Kursteilnehmer:

Neulich habe ich mir „*The Place*" das zweite Mal angehört und ich habe einfach geweint. Es war wie: „Ich weiß, dass es möglich ist. Wie zum Teufel komme ich dahin?"

Gary:

Ja, ich weiß. Für mich ist das auch die Realität. Frage: Was ist wirklich möglich, was ich hier nicht in Betracht gezogen habe?

Dain:

Und was, wenn es möglich wäre, es tatsächlich als eine lebende, atmende Realität zu kreieren, statt all das Zeug, das wir versucht haben, real zu machen, von dem wir alle wissen, dass es nicht real ist?

DER STÄNDER, DEN DU WÄHLEN KÖNNTEST

Gary:

Welche Erfindung verwendet ihr, um den Ständer zu vermeiden, den ihr wählen könntet? Alles was das ist, mal Gottzillionen, werdet ihr all das zerstören und unkreieren? Right and Wrong, Good and Bad, POD and POC, All Nine, Shorts, Boys, and Beyonds.

Warum ist das die Frage, die die größte Freude in eurem Körper kreiert?

Dain:

Das ist die, die immer weiter und weiter und weiter geht.

Gary:

Das Geschenk, das immer weiter schenkt. Ein Ständer.

Dain:

Welche Erfindung verwendet ihr, um den Ständer zu vermeiden, den ihr wählen könntet? Alles was das ist, mal Gottzillionen, werdet ihr all das zerstören und unkreieren? Right and Wrong, Good and Bad, POD and POC, All Nine, Shorts, Boys, and Beyonds.

Gary:

Ist das nicht erstaunlich? Ein Ständer zu *sein*, mehr noch als einen Ständer zu *haben*, ist das, was die Realität ist. Wenn ihr einen Ständer habt, ist das die einzige Zeit, in der ihr am meisten gewillt seid, euch um etwas zu bemühen, wie etwa ein großartigeres Leben zu haben. Ihr fragt euch die ganze Zeit: „Wo kann ich dieses Ding hin tun? Was kann ich sonst noch damit machen?" Die einzige Zeit, in der ihr in die Frage geht ist dann, wenn ihr einen Ständer habt.

Dain:

Aber es ist auch die einzige Zeit, wo ihr in absolut keine Frage geht.

Gary:

Es ist auch die Zeit, in der ihr zu ernsthaften, verdammten Schlussfolgerungen kommt.

Kursteilnehmer:

Es ist ein sehr starkes Verlangen, wenn man einen Ständer hat.

Gary:

Ja. Es ist ein sehr starkes Verlangen. Was, wenn ihr gewillt wärt, euer Begehren zu haben, aber nicht euer Verlangen? Wie wäre das?

Gary:

Wenn ihr die gleiche Menge an Energie verwenden würdet, um eine andere Möglichkeit zu kreieren, wir wäre das Leben dann?

Dain:

Welche Erfindung verwendet ihr, um den Ständer zu vermeiden, den ihr wählen könntet? Alles was das ist, mal Gottzillionen, werdet ihr all das zerstören und unkreieren?

Right and Wrong, Good and Bad, POD and POC, All Nine, Shorts, Boys, and Beyonds.

Das könnte der Prozess sein, der für immer läuft.

Gary:

Das ist der Für-immer-Prozess. Macht eine Endlosschleife draus, vor allem wenn ihr neben einer Frau schlaft. Sie könnte einen Ständer bekommen und am Morgen über euch herfallen. Wenn sie einen Ständer bekommt und es ein Ständer in ihrer Klitoris ist, wird sie Sex mit euch haben wollen.

Welche Erfindung verwendet ihr, um den Ständer zu vermeiden, den ihr wählen könntet? Alles was das ist, mal Gottzillionen, werdet ihr all das zerstören und unkreieren? Right and Wrong, Good and Bad, POD and POC, All Nine, Shorts, Boys, and Beyonds.

Ich kann spüren, wie all eure Körper sagen: „Ja! Ja! Ja!" Ist euch klar, wie viel von eurem Körper ihr versucht, auszuschalten? Das ist es, wie wir Alterung kreieren. Das ist es, weshalb ihr niemals der ewige Junge seid – ihr verwendet das Ausschalten eures Ständers, um euren Körper altern zu lassen und macht es damit weniger real und weniger wertvoll, einen zu haben. Möchtet ihr euch verjüngen? Lasst diesen Prozess laufen.

Dain:

Welche Erfindung verwendet ihr, um die Vermeidung des Ständers zu kreieren, den ihr wählen könntet? Alles was das ist, mal Gottzillionen, werdet ihr all das zerstören und unkreieren? Right and Wrong, Good and Bad, POD

and POC, All Nine, Shorts, Boys, and Beyonds.

Das ist interessant. Wir haben am Anfang laufen lassen: „Welche Dummheit verwendet ihr?" und jetzt sagen wir: „Welche Erfindung verwendet ihr?"

Gary:

Ihr habt euch selbst unbewusst für die Dinge gemacht, aber jetzt ist es nicht nur das Unbewusstsein, das wir wählen; es ist der Ort, an dem wir Dinge erfinden, die wir als irgendwie realer gewählt haben als unsere Fähigkeit, etwas anderes zu wählen, das ist also Teil davon, aber es ist auch ein wenig anders.

Welche Erfindung verwendet ihr, um den Ständer zu vermeiden, den ihr wählen könntet? Alles was das ist, mal Gottzillionen, werdet ihr all das zerstören und unkreieren? Right and Wrong, Good and Bad, POD and POC, All Nine, Shorts, Boys, and Beyonds.

Fühlt sich irgendeiner von euch so, als ob mehr Blut durch den Körper fließt?

Kursteilnehmer:

Da ist irgendetwas wegen der Unterdrückung der Lebensenergie und all dem, das hochkommt, weil es unangemessen wäre, die ganze Zeit einen Ständer zu haben.

Gary:

Du hast unrecht. Es wäre nicht unangemessen für dich, die ganze Zeit einen Ständer zu haben. Es wäre eine Einladung für mehr Frauen, dich zu nutzen.

Dain:
   Aha.

Gary:
   Wenn du keinen Ständer hast, bist du nicht nützlich, oder?

Kursteilnehmer:
   Nein.

Gary:
   Wenn du den Ständer nicht vermeidest, der du bist, wirst du eine nützlichere Person im Leben anderer und um dich selbst als nicht wertvoll zu sehen, musst du nutzlos werden, nicht wahr? Also begreifst du vielleicht, dass den Ständer zu vermeiden, den du wählen könntest, alle Bereiche deines Lebens in Mitleidenschaft zieht.

Kursteilnehmer:
   Ja, absolut. Es ist, als würde ich es zurückhalten, um es im passenden Moment loszulassen. Nicht alles vom Leben. Gemäß dem Bild der Standardmoral bei Männern.

Gary:
   Als ob es anders wäre, einen Ständer wegen des Lebens zu haben, als einen sexuell harten Schwanz zu haben sozusagen. Es gibt so viele Bereiche eures Lebens, die ihr unterdrückt, weil es nicht akzeptabel für euch ist, einen Ständer zu haben. Ihr gesteht euch selbst dieses enthusiastische Element in eurem Leben und eurer Lebensweise nicht zu, was bedeutet, dass ihr euch selbst nicht erlaubt zu sein.

Kursteilnehmer:
   Genau. Wow.

Gary:
   Welche Erfindung verwendet ihr, um den Ständer zu vermeiden, den ihr wählen könntet? Alles was das ist, mal Gottzillionen, werdet ihr all das zerstören und unkreieren? Right and Wrong, Good and Bad, POD and POC, All Nine, Shorts, Boys, and Beyonds.
   Wenn ihr gewillt seid, ein Ständer zu sein, seid ihr gewillt, die Energie zu sein, die einen Ständer kreiert. Dann seid ihr die Energie, die kreiert und generiert. Wenn ihr weniger seid als das, dann versucht ihr einzurichten, was auch immer die Frau will, dass ihr tut oder seid, was bedeutet, nicht zu wählen, ihr selbst zu sein.
   Das ist der Ort, an dem Männer sich selbst davon abschneiden, eine Energie zu sein, die gibt, was empfangen werden kann, aber nicht geben muss, was nicht empfangen werden kann. Das ist, was ihr seid, wenn ihr gewillt seid, dieser Ständer zu sein. Wenn ihr nicht gewillt seid, das zu sein, dann müsst ihr ihre Ansicht verteidigen, euch weigern zu geben, was sie empfangen kann und euch weigern, das zu sein, was empfangen werden kann.
   Wenn ihr gewillt seid, diese Art von Energie zu sein, die eine Einladung ist – denn einen Ständer zu haben ist eine Einladung. Wenn die betreffende Person es empfangen kann, großartig. Wenn sie es nicht empfangen kann, ist es dann deswegen falsch, dass ihr einen Ständer habt?
   Aus irgendeinem Grund scheint ihr nicht zu begreifen, dass es eine Einladung ist, einen Ständer zu haben. Es

bedeutet nicht, dass die Leute es annehmen müssen. Es bedeutet nur, dass er eine Einladung ist. Was, wenn ihr einfach nur heiß wärt und das der Anfang der Möglichkeit der Energie von Sex, Kopulation und dem harten Schwanz wäre? Wenn ihr diese Energie hättet, die ausstrahlt: „Ich bin bereit, wenn du bereit bist", wäre das eine andere Energie und eine andere Einladung als: „Mit mir stimmt etwas nicht, weil ich einen harten Schwanz habe"?

Kursteilnehmer:

Ja. Kannst du mehr darüber sagen?

Gary:

Ja. Euch steht diese Art von Energie zur Verfügung, wenn ihr gewillt seid, diese Art von Energiefluss zu haben. Aber ihr habt das in „ein harter Schwanz, um in der Lage zu sein, jemanden zu ficken" verdreht. Ihr müsst gewillt sein zu kreieren, was etwas Großartigeres kreieren wird.

IN DIE ROLLE DES KÖNIGS EINTRETEN

Dain:

Wenn ihr gewillt seid, etwas Großartigeres zu kreieren, dann nehmt ihr euch selbst aus der Rolle des Prinzen heraus. Der Prinz ist derjenige, der herumspielt und die Welt um sich herum geschehen lässt und wenn er flachgelegt wird, ist er glücklich und das ist genug. Ihr müsst in die Rolle des König eintreten, dann realisiert ihr, dass es an euch ist, die Realität um euch herum zu kreieren. Kein anderer wird es für euch tun. Kein anderer wird für euch verantwortlich sein. Man wird versuchen, euch zu stürzen und man wird euch bewerten, aber das ist irrelevant. Ihr seid der verdammte König. Und anstatt euer Leben zu leben in dem Glauben, dass ihr Treibgut und Strandgut seid und dass alles in Ordnung ist, solange ihr flachgelegt werdet, fragt ihr: „Was kreiere ich hier?"

Wenn ihr gewillt seid, der König zu sein und der Ständer, der zu sein ihr euch geweigert habt, erkennt ihr, dass ihr eine kreative Kraft seid und eine kreative Kontrolle in der Welt, die zu sein ihr euch geweigert habt. Wenn ihr euch anschaut, wie viel Scheiße wir in Bezug auf Frauen machen – ob sie uns mögen, ob wir flachgelegt werden, ob jemand anderer öfter als wir flachgelegt wird, ob wir seltener flachgelegt werden und bla bla bla – all das ist die Scheiße, die wir verwenden, um uns davon abzuhalten, das kreative, generierende Wesen zu sein, das wir tatsächlich sind.

Welche Erfindung verwendet ihr, um euch als die *nicht* kreative, generierende Quelle, Kraft und Kontrolle zu kreieren, die ihr wählen könntet? Alles was das ist, mal Gottzillionen, werdet ihr all das zerstören und unkreieren? Right and Wrong, Good and Bad, POD and POC, All Nine, Shorts, Boys, and Beyonds.

Gary:

Wir müssen noch etwas hinzufügen: „Quelle, Kraft, Kontrolle und generierende Energie."

Dain:

Welche Dummheit verwendet ihr, um die Erfindungen, die künstlichen Intensitäten und die Dämonen zu kreieren, niemals die kreative, generierende Quelle, Kraft, Kontrolle, Beitrag und generierende Fähigkeit zu sein, die ihr wählt? Alles was das ist, mal Gottzillionen, werdet ihr all das zerstören und unkreieren? Right and Wrong, Good and Bad, POD and POC, All Nine, Shorts, Boys, and Beyonds.

Kursteilnehmer:
Wow. Der ist eine Rakete.

Kursteilnehmer:
Steht das auch mit dieser Imagesache in Verbindung?

Gary:
Ihr versucht, euch als jemanden zu kreieren, der wie etwas *aussieht*, statt als jemanden, der es *ist*. Ihr wollt wie der Fickmeister aussehen. Ihr wollt aussehen wie etwas, von dem ihr glaubt, dass eine Frau es wollen wird. Ihr wollt aussehen wie jemand, der erfolgreich ist. Ihr wollt aussehen wie jemand, der wertvoll ist, aber diese Dinge zu *sein* und so *auszusehen* wie sie, sind zwei unterschiedliche Welten.

WAS, WENN DU GEWILLT WÄRST, DER KÖNIG DER MÖGLICHKEITEN ZU SEIN?

Dain:
Ihr müsst euch bewusst sein, dass euch die Welt auf alle nur möglichen Arten und Weisen betrachten wird. Die Leute werden euch auf alle nur möglichen Arten betrachten. Ihr müsst wissen, was euer Ziel ist, was eure Zielrichtung ist und was tatsächlich wahr für euch ist.

Ich weiß nicht, wie es mit euch ist, aber ich habe das Märchenprinzen-Ding lange betrieben. Es schien wie die ideale Sache und jetzt wird mir klar, dass es nicht genug ist für mich. Ich weiß nicht, ob es genug für euch ist. Ich weiß nicht, ob ihr euch den Ort angeschaut habt, von dem aus ich funktioniert habe und gesagt habt: „Wow, das wäre genug für mich. Lass mich diesen Platz einnehmen."

Was, wenn ihr erkennen könntet, ob das in eurer eigenen Welt, sogar wenn ihr euch mit wem auch immer vergleicht – der Vergleich mit mir, der Vergleich mit Gary, der Vergleich mit irgendeinem anderen – genug für euch ist? Vielleicht gibt es da etwas weit Großartigeres, wenn wir die kreative, generierende Quelle, Kraft, Kontrolle und Kapazität sind, die wir sind, das uns über das Prinzen-Ding hinausbringt, das wir gemacht haben, wo wir glücklich über jede Frau waren, die uns haben wollte.

Was, wenn wir der König der Möglichkeiten wären?

Gary:

Oh! Das ist gut!

Welche Dummheit verwendet ihr, um die Erfindung und die künstliche Intensität zu kreieren, um zu vermeiden, der König der Möglichkeiten zu sein, den du wählen könntest? Alles was das ist, mal Gottzillionen, werdet ihr all das zerstören und unkreieren? Right and Wrong, Good and Bad, POD and POC, All Nine, Shorts, Boys, and Beyonds.

Habe ich dir schon einmal gesagt, wie sehr ich es liebe, wenn du deinen Mund aufmachst, Dain?

Kursteilnehmer:

Ist das auch da, wo wir die Trennung und die Konkurrenz zwischen Männern kreieren, wenn wir uns jemand anderen anschauen und sagen: „Oh, wow!" und wir uns selbst kleiner machen?

Dain:

Ja, denn wenn ihr erkennen würdet, dass ihr der König der Möglichkeiten seid, dann würdet ihr euch selbst völlig anders sehen. Ihr würdet sagen: „Tut mir leid. Mit wem sollte ich konkurrieren?" Ihr würdet in der Lage sein zu sehen, wo andere Könige in ihrem eigenen Anrecht ein Beitrag sein könnten, ein Schenken und ein Empfangen in dieser kreativen, generierenden Kapazität und Kraft, Quelle und Kontrolle von etwas anderem.

Normalerweise verwenden wir die Worte *Kraft*, *Quelle* und *Kontrolle* nicht als etwas Begrüßenswertes, aber dies ist ein Ort, an dem wir Männer nicht gewillt waren, unsere natürlichen Fähigkeiten anzunehmen. Wenn ihr diese Fähigkeiten annehmen würdet, was wäre dann sonst noch möglich? Und was, wenn der Weg aus diesem Wettkampf, den ihr mit mir, anderen Männern bei Access oder Männern außerhalb von Access Consciousness betrieben habt, wäre zu erkennen, dass ihr großartigere Fähigkeiten habt, als ihr anzuerkennen gewillt wart? Was, wenn ihr tatsächlich das wärt, was ihr vorgegeben habt, nicht zu sein? Was, wenn ihr tatsächlich der König der Möglichkeiten seid? Und wenn ihr gewillt seid, das zu sein, würde das die Konkurrenz mit anderen Männern in eurer Welt eliminieren?

Gary:

Es gibt keinen wirklichen Wettkampf. Wettkampf ist eine Lüge. Wettkampf ist das, was ihr beim Sport auf dem Spielfeld betreibt. Mehr als alles andere ist der Wettkampf zwischen Männern eine Art, um niemals die Totalität von euch beanspruchen zu müssen. Es ist eine Art, auf die ihr garantiert, dass ihr nicht eure Großartigkeit wählen müsst. Es ist ein Ort, an dem ihr gegen andere Männer wählen könnt, als ob das der Weg wäre, euch zu finden, statt zu sehen, was tatsächlich möglich ist und wie ihr für euch funktionieren könnt.

Hattet ihr jemals die Erfahrung, mit einem anderen Mann zusammenzuarbeiten und es war so gemeinschaftlich und leicht, dass ihr alles wirklich schnell erledigen konntet?

Kursteilnehmer:

Ja.

Gary:

Das liegt daran, dass es keine wirkliche Konkurrenz gibt. Wenn es eine gäbe, dann wäre es niemals möglich, dass Männer zusammenarbeiten können. Und ich sehe oft, wie Männer sehr leicht miteinander kooperieren. Wie wäre es, wenn ihr gewillt wärt, eine vollkommen andere Welt zu haben? Ich hätte gern, dass ihr alle das hier in einer Endlosschleife laufen lasst:

Welche Energie, Raum und Bewusstsein kann ich sein, das mir erlauben würde, der König der Möglichkeiten für alle Ewigkeit zu sein, der ich in Wahrheit bin? Alles was das nicht erlaubt, mal Gottzillionen, werdet ihr all das

zerstören und unkreieren? Right and Wrong, Good and Bad, POD and POC, All Nine, Shorts, Boys, and Beyonds.

Dain:

Lasst uns spielen, meine Herren. Lasst uns eine andere Realität kreieren.

Gary:

Ja. Lasst uns lauter Könige der Möglichkeiten haben, statt Königinnen der Dummheit.

Dain:

Und Prinzen der Dümmlichkeit.

Gary:

Und Prinzen der Unsichtbarkeit.

Dain:

Also bitte lasst diese Prozesse laufen, Leute. Vielen Dank für euch. Was ist noch möglich für uns, das wir gemeinsam kreieren können?

Gary:

Vielen Dank, dass ihr bei diesem Call dabei seid. Ihr Jungs seid super.

Kursteilnehmer:

Danke!

5
Der phänomenale Sex, die phänomenale Kopulation und die phänomenale Beziehung, die du wählen könntest.

Wenn du gewillt wärst, von der Ansicht der großartigsten Möglichkeit und der großartigsten Wahl aus zu funktionieren, statt von der Falschheit deiner Ansicht, was würde sonst noch möglich sein?

Gary:
Hallo, meine Herren.

DÄMONENANGEREICHERTE EREIGNISSE KREIEREN

In letzter Zeit haben Dain und Ich bemerkt, dass, wenn Frauen hinter Männern her sind, die Männer ihr Gewahrsein abschneiden, um flachgelegt zu werden. Sie stellen niemals in Frage, ob es das ist, was sie wollen oder ob es ihr Leben verbessern wird.

Ihr sagt Dinge wie: „Na ja, es ist halt passiert", „Ich konnte nicht anders", „Es war ein Ausrutscher" oder: „Es ist zufällig geschehen", aber so ist es nicht. Ihr denkt, wenn es geschehen *kann*, dass es auch geschehen *sollte*; und deswegen ladet ihr Dämonen ein, um sicherzustellen, *dass* es geschieht.

Welche Dummheit verwendet ihr, um die dämonenangereicherten Ereignisse zu kreieren, die ihr wählt? Alles was das ist, mal Gottzillionen, werdet ihr all das zerstören und unkreieren? Right and Wrong, Good and Bad, POD and POC, All Nine, Shorts, Boys, and Beyonds.

Kursteilnehmer:

Was meinst du mit „Dämonen einladen"?

Gary:

Ihr müsst Dämonen einladen, um die Macht, die ihr habt, als Machtlosigkeit zu kreieren. Keiner von euch war machtlos im Angesicht eures Schwanzes, oder?

Kursteilnehmer:

Ja.

Gary:

Es ist, als ob ihr immer machtlos wärt. Sobald euer Schwanz beginnt, sich mit Energie zu füllen, ist es, als ob kein Gehirn mehr zur Verfügung stünde. Ihr habt einen einstelligen IQ. Das trifft auch auf andere Bereiche des Lebens zu. Jedes Mal, wenn ihr sagt: „Na ja, es ist einfach passiert" oder: „Ich konnte nicht anders", ladet ihr Dämonen ein, um sicherzustellen, dass ihr nicht verantwortlich seid für irgendetwas, das geschieht. Überall, wo ihr sagt: „Oh, ich weiß gar nicht, wie das passiert ist", ist das eine Lüge. Ihr tut das, um sicherzustellen, dass ihr nicht die Kontrolle habt und dass ihre keine Fähigkeiten habt, irgendetwas zu kreieren. Ihr werdet zum Effekt von allem, was um euch herum geschieht.

Welche Dummheit verwendet ihr, um die dämonenangereicherten Ereignisse zu kreieren, die ihr wählt? Alles was das ist, mal Gottzillionen, werdet ihr all das zerstören und unkreieren? Right and Wrong, Good and Bad, POD and POC, All Nine, Shorts, Boys, and Beyonds.

Tja, die gute Nachricht ist, dass ihr dämonenangereichert seid, seit ihr einen Penis habt!

Kursteilnehmer:
Was bedeutet *angereichert*?

Gary:
Angereichert bedeutet, dass die Dämonen hereinkommen und euch dabei helfen, dumm zu sein. Sie helfen euch dabei, weniger gewahr zu sein. Sie helfen euch dabei, euch in miese Situationen zu bringen. Sie helfen dabei sicherzustellen, dass ihr nicht die geringste Ahnung habt, was wirklich geschehen wird, was der Grund dafür ist, dass miese Dinge geschehen, mit denen ihr nicht glücklich seid. Das kann auf Geld zutreffen, auf Sex – aber normalerweise trifft es bei euch Jungs auf Sex zu. Ich liebe euch alle und ihr seid ein Haufen Schwänze, die nach einem Ort suchen, wo ihr loslegen könnt.

Welche Dummheit verwendet ihr, um die

dämonenangereicherten Ereignisse zu kreieren, die ihr wählt? Alles was das ist, mal Gottzillionen, werdet ihr all das zerstören und unkreieren? Right and Wrong, Good and Bad, POD and POC, All Nine, Shorts, Boys, and Beyonds.

Kursteilnehmer:

Meine Partnerin und ich gehen getrennte Wege. Wir ziehen auseinander und so. Nach Dains Kurs "Energetischer Synthese des Seins", war ich mir so klar darüber, was ich gern kreieren und generieren würde und ich kam zurück, um aus unserem gemeinsamen Haus auszuziehen. Aber als ich das Haus betrat, war es, als würde ich gegen eine Mauer laufen. Ist das ein dämonenangereichertes Ereignis?

Gary:

Bist du gewillt zu sehen, was für dich wahr ist? Und erinnere dich, ich habe „Wahrheit" gedacht, bevor ich das gefragt habe.

Kursteilnehmer:

Ich war es, bis ich das Haus betreten haben und jetzt bin ich unglücklich.

Gary:

Ja, weil du realisiert hast, womit du die ganze Zeit gelebt hast.

Kursteilnehmer:

Ja.

Gary:

Sobald dir klar wird, dass du etwas anderes tun willst,

werden dir plötzlich, endlich, all die Dinge bewusst, die du aus deinem Gewahrsein ausgegrenzt hast, um beizubehalten, was du hast. Du siehst das Ereignis der Beziehung, wie es ist, wo du dein Gewahrsein abschneidest, um sicherzustellen, dass alles weiterhin so bleibt, wie es ist.

Kursteilnehmer:

Ich bin mir also einfach bewusster, wo ich mich selbst blockiert habe?

Gary:

Ja. Du bist dir dessen bewusst, wessen du dich zuvor geweigert hattest, bewusst zu sein. Jedes Mal, wenn dein Penis involviert ist, jedes Mal, wenn du irgendeine Art von Beziehung eingehst, gehst du zu der glaubhaften und glaubwürdigen Beziehung. Du wählst nicht die unwirkliche und unglaubliche Beziehung. Warum ist das so, dass du eine Beziehung willst, die glaubwürdig und glaubhaft ist?

Kursteilnehmer:

Ja, damit hat dich diese Realität wieder am Haken.

Gary:

Ja, es bringt dich zurück in diese Realität. Es lässt dich in dieser Realität kleben bleiben, statt dir die Wahl einer anderen Realität zu geben. Warum solltest du keine andere Wahl wollen?

Kursteilnehmer:

Oh, das will ich.

Gary:
Wenn du Wahl hättest, wenn du tatsächlich wählen würdest und du Wahl und Gewahrsein hättest, würdest du den dämonenangereicherten Ereignissen nicht die Kontrolle über dein Leben überlassen. Aber du lässt dämonenangereicherte Ereignisse dein Leben kontrollieren. Du sagst: „Oh, dieses Geld ist mir abhanden gekommen." Du verhältst dich, als gäbe es keine Wahl, während es Wahl gibt.

Welche Dummheit verwendet ihr, um die dämonenangereicherten Ereignisse zu kreieren, die ihr wählt? Alles was das ist, mal Gottzillionen, werdet ihr all das zerstören und unkreieren? Right and Wrong, Good and Bad, POD and POC, All Nine, Shorts, Boys, and Beyonds.

Welche Dummheit verwendet ihr, um euch gegen den unwirklichen, unglaublichen, fantastischen und phänomenalen Sex, die Kopulation und Beziehungen zu verteidigen, die ihr wählen könntet? Alles was das ist, mal Gottzillionen, werdet ihr all das zerstören und unkreieren? Right and Wrong, Good and Bad, POD and POC, All Nine, Shorts, Boys, and Beyonds.

Wow, ihr Jungs wollt wirklich nichts, was nicht gewöhnlich ist, oder?

Welche Dummheit verwendet ihr, um die Verteidigung gegen den unwirklichen, unglaublichen, fantastischen und phänomenalen Sex, die Kopulation und Beziehungen zu kreieren, die ihr wählen könntet? Alles was das ist, mal Gottzillionen, werdet ihr all das zerstören und unkreieren? Right and Wrong, Good and Bad, POD and POC, All Nine, Shorts, Boys, and Beyonds.

Welche Dummheit verwendet ihr, um die dämonenangereicherten Ereignisse zu kreieren, die ihr wählt? Alles, was das ist, mal Gottzillionen, werdet ihr all das zerstören und unkreieren? Right and Wrong, Good and Bad, POD and POC, All Nine, Shorts, Boys, and Beyonds.

ES „PASSIERT" NICHT EINFACH

Wenn ihr plötzlich beschließt, dass ihr Sex mit jemandem haben wollt, ist das kein Zufall. Es ist nicht etwas, das einfach aufgetreten ist. Es passiert nicht einfach. Diese Frauen sind hinter euch her. Ist das überhaupt real für euch? Ich beobachte die Leute. Neulich in einem Kurs beobachtete ich, wie eine Frau es auf einen Typen abgesehen hatte. Es war offensichtlich, dass sie hinter ihm her war und wie die Sache gelaufen ist, war lächerlich hässlich. Er konnte es überhaupt nicht sehen, weil Dämonen das Ereignis angereichert haben. Er hatte keine Ahnung, dass er tatsächlich seinen eigenen Tod herbeiführen könnte mit der Wahl, die er getroffen hatte.

Kursteilnehmer:
Wählen wir das ab dem Moment, in dem ein Mädchen anfängt, hinter uns her zu sein?

Gary:
Ja. Ihr wählt es, wenn sie anfängt, ihre Schneckenspuren auf euch zu hinterlassen. Dieser Typ und das Mädchen sind zusammen zum Mittagessen gegangen. Ich sah sie und dachte: „Oh, armer Trottel. Er ist erledigt." Dieses Mädchen war böse und gemein und ich wusste, dass sie ihm

böse und gemeine Dinge antun würde. Aber seine Agenda wurde hart, sein Hirn hat sich verabschiedet und er hatte ein dämonenangereichertes Ereignis, das man „die Liebe am Sex" nennt. Er hat alle anderen im Stich gelassen, um mit ihr zusammenzusein. Alles, was er anderen versprochen hatte, weigerte er sich zu tun. Alles, was er erreichen wollte, alles was sein Business, sein Leben und seine Freundschaften mit allen in der Welt ausmachte, war verloren zugunsten der goldenen Vagina, die ihren Schleim über seine ganze Welt verbreitete.

Kursteilnehmer:
Wow.

Gary:
Alles was das ist, mal Gottzillionen, werdet ihr all das zerstören und unkreieren? Right and Wrong, Good and Bad, POD and POC, All Nine, Shorts, Boys, and Beyonds.

Kursteilnehmer:
Habe ich meine Beziehung dafür verwendet, mich dagegen zu verteidigen, dass Frauen mir das antun?

Gary:
Na ja, du hast dich dagegen verteidigt. Zuerst einmal geht es nicht darum, ob *Frauen* dir das antun. Männer werden es genauso tun.

Kursteilnehmer:
Ja.

Gary:

Du verteidigst dich gegen alles, das dir Wahl geben würde.

Kursteilnehmer:

Jetzt fange ich an zu schielen. Was meinst du damit?

Gary:

Wenn du dich selbst als schwul oder hetero definierst oder wenn du irgendeine bestimmte Sexualität hast, kreierst du eine Sammlung von Bewertungen, um diese Definition zu garantieren und real zu machen. Du verteidigst dich gegen alles, das das anfechten oder dich in die Lage bringen würde, es infrage zu stellen.

Was, wenn die beste Beziehung, die du hättest, die mit einem guten Freund wäre? Vor Jahren hatte ich einen Freund, der mir wirklich nahe stand. Wir haben alles zusammen gemacht. Es hat wirklich Spaß gemacht. Er war schlau und klug und witzig und wir hatten eine großartige Zeit miteinander. Dann hatte er eine Freundin. Er hat mich fallen gelassen wie ein altes Paar Schuhe und ich sagte: „Äh, warte mal! Wir waren so eng befreundet und jetzt kann er nicht einmal mehr mit mir sprechen?"

Dann war es aus mit seiner Freundin und er rief mich an. Er wollte, dass wir wieder Freunde sind. Er sagte: „Hey, lass uns unsere alte Freundschaft wieder beleben."

Ich sagte: „Nein, denn das nächste Mal, wenn du ein Mädchen hast, wirst du mich wieder fallen lassen. Ich bin nicht interessiert." Er war gewillt, seine Freundschaft mit mir zu zerstören, um eine exklusive Beziehung mit einem Mädchen zu haben. Er dachte, dass Beziehung das Wichtigste wäre.

Seid ihr gewillt, eure Freunde im Stich zu lassen, für die Vagina, die euch gerade zuschleimt? Das ist es, was ihr macht, ob ihr nun eine Verpflichtung eingegangen seid, etwas zu tun, oder nicht.

Kursteilnehmer:

Sogar die Verpflichtungen sich selbst gegenüber.

Gary:

Mehr als alles andere die Verpflichtungen euch selbst gegenüber. Sich gegen das zu wenden, wozu ihr euch verpflichtet habt, ist so, als ob ihr sagen würdet: „Sie ist wichtiger. Alles, was sie hat, ist wichtiger als mein eigenes Leben."

Kursteilnehmer:

Und sobald man diese Verpflichtung gegenüber sich selbst verliert…

Gary:

Das ist der Punkt, an dem ihr anfangt, den Tod hereinzuholen. In diesem Moment führt ihr den Tod herbei. Hier ist ein anderer Prozess, von dem ich möchte, dass ihr ihn selbst laufen lasst:

Welche Verführung verwende ich, um die Herbeiführung des Todes zu kreieren, die ich wähle? Alles was das ist, mal Gottzillionen, werdet ihr all das zerstören und unkreieren? Right and Wrong, Good and Bad, POD and POC, All Nine, Shorts, Boys, and Beyonds.

Wir erlauben uns selbst, zum Sterben verführt zu werden. Der Typ, von dem ich vorhin erzählte, wurde dazu verführt, all seine anderen Freunde aufzugeben, Leute, die ihn unterstützt und geliebt haben, alles zugunsten dieser Frau. Das war alles, was sie gekümmert hat. Als sie ihn verließ, fühlte sie sich wie eine Million Dollar; er fühlte sich wie ein Haufen Scheiße.

Welche Verführung verwende ich, um die Herbeiführung des Todes zu kreieren, die ich wähle? Alles, was das ist, mal Gottzillionen, werdet ihr all das zerstören und unkreieren? Right and Wrong, Good and Bad, POD and POC, All Nine, Shorts, Boys, and Beyonds.

Bitte lasst das in einer Endlosschleife nonstop laufen, meine Herren. Ihr müsst an diesen Ort kommen, wo ihr nicht dazu verführt werdet, euer Leben für eine Frau aufzugeben, nur weil sie euch will.

„ICH WILL, DASS ER SEIN LEBEN FÜR MICH AUFGIBT"

Vor Jahren habe ich einen Kurs gegeben und da war dieses Paar. Ich habe die Frau gefragt: „Was willst du von ihm?" und sie antwortete: „Ich will, dass er sein Leben für mich aufgibt."

Ich sagte: „Was?!" Jeder andere im Raum meinte: „Oh, ist das nicht süß?"

Ich sagte: „Süß? Du willst, dass der Typ sein Leben für dich aufgibt? Im Grunde sagst du, dass er alles tun soll, was du willst, er soll tun, was immer du forderst und wünschst und er soll kein eigenes Leben haben."

Sie sagte: „Ja."

Auf diese Weise werden die meisten Beziehungen kreiert. Ich habe gefragt: „Warum glauben die Leute, dass das eine gute Sache ist?" Ihr müsst gewillt sein zu sehen, was ihr wirklich als eure Realität haben wollt und was ihr in einer Beziehung wollt.

Für wen oder was seid ihr gewillt, euch aufzugeben, das euch, wenn ihr euch dafür nicht aufgeben würdet, alles von euch geben würde? Alles was das ist, mal Gottzillionen, werdet ihr all das zerstören und unkreieren? Right and Wrong, Good and Bad, POD and POC, All Nine, Shorts, Boys, and Beyonds.

Kursteilnehmer:

Kreieren wir die Verführung zur Herbeiführung des Todes, indem wir uns selbst aufgeben?

Gary:

Ja. Ihr gebt *euch* auf, um das zu kreieren.

Welche Dummheit verwendet ihr, um die Verteidigung gegen den unwirklichen, unglaublichen, fantastischen und phänomenalen Sex, die Kopulation und Beziehungen zu kreieren, die ihr wählen könntet? Alles was das ist, mal Gottzillionen, werdet ihr all das zerstören und unkreieren? Right and Wrong, Good and Bad, POD and POC, All Nine, Shorts, Boys, and Beyonds.

Dain war neulich mit einer Dame zusammen. Sie sagte: „Ich denke, wir sollten ein paar Tage miteinander verbringen."

Er fragte: „Warum?"

Sie sagte: „Damit wir einander besser kennen lernen

können."

Er sagte: „Aber das muss ich nicht. Ich kenne dich." Er ist gewillt zu wissen. Sie war nicht gewillt zu wissen. Sie wollte Zeit mit ihm verbringen, denn ihre Ansicht war, dass man Zeit miteinander verbringen muss, um jemanden kennen zu lernen. Was, wenn man nicht Zeit miteinander verbringen müsste, um jemanden kennen zu lernen? Was, wenn man den anderen einfach kennen würde?

Für wen oder was seid ihr gewillt euch aufzugeben, das euch, wenn ihr euch dafür nicht aufgeben würdet, alles von euch geben würde? Alles was das ist, mal Gottzillionen, werdet ihr all das zerstören und unkreieren? Right and Wrong, Good and Bad, POD and POC, All Nine, Shorts, Boys, and Beyonds.

Kursteilnehmer:

Wenn wir „ein paar Tage damit verbringen, jemanden kennen zu lernen", ist das nicht genau das, wo wir eine Art und Weise finden, uns selbst abzuschneiden, um in die Realität des anderen zu passen?

Gary:

Ja. Das ist dort, wo ihr euren Tod herbeiführen könnt zugunsten des Lebens des anderen.

Wie viele von euch würden ihr Leben aufgeben, um eine Frau zu haben? Alles was das ist, mal Gottzillionen, werdet ihr all das zerstören und unkreieren? Right and Wrong, Good and Bad, POD and POC, All Nine, Shorts, Boys, and Beyonds.

ROMANTIK

Kursteilnehmer:

Ist sich selbst aufzugeben das, was man in dieser Realität Romantik nennt? Ist es das, was man romantisch nennt?

Gary:

Na ja, was als Romantik bezeichnet wird, ist der Spaß und die Freude daran, das zu tun, was euch und die Frau stimuliert, mit der ihr zusammen seid, die die Illusion kreiert, dass ihr etwas Großartigeres bekommen werdet. Romantik ist, was ihr als Stimulans verwendet, um die Reaktion einer Frau zu kreieren.

Ich persönlich mag Romantik. Ich mag Abendessen und ich mag es, ihr schmachtend in die Augen zu sehen, ihr Blumen zu schenken, ich mag einen guten Wein und Musik, mich mit ihr zu unterhalten und ihr nonstop Fragen über sie zu stellen und ihr niemals etwas über mich zu erzählen. Am Ende des Abends, wenn sie sagt: „Wow, du bist der interessanteste Mann, den ich jemals getroffen habe", weiß ich, dass ich Sex haben werde. Ich bin pragmatischer als ihr. Ich weiß, was mein Ziel ist. Ihr denkt, euer Ziel ist es, eine Frau zu bekommen. Wie viele von euch haben eine Frau bekommen und waren hinterher mit ihr glücklich?

Romantik betreibt man, um eine Frau dazu zu stimulieren, ihre Barrieren fallen zu lassen und euch zu geben, was ihr wollt. Man gibt sich selbst nicht auf, um die Frau zu bekommen. Ihr Typen würdet alles aufgeben, um eine Vagina zu bekommen. Wenn sie sagt: „Ich möchte, dass du wie ein Hund bellst", dann bellt ihr verdammt noch mal wie ein Hund. Ihr macht alles, was sie will, weil sie die Vagina hat.

Wie viel von euch habt ihr in eurem ganzen Leben für eine Vagina aufgegeben? Alles was das ist, mal Gottzillionen, werdet ihr all das zerstören und unkreieren? Right and Wrong, Good and Bad, POD and POC, All Nine, Shorts, Boys, and Beyonds.

Für wen oder was seid ihr gewillt euch aufzugeben, das euch, wenn ihr euch dafür nicht aufgeben würdet, erlauben würde, alles von euch zu haben? Alles was das ist, mal Gottzillionen, werdet ihr all das zerstören und unkreieren? Right and Wrong, Good and Bad, POD and POC, All Nine, Shorts, Boys, and Beyonds.

„ICH SCHEINE VERHEIRATETE FRAUEN ANZUZIEHEN"

Kursteilnehmer:

Ich scheine verheiratete Frauen anzuziehen, die mit mir einfach Spaß haben wollen und dann mache ich mich verkehrt dafür, dass ich ihnen meinen Körper gebe. Ich gehe in die Falschheit dessen hinein, was das hinterher mit dem Ehemann kreieren wird und so weiter. Ich wüsste gern, wie du das siehst und wie du damit umgehen würdest.

Gary:

Verheiratete Frauen, die mit ihrem Leben nicht glücklich sind, werden alles tun, um einen Mann zu bekommen, mit dem sie Sex haben können. Werden sie tatsächlich ihren Mann für dich verlassen? Das wäre dann ein *Nein*. Warum tun sie es? Sie wählen dich, weil du sicher bist und weil du nicht gewillt bist, ihnen gegenüber eine Verpflichtung einzugehen. Die verheirateten Frauen, die hinter dir her sind, sind eher männlich als weiblich in ihrer Ansicht. Die meisten Frauen werden eher hinter dem Ehemann einer anderen her sein. Bist du ein Ehemann?

Kursteilnehmer:
Nein.

Gary:
Bist du einfach ein Fick?

Kursteilnehmer:
Möglich, ja. Ich würde das gern nicht als etwas Falsches sehen und ein bisschen Spaß haben, aber ich denke immerzu daran, was das hinterher kreieren könnte für sie und ihre…

Gary:
Bist du ein humanoider Mann?

Kursteilnehmer:
Ich glaube.

Gary:
Humanoide Männer sind nicht gern hinter verheirateten Frauen her, weil sie einem anderen Mann nicht die Show vermasseln wollen.

Kursteilnehmer:
Ja.

Gary:

Aber du musst dir anschauen, was tatsächlich ist. Ist die Show bereits vermasselt? Ja oder nein?

Kursteilnehmer:

Ja.

Gary:

Ist es real, dass du ein Problem haben musst? Oder versuchst du, ein Problem zu kreieren, um zu rechtfertigen, dass du, als der humanoide Mann, der du bist, nicht glauben kannst, dass es richtig für dich sein könnte, Sex mit einer verheirateten Frau zu haben?

Kursteilnehmer:

Ja, das ist es.

Gary:

Du kreierst ein dämonenangereichertes Ereignis. Hier ist ein Prozess, den du laufen lassen musst. Er wird dir Klarheit darüber verschaffen, wenn eine verheiratete Frau hinter dir her ist, dass es deswegen ist, weil sie entschieden hat, dass sie aus ihrer Ehe heraus will und dich als die Quelle dafür sieht. Wenn das der Fall wäre, dann müsstest du einen Haufen Geld haben und einen gutbezahlten Job und du müsstest den Eindruck erwecken, als wärst du jemand, der mehr hat, als du hast. Trifft das zu?

Welche Verführung verwendet ihr, um die Herbeiführung des Todes zu kreieren, die ihr wählt? Alles was das ist, mal Gottzillionen, werdet ihr all das zerstören und unkreieren? Right and Wrong, Good and Bad, POD and POC, All

Nine, Shorts, Boys, and Beyonds.

Kursteilnehmer:
Na ja, ich habe einen wirklich guten Job.

Gary:
Bist du ein Hübscher?

Kursteilnehmer:
Es kommt darauf an, wessen Augen mich anschauen. Sicher. Schönheit liegt im Auge des Betrachters. Ich weiß nicht. Ich bin mir nicht sicher. Du müsstest sie fragen.

Gary:
Du musst zu dem stehen, was du bist und damit aufhören zu versuchen, das zu sein, von dem du glaubst, dass du es sein solltest. Wenn du nur ein Schwanz bist, der benutzt wird, dann sei ein Schwanz, der benutzt wird, und genieße es verdammt noch mal, benutzt zu werden. In Wirklichkeit ist es genau das, was die meisten jungen Typen sind. Verheiratete Frauen neigen dazu, hinter jungen Typen her zu sein, die sie als einen Schwanz betrachten, den sie benutzen können. Warum wählen sie sich einen hübschen Kerl? Weil sie ihre Ehemänner zuhause so fertig machen, dass die keinen Sex mehr haben wollen.

Ihr müsst gnadenlos ehrlich mit euch sein, Jungs, wenn es darum geht, was ihr seid. Wenn ihr ein Hurenbock seid, dann seid ihr ein Hurenbock. Daran ist nichts Falsches; es ist einfach etwas, das ihr seid. Hört auf damit zu versuchen, etwas zu kreieren, das nicht real für euch ist. Ihr müsst euch anschauen, was real für euch ist – nicht, was real für andere ist.

Welche Verführung verwendet ihr, um die Herbeiführung des Todes zu kreieren, die ihr wählt? Alles was das ist, mal Gottzillionen, werdet ihr all das zerstören und unkreieren? Right and Wrong, Good and Bad, POD and POC, All Nine, Shorts, Boys, and Beyonds.

Jedes Mal, wenn ihr in die Bewertung geht, geht ihr in den Tod. Ihr führt den Tod jedes Mal herbei, wenn ihr in die Bewertung geht.

GIBST DU DICH AUF?

Nehmt den Freund, von dem ich euch erzählt habe. Es handelt sich übrigens nicht um Dain. Das ist ein anderer Freund. Jeder denkt immer, dass ich von Dain spreche, wenn ich von einem Freund erzähle. Nein, tue ich nicht. Als dieser Typ etwas mit dieser Frau anfing, hatte er Ärger mit all den Leuten kreiert, denen er zugesagt hatte, etwas mit ihnen oder für sie zu tun. Er hatte sein eigenes Leben zugunsten dieser Frau und ihrer Ansicht darüber aufgegeben, was sie will. Das hat viel von der Vorwärtsbewegung in seinem Leben gestoppt, die Geld, Möglichkeit und Wahlen kreierte. Er hat ungefähr zwei Jahre gebraucht, um das wieder umzudrehen.

Jedes Mal, wenn ihr wählt, gegen euch selbst zu gehen, könnt ihr aus dem hinausverführt werden, was ein Gewahrsein für euch ist und ihr richtet euch die Dinge so ein, dass am Ende ihr alles aufgebt, was ihr begonnen habt, zugunsten dessen, was ihr bekommt. Ihr verliert eure gesamte Zukunft, wenn ihr das tut.

Welche Verführung verwendet ihr, um die Herbeiführung des Todes zu kreieren, wählt ihr? Alles was das ist, mal

Gottzillionen, werdet ihr all das zerstören und unkreieren? Right and Wrong, Good and Bad, POD and POC, All Nine, Shorts, Boys, and Beyonds.

Kursteilnehmer:

Gary, Ich habe einen „Oh, mein Gott" Moment. Ist es das, was ich im letzten Jahr getan habe?

Gary:

Ja, du hast versucht, dich der Person anzupassen, mit der du zusammen bist, um sie glücklich zu machen. Das ist eine Rechtfertigung; es ist nicht real. Du tust es nicht, um sie glücklich zu machen. Du tust es, um dich aufzugeben. Du tust es, um dich zu töten. Wie viel von euch ist euch wichtig? Wenig bis gar nichts.

Kursteilnehmer:

Na ja, offensichtlich war es mir nicht wichtig.

Gary:

Alles was das ist, mal Gottzillionen, werdet ihr all das zerstören und unkreieren? Right and Wrong, Good and Bad, POD and POC, All Nine, Shorts, Boys, and Beyonds.

Kursteilnehmer:

Wird dieser Verführungs-Prozess helfen, mich zurück in die Welt zu bekommen, um das zu generieren und zu kreieren, was ich gerne hätte?

Gary:

Hoffentlich. Du wirst zumindest in der Lage sein zu sehen, was du gerne hättest. Du wirst nicht zur Vorstellung verführt werden, dass „sie nicht glücklich über mich sein wird, wenn ich das mache." Du wirst dich nicht selbst dazu verführen, etwas nicht zu tun, als ob das sie glücklich machen würde. Es macht sie nicht glücklich. Nichts macht eine Frau glücklich, außer wenn sie beschließt, glücklich zu sein. Und nichts macht einen Mann glücklich, außer wenn er sich selbst für eine Vagina aufgibt. Er denkt, er ist glücklich, wenn er das tut, aber am Ende ist er im Arsch, elend und möchte sich umbringen. Wie funktioniert das für euch, meine Herren?

Kursteilnehmer:
   Nicht gut!

Gary:
   Welche Verführung verwendet ihr, um die Herbeiführung des Todes zu kreieren, wählt ihr? Alles was das ist, mal Gottzillionen, werdet ihr all das zerstören und unkreieren? Right and Wrong, Good and Bad, POD and POC, All Nine, Shorts, Boys, and Beyonds.

   Hat irgendeiner von euch jemals bemerkt, dass ihr in so eine Start-und-Stop-Sache mit eurem ganzen Leben hineingeratet, wenn ihr eine Beziehung anfangt? Ihr beginnt, irgendeinen Weg zu gehen, engagiert euch für eine Frau und kaum, dass ihr euch verseht, gebt ihr alles auf, was ihr angefangen habt zu kreieren, damit ihr mit ihr zusammensein könnt. Warum solltet ihr das tun?

   Für und an wen oder was seid ihr gewillt, euch aufzugeben, das euch, wenn ihr euch dafür oder daran nicht aufgeben würdet, erlauben würde, alles von euch zu haben? Alles was das ist, mal Gottzillionen, werdet ihr all das zerstören und unkreieren? Right and Wrong, Good and Bad, POD and POC, All Nine, Shorts, Boys, and Beyonds.

Warum seid ihr ohne eine Frau nicht vollständig?

Welche Dummheit verwendet ihr, um euch dagegen zu wehren, euch einer Frau oder einem Sexpartner vorzuziehen, wählt ihr? Alles was das ist, mal Gottzillionen, werdet ihr all das zerstören und unkreieren? Right and Wrong, Good and Bad, POD and POC, All Nine, Shorts, Boys, and Beyonds.

Wählt, was *ihr* wählen wollt. Wählt nicht, weil *sie* will, dass ihr wählt. Wählt, weil *ihr* wählen wollt.

Welche Dummheit verwendet ihr, um die Verführung der Herbeiführung des Todes zu kreieren, wählt ihr? Alles was das ist, mal Gottzillionen, werdet ihr all das zerstören und unkreieren? Right and Wrong, Good and Bad, POD and POC, All Nine, Shorts, Boys, and Beyonds.

EINIMPFUNG VON REALITÄTEN

Kursteilnehmer:
Dain hat neulich mit mir darüber gesprochen, wie ich mir die Realitäten anderer einimpfe. Ich greife mir die Realität eines anderen und mixe sie mit meiner.

Gary:
Einimpfung ist, wenn du all die Einzelteile von euch beiden zusammennimmst, sie in einen Mixer wirfst und dann versuchst dabei herauszubekommen, dass ihr beide völlig gleich seid. Das ist die Art und Weise, wie die meisten Leute versuchen, ihre Beziehungen zu kreieren.

Wir glauben, wir müssten eine Beziehung kreieren, indem wir unsere Realitäten vermischen und dabei dann etwas herausbekommen, das für uns beide genießbar ist. Ausgenommen, dass der einzige Teil, den du bekommst, ihre Scheiße ist und der einzige Teil, den sie bekommt, dein Gold ist. Die ganze Zeit nimmst du ihre Scheiße entgegen im Austausch für dein Gold. Was?

Kursteilnehmer:

Ist es das, was die Leute auch mit Familien tun?

Gary:

Das ist es, was die Leute mit Familien tun.

Kursteilnehmer:

Sekten?

Gary:

Sekten und Religionen – und alles, wo du versuchst, dich einzupassen. Unglücklicherweise sind die meisten von euch scheiße im Anpassen, weil ihr sehr viel mehr gewillt seid, Anführer zu sein als Anhänger. In Wirklichkeit seid ihr alle wie Kätzchen. Niemand kann euch kontrollieren, aber ich versucht immer weiter vorzutäuschen, dass ihr kontrolliert werden könnt. Es funktioniert nicht, aber wenn ihr glücklich damit seid, gut. Wenn es euch glücklich macht, meinetwegen. Verarscht euch selber immer weiter und fühlt euch gut dabei.

Es gibt auch das *Ausimpfen* und das bedeutet, dass ihr versucht, alle Teile von euch voneinander zu trennen, statt all die Einzelteile von euch zusammenzumixen. Ihr seid Öl und Wasser, statt Wahl.

Die *Verflechtung* der Seins ist, wenn ihr jemandem so nahe steht, dass ihr hört und wahrnehmt, was der andere nicht gewillt ist zu hören und wahrzunehmen. Dain und ich stehen einander sehr nahe und wenn er sich weigert zu sehen, was tatsächlich möglich ist, dann sehe und weiß ich es jedes Mal.

Für mich ist es so, dass ich sehe, wo die betreffende Person verstehen muss, was wirklich los ist und sich das von einem anderen Blickwinkel aus ansehen muss. Zum Beispiel habe ich den seltsamen Mist von den Mädchen aufgeschnappt, mit denen Dain Sex hatte. Es ging darum, dass sie nicht wollten, dass Dain mit irgendjemand anderem zusammen ist. Ich dachte dann: „Oh mein Gott, ich will nicht, dass Dain mit irgendjemand anderem zusammen ist" und dann habe ich gesagt: „Aber er ist ja nicht mit mir zusammen! Was ist das?"

Ich wusste, was er nicht gewillt war zu empfangen. Ich bin gewillt, eine Menge Dinge zu wissen. Ich wusste, dass der Typ im Kurs von der Frau zugeschleimt wurde. Ich konnte genau sehen, was vor sich ging, aber er wollte es nicht sehen, egal was man ihm gesagt hat, also habe ich meinen Mund gehalten und habe ihn den Weg dahin nehmen lassen, sich umzubringen, damit er diese Gelegenheit noch einmal haben könnte. Es war nicht seine beste Wahl. Diesen Weg solltet ihr nicht einschlagen.

Kursteilnehmer:
Und Wahl kreiert Gewahrsein.

Gary:
Wahl kreiert Gewahrsein. Er hat gewählt. Er hat jede Menge Gewahrsein bekommen. Es war nicht das Gewahrsein, das er wollte, aber er hat jede Menge Gewahrsein bekommen.

Welche Dummheit verwendet ihr, um die Einimpfung von Realitäten als Beziehung zu kreieren, wählt ihr? Alles was das ist, mal Gottzillionen, werdet ihr all das zerstören und unkreieren? Right and Wrong, Good and Bad, POD and POC, All Nine, Shorts, Boys, and Beyonds.

Vor Jahren, als ich mich scheiden ließ, gab es da diese Dame, die meinte: „Ich kann es gar nicht abwarten, bis wir Zeit miteinander verbringen können."

Ich fragte: „Was meinst du damit?"

Sie sagte: „Na, ich denke wir werden von jetzt an 75% unserer Zeit miteinander verbringen."

Ich sagte: „75% unserer Zeit? Lass mal sehen, an einem Tag mit 24 Stunden bedeutet das, ich verbringe 18 Stunden mit dir? Ich habe keine Lust, 18 Stunden mit irgendjemandem zu verbringen. Ich will nicht 18 Stunden mit jemandem verbringen."

Wie viele Stunden würdet ihr tatsächlich gern mit jemandem verbringen – und die ganze Zeit vollkommen präsent mit demjenigen zu sein? Wenn ihr mehr als zweieinhalb Stunden sagt, dann lügt ihr.

Kursteilnehmer:
Ja. Zwei oder drei Stunden.

Kursteilnehmer:

Dreieinhalb Stunden pro Woche.

Gary:

Die Zeit, die ihr mit jemandem verbringen wollt, ist etwa 10% der Zeit, die ihr am Tag habt, denn das bedeutet, dass ihr total präsent für sie seid. Sie sind total präsent für euch. Wie viele von euch können total präsent für jemanden sein, ohne Bewertung, ohne Schlussfolgerung, ohne Betrachtungsweise, einfach da sein, vollkommen in der Frage und in eurer Präsenz? Wie viele von euch können das länger als zweieinhalb Stunden?

Kursteilnehmer:

Zweieinhalb Stunden scheint ziemlich lang zu sein.

Gary:

Die meisten von euch wollen mit jemandem zusammensein, bis ihr kommt und dann seid ihr bereit, wieder zu gehen.

Welche Verführung verwendet ihr, um die Herbeiführung des Todes zu kreieren, die ihr wählt? Alles was das ist, mal Gottzillionen, werdet ihr all das zerstören und unkreieren? Right and Wrong, Good and Bad, POD and POC, All Nine, Shorts, Boys, and Beyonds.

SEI EHRLICH IN BEZUG DARAUF, WO DU DICH IN DEINEM LEBEN BEFINDEST

Gary:

Jungs, seid ehrlich zu euch selbst. Wenn ihr ein Schwanz

seid, der nach einem Ort sucht, wo er loslegen kann, dann seid ihr ein Schwanz, der nach einem Ort sucht, wo er loslegen kann. Das macht es nicht falsch oder richtig oder irgendetwas anderes. Es heißt nur, dass ihr ein Schwanz seid, der nach einem Ort sucht, wo er loslegen kann.

Ihr müsst ehrlich sein in Bezug darauf, wo ihr euch in eurem Leben befindet, welche Art von Person ihr seid, was wirklich wichtig für euch ist, was ihr kreieren wollt. Wenn ihr gewillt seid, das zu tun, dann fragt ihr: „Okay, wie kann ich das nutzen?" statt: „Wie kann ich mich damit missbrauchen?" Ein Fickmeister zu sein und ein Hurenbock wird in dieser Realität als etwas Schlechtes angesehen, aber was, wenn das die größte Macht wäre, die euch zur Verfügung stünde? Wenn ihr gewillt wärt, von der Ansicht der großartigsten Möglichkeit und der großartigsten Wahl aus zu arbeiten, statt von der Falschheit eurer Ansicht aus, was sonst wäre dann möglich?

Kursteilnehmer:

Es ist, als ob ich die Aussage „Ich bin ein Hurenbock" als Rechfertigung dafür benutzen würde, mich selbst umzubringen.

Gary:

Ja, du verwendest „Hurenbock" als Rechtfertigung, statt zu sagen: „Okay, ich bin ein Hurenbock. Ich werde Sex mit jedem haben. Wie kann ich das verwenden, um mein Leben zu kreieren?" Und nicht: „Wie kann ich das verwenden, um mein Leben zu zerstören und mich umzubringen?"

Alles was das ist, mal Gottzillionen, werdet ihr all das

zerstören und unkreieren? Right and Wrong, Good and Bad, POD and POC, All Nine, Shorts, Boys, and Beyonds.

Du bist ein Fickmeister. Es ist einfach das, was du bist. Du kannst das benutzen, um deinen Tod herbeizuführen, oder du kannst es benutzen, um dein Leben zu kreieren. Auf welche Weise hast du es benutzt?

Kursteilnehmer:

Um den Tod herbeizuführen.

Gary:

Ja. Nicht deine beste Wahl, oder?

Kursteilnehmer:

Um mein Leben zu kreieren. Wie würde das aussehen?

Gary:

Frag: Wie kann ich ein Hurenbock zu sein dazu verwenden, mehr im Leben zu kreieren, nicht weniger? Wen kann ich ficken, der mein Universum ausdehnen wird, mir das Leben gibt, das ich will und alles zum Funktionieren bringt? Statt in die Frage zu gehen, was dein Leben kreieren wird, fragst du, was dazu führt, dass du flachgelegt wirst, denn das Ficken ist zum wertvollen Produkt geworden – nicht die Tatsache, dass du ficken kannst, nicht die Tatsache, dass du süß bist und die Leute zum Ficken verlockst, nicht die Tatsache, dass du dich verdammt gut genießen kannst. Du machst es zu deinem endgültigen Ziel, flachgelegt zu werden, zum Ziel von allem. Die meisten Männer tun das.

Kursteilnehmer:

Ich muss lachen. Ich sehe das so deutlich.

Gary:

Kreation hört in dem Moment auf, sobald du zu der Vollendung kommst von „Diese Frau wird Sex mit mir haben." Du schaust dir nicht die Frage an: „Wie kann ich das zu meinem Vorteil verwenden?" Ich hasse es, euch das zu sagen, meine Herren, aber Frauen mögen es genauso gern wie Männer, flachgelegt zu werden. Sie wollen einfach nur die Romantik, um in der Lage zu sein, das zu wählen.

WIE KANN ICH ES ZU MEINEM VORTEIL NUTZEN, EIN WIDERLING ZU SEIN?

Gary:

Zum Beispiel machen einige von euch auf Widerling. Funktioniert das normalerweise für euch? Nein, tut es nicht. Also müsst ihr fragen: „Wie kann ich es zu meinem Vorteil nutzen, ein Widerling zu sein?" Wenn ihr Humor hinzufügen würdet, dann könntet ihr das zu eurem Vorteil verwenden. Wenn ihr den Spaß und das Spiel darin sehen könntet, wenn ihr die Möglichkeiten damit sehen könntet, statt die Zerstörung, die Schlechtigkeit, das Schreckliche daran oder irgend so ein Zeug, würde sich dann eine andere Realität zeigen?

Kursteilnehmer:

Kannst du mir ein Beispiel dafür geben?

Gary:

Wenn du mit Humor auf Widerling machst, werden die Leute denken, dass du nicht wirklich ein Widerling bist. *Widerling* bedeutet, dass du Mädchen anschleimst. Du fragst: „Hey, kann ich meine Hosen runterlassen und dir meinen Penis zeigen? Möchtest du ihn nicht haben, jetzt, wo du ihn gesehen hast?" Und die Frauen sagen: „Igitt!" Du hast dir nicht angeschaut, wie du das auf eine andere Weise verwenden kannst. Was, wenn du etwas anderes tun würdest, als ein schmieriger Typ bei den Frauen zu sein und ihnen zu erklären: „Du wirst Sex mit mir haben wollen."

Es geht nicht darum, die Tatsache zu verändern, dass du auf Widerling machst. Es geht darum, zu erkennen, wie du es zu deinem Vorteil benutzen kannst. Was ich versuche, dir zu sagen, ist die Tatsache, dass du auf Widerling machst und es verschafft dir nicht die Ergebnisse, die du willst. Was müsstest du also anderes sein oder tun, um die Resultate zu erzielen, die du wirklich willst? Wie könntest du damit anders sein oder umgehen?

Frage: Wie kann ich das auf eine andere Art und Weise verwenden? Du musst lernen, es auf eine Weise zu verwenden, die für dich funktioniert. Derzeit verwendest du es auf eine Weise, die nicht funktioniert. Du musst dir klar darüber werden, was du willst. Willst du eine Beziehung? Willst du einfach nur flachgelegt werden? Wenn du einfach nur flachgelegt werden willst, mach einen Haufen Geld und engagiere eine Prostituierte. Das ist unbelastet. Oder werde schwul, denn das ist auch unbelasteter Sex.

Das gilt für alles. Wenn du gut aussiehst, musst du anerkennen, dass du attraktiv bist und fragen: „Wie kann ich das verwenden, um mein Leben zu kreieren?", nicht: „Wie kann ich das verwenden, um eine Frau zu bekommen?" Du benutzt dein gutes Aussehen, um eine Frau zu bekommen und dann zerstörst du dein Leben, um sie zu haben. Du verwendest dein Aussehen, um dich umzubringen. Du wirst verführt durch die Tatsache, dass dein Aussehen dir Sex verschafft, also verführst du jemanden dazu, dich flachzulegen, um dich umzubringen.

Welche Verführung verwendet ihr, um den Tod herbeizuführen, den ihr wählt? Alles was das ist, mal Gottzillionen, werdet ihr all das zerstören und unkreieren? Right and Wrong, Good and Bad, POD and POC, All Nine, Shorts, Boys, and Beyonds.

Welche Dummheit verwendet ihr, um die Verteidigung gegen das unwirkliche, unglaubliche, fantastische und phänomenale Du zu kreieren, das du bist, statt flachgelegt zu werden, wählt ihr? Alles was das ist, mal Gottzillionen, werdet ihr all das zerstören und unkreieren? Right and Wrong, Good and Bad, POD and POC, All Nine, Shorts, Boys, and Beyonds.

DEINE SEXUELLE ENERGIE NUTZEN

Kursteilnehmer:
Ich sehe mich selbst nicht als Fickmeister oder Widerling. Könntest du mir helfen, herauszufinden, was es für mich ist, das ich nutzen könnte, um mein Leben zu kreieren?

Gary:
Versuchst du dich selbst als hochgradig sexuell oder

asexuell zu kreieren?

Kursteilnehmer:
Asexuell im Moment.

Gary:
Okay, also alles, was du getan hast, hat dazu gedient, dich asexuell zu machen. Wenn du versuchst, dich selbst asexuell zu machen, versuchst du dann die sexuelle Energie, die du hast, verschwinden zu lassen, damit du nicht zu einer Beziehung verführt wirst, die nicht mehr funktioniert? Oder versuchst du, dich asexuell zu machen, damit du keine Probleme in der Welt der anderen kreierst?

Kursteilnehmer:
Letzteres.

Gary:
Alles was das ist, mal Gottzillionen, werdet ihr all das zerstören und unkreieren? Right and Wrong, Good and Bad, POD and POC, All Nine, Shorts, Boys, and Beyonds.

Wenn du versuchst, dich asexuell zu machen, als ob das keine Probleme in der Welt der anderen Leute kreieren würde, dann verlockst du einen ganzen Haufen Leute zu dem Versuch, dich zu verführen, was der Teil ist, den du magst. Magst du es nicht, wenn die Leute versuchen, dich zu verführen und du *nein* sagen kannst?

Kursteilnehmer:
Ja.

Gary:

Du magst es, in der Lage zu sein, *nein* zu sagen: „Nein, ich bin nicht diese Art Frau...ich meine Mann. Ich werde das nicht so billig hergeben. Ich bin kein billiges Flittchen. Ich bin kein Widerling. Ich bin ein guter Junge."

Kursteilnehmer:

Wenn man also auf asexuell macht, bringt es die Leute dazu, einen verführen zu wollen? Ist das einfach Einschüchterung?

Gary:

Totale Sexualness kann Einschüchterung sein. Wenn ihr gewillt seid, total sexuell zu sein und eure Sexualness als eine Art verwendet, andere einzuschüchtern, dann öffnet sich eine vollkommen neue Welt. Ich habe einmal einen Sex-Kurs gegeben und ein wirklich hübsches, junges Ding schaute mich an und sagte: „Ich könnte meinen Lederriemen nehmen und es dir besorgen."

Ich fragte: „Glaubst du wirklich, dass du mich schaffst, Schätzchen?" und das hat sie total verunsichert. Sie übte Sex als Gewalt aus. Sie übte Sex nicht als Realität aus. Ihr müsst dahin kommen, wo ihr erkennt, dass Sex als Realität ein vollkommen anderes Universum ist. Sex als Realität ist: „Wen kann ich mit meiner sexuellen Energie einschüchtern? Wen kann ich mit meiner sexuellen Energie einladen? Wenn kann ich in mein Leben bringen, der mich nicht umbringen wird? Und mit wem kann ich kreieren, der mehr von dem Leben kreieren würde, das ich wirklich gern hätte?"

Viele Leute verwenden ihre sexuelle Energie, um Kunst und Literatur zu kreieren; sie sublimieren ihre sexuelle Energie für Kopulation und verwenden sie stattdessen auf künstlerische Weise, als ob das alles für sie regeln würde. Sexuelle Energie ist nicht die *Quelle* der Kreation; sie ist ein *Beitrag* dazu. Ihr solltet eure sexuelle Energie ausdehnen, damit sie ein Beitrag für alles sein kann, das ihr fähig seid zu kreieren, ob das nun Kunst, Literatur, Malen, Musik oder irgendetwas anderes ist.

Ihr müsst die Bereitschaft haben, sexuell einschüchternd zu sein und das bedeutet, anstatt zu sagen: „Oh, sie will mich. Cool. Ich bin so froh, dass sie mich will. Ich lasse zu, dass sie ihre Schneckenspuren überall auf meinem Körper hinterlässt, so dass mich niemand anderer berühren wird", fragt ihr: „Glaubst du wirklich, dass du mich befriedigst, Baby? Ciao. Bis später. Ich habe einiges zu tun, muss Leute treffen und habe Termine!" und nicht: „Ja. Ich gebe mein Leben für dich auf."

Alles was das ist, mal Gottzillionen, werdet ihr all das zerstören und unkreieren? Right and Wrong, Good and Bad, POD and POC, All Nine, Shorts, Boys, and Beyonds.

Die meisten von euch wollen sexuell nicht einschüchternd sein, denn ihr denkt, wenn ihr sexuell einschüchternd seid, wird euch niemand wollen. Nein, die, mit denen es Spaß macht, werden euch wollen.

Wenn ihr sexuell einschüchternd seid, seid ihr niemals gewillt, weniger zu sein, weil ein anderer die Sexualness, die ihr seid, nicht empfangen kann. Wenn ihr sexuell einschüchternd seid, müssen die Leute wählen, ob oder ob sie nicht mit euch zusammensein wollen, statt dass ihr versuchen müsst, die anderen zu etwas zu verführen, was sie nicht tun wollen. Wenn ihr versucht, sexuell nicht einschüchternd zu sein, dann versuchen die Leute herauszufinden, was ihr von ihnen wollt, statt in der Lage zu sein, zu wählen, was sie wollen. Wenn ihr gewillt seid, sexuell einschüchternd zu sein, dann wissen die anderen, was ihr von ihnen wollt und sie können wählen, ob sie das tun wollen – oder nicht.

Wie oft wart ihr nicht gewillt, sexuell einschüchternd zu sein? Und überall, wo ihr entschieden habt, dass sexuell einschüchternd zu sein etwas Falsches ist, werdet ihr all das zerstören und unkreieren? Right and Wrong, Good and Bad, POD and POC, All Nine, Shorts, Boys, and Beyonds.

Wenn ihr eine wirklich gute sexuelle Erfahrung gemacht habt, werden die meisten von euch das beim nächsten Mal runterschrauben, um sicherzustellen, dass ihr die Person nicht verliert.

Alles was das ist, mal Gottzillionen, werdet ihr all das zerstören und unkreieren? Right and Wrong, Good and Bad, POD and POC, All Nine, Shorts, Boys, and Beyonds.

Ihr habt lieber eine lahme Ente, die euch will, statt jemanden, mit dem es Spaß machen würde und der euch, verdammt noch mal, genießen würde und es genießen würde, euch zu ficken. Und wenn ihr sagt, dass ihr nicht tun wollt, was der andere von euch will, sagt er: „Oh, okay. Ich tue, was immer du willst."

Dain wurde endlich auch sexuell einschüchternd. Als die Dame sagte, sie würde gern zwei Tage mit ihm verbringen, sagte er: „Nein, ich möchte keine zwei Tage mit dir verbringen." Am nächsten Tag hat sie ihm eine SMS geschrieben und gesagt: „Du hast recht. Ich möchte einfach nur mit dir zusammensein. Wie viel Zeit auch immer ich bekomme, ist eine solche Einladung, ein solcher Beitrag. Ich will das haben." Wenn ihr nicht gewillt seid, euch der Welt der anderen Leute anzupassen, werden sie sich an eure anpassen. Hört damit auf, Stiefmütterchen zu sein.

Alles, was ihr getan habt, um euch als Stiefmütterchen zu kreieren, wo jeder an euch riechen oder euch lecken kann, werdet ihr all das zerstören und unkreieren? Right and Wrong, Good and Bad, POD and POC, All Nine, Shorts, Boys, and Beyonds.

Kursteilnehmer:

Wenn ich also Asexualness wähle, verführe ich mich dann selbst in die Herbeiführung des Todes?

Gary:

Ja. Du verführst dich selbst zum Tod. Das ist es, was Asexualness ist. Du hast keine Sexualität. Du hast weder Mann noch Frau noch irgendetwas in deinem Leben. Du hast keine sexuelle Energie in deinem Körper. Wie kannst du deinen Körper heilen, wenn du keine sexuelle Energie hast?

Kursteilnehmer:

Das kann man nicht.

WAS KREIERST DU MIT DEINER SEXUELLEN ENERGIE?

Gary:

Sexuelle Energie ist kreative Energie. Ihr müsst die sexuelle Energie wieder einschalten, aber ihr müsst sie nicht dazu verwenden, um flachgelegt zu werden.

Kursteilnehmer:

Nein, ich kann sie dazu verwenden, mein Leben zu kreieren und zu generieren. Welche Fragen kann ich also von hier aus stellen?

Gary:

Frag: Welche Verführung verwende ich, um den Tod herbeizuführen, den ich wähle? Du verführst dich selbst in die Asexualness, als ob das dein Leben kreieren würde. Nein, das wird deinen Tod kreieren.

Du musst dir anschauen, was du mit deiner sexuellen Energie kreierst. Wenn du ein Fickmeister bist, dann denkst du, dass du dein Leben kreierst, solange du dreimal am Tag flachgelegt wirst. Nein, du kreierst deinen Penis. Du kreierst nicht dein Leben. Das Leben ist kein Penis. Es muss nicht ständig hart sein, damit du es genießen kannst. Du musst anfangen, dir diese Dinge aus einem anderen Blickwinkel anzuschauen und damit beginnen, zu fragen: Was würde ich wirklich gern als mein Leben kreieren?

Als diese Dame zu mir sagte: „Wir können 75% unserer Zeit gemeinsam verbringen", musste ich mir das klar und lange anschauen und fragen: „Wünsche ich mir wahrhaftig eine Beziehung?" Sie hat sich das gewünscht. Sie war übrigens verheiratet und wollte ihren Mann für mich verlassen. Als ich mir das anschaute, wurde mir klar, dass sie nicht an mir interessiert war. Sie war daran interessiert, dass ich an ihr interessiert war. Was ist der Unterschied?

Kursteilnehmer:
Das ist der Raum von dir, wo du nicht gewillt bist, dich selbst aufzugeben.

Gary:
Ich bin nicht gewillt, mich für irgendjemanden aufzugeben, für jede beliebige Geldsumme oder für irgendetwas anderes.

Für wen oder was seid ihr gewillt, euch aufzugeben, das euch, wenn ihr euch dafür nicht aufgeben würdet, erlauben würde, alles von euch zu haben? Alles was das ist, mal Gottzillionen, werdet ihr all das zerstören und unkreieren? Right and Wrong, Good and Bad, POD and POC, All Nine, Shorts, Boys, and Beyonds.

GROSSARTIGER SEX

Ein Typ hat mir von einer großartigen sexuellen Erfahrung erzählt, die er hatte. Er fragte: „Was bräuchte es, mehr davon zu haben?" Wenn ihr großartigen Sex erfahrt, dann solltet ihr statt zu fragen: „Was bräuchte es, mehr davon in meinen Leben zu haben?" lieber das versuchen: „Was bräuchte es, damit ich diese Energie bei den Leuten wahrnehmen kann?" Ihr müsst gewillt sein, die Energie, die großartigen Sex kreiert, bei den Leuten wahrzunehmen.

Kursteilnehmer:
Und sie zu wählen.

Gary:
Ja, und das zu wählen, was sie kreieren wird. Ihr kreiert alle die dämlichen Standards, basierend auf der Ansicht von irgendjemandem, was eine attraktive Person ist. Ich kann eine Frau mit einem schönen Körper sehen oder einen Mann mit einem schönen Körper und sagen: „Oh wow, schön! Würde es Spaß machen, mit der Person Sex zu haben?" Nein? Okay. Schöner Körper. Schön anzusehen. Unglaublich verführerisch – und nutzlos aus meinem Blickwinkel.

Ihr Jungs seht einen schönen Körper, ein paar schöne Titten oder was immer es auch ist, was euch auf Touren bringt und…warum ist das so, dass ihr etwas seht, das euch antörnt, statt dass ihr einfach so angetörnt seid, dass ihr alle anderen antörnt?

Kursteilnehmer:
Ist die erste Art des angetörnt Seins die Verführung in die Herbeiführung des Todes?

Gary:
Ja. Es ist die Verführung zur Herbeiführung des Todes, denn die Person, von der ihr angetörnt seid, ist diejenige, die den Tod in euch herbeiführen wird.

Alles was das ist, mal Gottzillionen, werdet ihr all das zerstören und unkreieren? Right and Wrong, Good and Bad, POD and POC, All Nine, Shorts, Boys, and Beyonds.

Ihr seid alle sehr süß, aber ihr habt einen einstelligen IQ und der hängt zwischen euren Beinen.

Kursteilnehmer:

Ich schätze diesen Call wirklich sehr. Diese Calls sind erstaunlich.

Gary:

Wenn ich nur ein oder zwei von euch zu dem Punkt bringe, wo ihr tatsächlich ein bisschen Spaß haben und euer Leben kreieren könnt, während ihr immer noch in der Lage seid, ein Fickmeister, ein Hurenböckchen oder ein Widerling zu sein, dann war es das wert.

MACH DIE BEWERTUNGEN DER ANDEREN LEUTE NICHT WAHR

Jungs! Ich liebe euch, aber ihr seid einfach verdammt bescheuert. Wenn jemand versucht, euch ins Unrecht zu setzen, weil ihr seid, was ihr seid, dann macht das nicht falsch. Sagt: „Ja, danke" oder: „Heilige Scheiße! Verarschst du mich?" Ihr habt euch falsch gemacht für eine eurer besten Eigenschaften. Statt sie *für* euch zu verwenden, habt ihr sie *gegen* euch verwendet. Als die Leute mir erzählt haben, dass ich ein perverses Hurenböckchen bin, habe ich gesagt: „Ja, bin ich!"

Sie meinten: „Na ja, das ist nichts Gutes."

Und ich habe gesagt: „Basierend worauf? Es funktioniert für mich."

Kursteilnehmer:

Also kreieren wir die Herbeiführung des Todes, um die Ansicht von jemand anderem zu bestätigen?

Gary:

Ja, um die Ansicht von jemandem zu bestätigen, dass ihr verkehrt seid. Ihr seid nicht verkehrt; ihr seid einfach Hurenböcke. An einem Hurenbock ist nichts Falsches. Ein Hurenbock ist einfach ein Hurenbock.

Kursteilnehmer:

Achtung! Hier kommt das Hurenböckchen!

Gary:

Gut, jetzt kommen wir langsam voran! Ich werde euch Hurenböckchen nennen, statt asexuell.

Kursteilnehmer:

All das basiert darauf, dass wir die Bewertungen anderer Leute bestätigen?

Gary:

Es basiert alles darauf, dass wir die Ansicht dieser Realität bestätigen – die Bewertungen der Realität der anderen. Ich würde sagen: „Okay, was also, wenn ich ein Hurenböckchen wäre?" Wenn die Leute eine Bewertung über euch haben, dann macht ihr diese Bewertungen real und wahr. Diesen Weg bin ich nie gegangen. Ich würde fragen: „Was? Aus welchem Grund solltet ihr denken, dass das gut oder schlecht oder falsch oder richtig ist und aus welchem Grund würdet ihr diesen anderen Blickwinkel nicht sehen?"

Als ich in der Highschool war, war ich ein guter Tänzer und ich habe gut ausgesehen. Ich wusste nicht, dass ich gut aussah, aber es war so. Vom ersten Jahr an, wurde ich zu jedem Abschlussball der Oberstufe eingeladen. Ich wurde von den hässlichsten Mädchen der Welt eingeladen, aber das hat mich nicht gestört. Ich hatte vor, als Jungfrau in die Ehe zu gehen und ich kam bei den hässlichen Frauen nicht in Versuchung, Sex mit ihnen zu haben. Ich habe sie ausgeführt, mit ihnen getanzt und sie haben sich als etwas ganz Besonderes und schön gefühlt und das war in Ordnung.

Alles was das ist, mal Gottzillionen, werdet ihr all das zerstören und unkreieren? Right and Wrong, Good and Bad, POD and POC, All Nine, Shorts, Boys, and Beyonds.

Als ich schließlich entschieden hatte, dass ich meine Jungfräulichkeit aufgeben würde und nicht mehr bis zu meiner Heirat warten würde, hatte ich es auf eine Frau abgesehen, die an meiner Arbeitsstelle als die größte Schlampe angesehen wurde. Sie hat jeden Typen flachgelegt. An keinem hatte sie Interesse. Also habe ich sie unterhalten. Ich habe sie angelächelt, mit ihr gesprochen, ich war witzig, ich war reizend, ich war toll. Ich habe Energie von ihr gezogen und ich habe sie niemals um eine Verabredung gebeten. Drei Monate lang habe ich sie nicht um eine Verabredung gebeten. Dann habe ich es schließlich doch getan und wir hatten den besten Sex! Ich habe gelernt, wie man Sex in jeder nur möglichen Stellung haben kann. In jedem Auto, auf jedem Möbelstück, überall zu jeder Zeit. Es war wundervoll. Sie war ein Mädchen, das Sex genossen hat und ich war an jemandem interessiert, der Sex genoss. Meine Kriterien waren: Wird es leicht sein? Wird es Spaß machen? Und werde ich etwas lernen? Und nicht: Kann ich mich selbst aufgeben und für diese Frau sterben, damit sie weiß, wie sehr ich sie liebe?

Bitte lasst das den ganzen nächsten Monat laufen:

Welche Verführung verwende ich, um den Tod herbeizuführen, den ich wähle? Alles was das ist, mal Gottzillionen, werdet ihr all das zerstören und unkreieren? Right and Wrong, Good and Bad, POD and POC, All Nine, Shorts, Boys, and Beyonds.

Ich kann euch garantieren, dass jede Frau, die ihr so verführerisch findet, dass ihr nicht an ihr vorbeigehen könnt, dafür gemacht ist, euren Tod herbeizuführen. Ja, sie wird eure Agenda ausdehnen, aber sie ist nicht dafür gemacht, um eure Möglichkeiten zu kreieren.

Wendet die Fragen an:

Wenn ich das wähle, wie wird mein Leben in fünf Jahren sein?

Wenn ich das nicht wähle, wie wird mein Leben in fünf Jahren sein?

Und seid zur Abwechslung mal ehrlich. Ihr rechnet euch aus, dass euer Leben besser werden wird, wenn ihr flachgelegt werdet. Nein, es wird nicht besser werden. Es wird mehr von dem gleichen Zeug werden, das ihr kreiert habt und das nicht funktioniert hat. Gebt keinen Teil eures Lebens für irgendjemand anders auf, denn wenn ihr das tut, dann gebt ihr jegliche Zukunft auf, die ihr begonnen habt zu kreieren und ihr müsst wieder von Null anfangen. Ich liebe euch alle. Das war es für heute.

Kursteilnehmer:

Danke, Gary.

Gary:

Danke euch. Ihr Jungs seid brav. Und jetzt seid böse. Das macht viel mehr Spaß. Bis dann.

6
Was ersehnst du dir wirklich?

**Dein Gewahrsein kann eine Beziehung kreieren, wenn du das willst.
Es kann alles kreieren, was auch immer du dir ersehnst, aber du musst es dir ersehnen.
Die Frage ist: Was ersehnst du dir wirklich?**

Gary:
Hallo, meine Herren. Hat irgendwer eine Frage?

WAS, WENN JEDER GEWILLT WÄRE, EIN HURENBOCK ZU SEIN?

Kursteilnehmer:
Beim letzten Call hast du gesagt, dass es nicht verkehrt ist, ein Hurenbock und ein Fickmeister zu sein. Ich habe immer die Ansicht abgekauft, dass ein Hurenbock oder ein Fickmeister zu sein falsch ist und dass ein netter, ordentlicher Gentleman das nicht sein oder tun würde.

Kannst du ein bisschen mehr darüber sagen?

Gary:

Was macht dich zu einem Gentleman? Wie zart du ihn reinschiebst, während er hart ist? Wenn jeder gewillt wäre, ein Hurenbock zu sein, hätten wir eine sehr viel einfachere Welt, aber alle versuchen, in der Bewertung dessen zu sein, „wie angemessen" sie sein sollten. Sie denken, wenn sie das Angemessene und Korrekte tun könnten, dann hätten sie keine Probleme. Aber die Probleme existieren nicht deshalb, weil ihr ein Hurenbock oder ein Fickmeister seid. Die Probleme existieren wegen der Bewertungen, die die Leute als Waffe gegen euch verwenden.

Wie viele von euch hatten jemanden, der seine Bewertung eurer sexuellen Energie gegen euch verwendet hat? Jedes Mal, wenn sexuelle Energie hochkommt, ist das Erste, was ihr tut, in die Falschheit von euch zu gehen, denn das ist, was die Bewertung euch sagte zu tun.

Alles was das ist, mal Gottzillionen, werdet ihr all das zerstören und unkreieren? Right and Wrong, Good and Bad, POD and POC, All Nine, Shorts, Boys, and Beyonds.

WAS WILLST DU IN DEINEM LEBEN?

Ihr verbrachtet so viel Zeit damit, unrecht zu haben mit allem, was ihr gewählt habt. Ihr fragt nicht: „Was will ich hier wirklich kreieren?" Was, wenn ihr gewillt wärt, euch anzuschauen, was tatsächlich möglich ist?

Ihr müsst fragen: „Wahrheit, ersehne ich mir eine Beziehung? Oder möchte ich gern nur Sex? Und was bin ich bereit, dafür zu zahlen, dass ich den Sex habe, den ich will?"

Dain:

Wenn ihr fragt: „Ersehne ich mir eine Beziehung?" dann sagt ihr vielleicht: „Na ja, nicht unbedingt, aber ich mag den Sex. Ich gehe auch gerne zu Verabredungen und spiele oder kuschele gerne. Aber sobald es um Beziehung geht, dann ist das harter Tobak. Da sind einfach eine Menge Verpflichtungen." Ich glaube nicht notwendigerweise, dass Sex für viele von uns genug ist. Wir neigen auch dazu, gern mit Leuten zusammenzusein. Wo stehen wir also?

Gary:

Ihr müsst euch anschauen, was ihr wirklich gern für euch kreieren würdet. Was wollt ihr in eurem Leben haben? Wie wäre es, wenn ihr in der Lage wärt, alles zu haben, was ihr euch ersehnt?

Dain:

Und was wäre das? Wir neigen dazu, es darauf zu beschränken: „Willst du nur Sex oder willst du eine Beziehung?" Gibt es da nicht noch etwas anderes? Gibt es da nicht noch ein breiteres Spektrum an Möglichkeiten?

Gary:

In dieser Realität gibt es kein breiteres Spektrum von Realität.

Dain:

Richtig. Ist das ein Teil der Ursache, weshalb es so herausfordernd und schwierig für uns ist – weil wir immer denken, dass es ein Entweder-Oder sein sollte, da jeder Mann dazu tendiert, es dort anzusiedeln?

Gary:

Ihr denkt, die einzige Wahl, die ihr habt, ist das Entweder-Oder von jedermanns Ansicht zu sein. Ihr nehmt an, dass irgendein Problem oder eine Unrichtigkeit, an der Art, wie ihr seid, existiert. Ihr müsst fragen: Was wäre die tollste Sache, die ich in meinem Leben haben könnte? Unglücklicherweise sehe ich, wie die meisten Leute versuchen herauszufinden, was sie nicht haben *sollten*, statt was sie haben *können*.

Dain:

Ich denke, das tun wir alle. Da gibt es einen Ort in unserer Welt, wo wir mitmachen, etwa im Bereich Sex und Beziehung, und wir finden jemanden und haben Sex. Dann haben wir noch ein paar Mal Sex mit dieser Person und plötzlich, bevor wir auch nur merken, dass es passiert ist, wird es schwierig und es macht keinen Spaß mehr. Es gibt Verpflichtungen. Wir sagen: „Warte mal. Wie sind wir hierhin gekommen? Bis vor Kurzem war alles ganz leicht und jetzt sind wir an diesem unmöglichen Ort. Was passiert da?" Wir versuchen, mehr von uns abzuschneiden, um diesen unmöglichen Ort verschwinden zu lassen, an dem wir uns wiederfinden, statt zu erkennen, wenn wir es vorher anerkannt hätten, dass wir nicht unbedingt dahin hätten gehen müssen.

GEWAHRSEIN WÄHLEN

Gary:

Statt Gewahrsein zu wählen, wählt ihr, euer Gewahrsein abzuschneiden.

Überall, wo ihr gewählt habt, euer Gewahrsein abzuschneiden, statt es zu wählen, als ob das Abschneiden eine großartigere Quelle der Wahl wäre, werdet ihr all das zerstören und unkreieren? Right and Wrong, Good and Bad, POD and POC, All Nine, Shorts, Boys, and Beyonds.

Überall, wo ihr gewählt habt, euer Gewahrsein abzuschneiden, als ob das Abschneiden eine großartigere Quelle der Wahl wäre, werdet ihr all das zerstören und unkreieren? Right and Wrong, Good and Bad, POD and POC, All Nine, Shorts, Boys, and Beyonds.

Ihr macht Frauen unergründlich. Wie viele von euch haben erkannt, dass ihr dazu neigt, Frauen als eine Art von unergründlichem Ding zu sehen, dass ihr nicht begreifen könnt? Ihr fragt nicht:

- Was kann ich bei dieser Frau begreifen?
- Wessen kann ich gewahr sein?
- Was kann ich wissen?

Welche Dummheit verwendet ihr, um euch total gegen die unergründlichen Frauen, Sex, Kopulation und Beziehungen zu verteidigen, die ihr wählt? Alles was das ist, mal Gottzillionen, werdet ihr all das zerstören und unkreieren? Right and Wrong, Good and Bad, POD and POC, All Nine, Shorts, Boys, and Beyonds.

Ihr habt euer ganzes Leben mit dem Versuch verbracht herauszufinden, wie ihr mit Frauen umgehen sollt, aber ihr scheint sie nicht ergründen zu können, tief genug gehen zu können, um herauszubekommen, was es ist. Das Ganze wird zu einem unfassbaren Ort. Ihr könnt nicht tief genug gehen, um zu verstehen oder zu begreifen, worüber sie sprechen.

Welche Dummheit verwendet ihr, um euch total gegen die unergründlichen Frauen, Sex, Kopulation und Beziehungen zu verteidigen, die ihr wählt? Alles, was das ist, mal Gottzillionen, werdet ihr all das zerstören und unkreieren? Right and Wrong, Good and Bad, POD and POC, All Nine, Shorts, Boys, and Beyonds.

Es ist eine ewige Verteidigung. Ihr habt keine andere Wahl, als euch gegen alles zu verteidigen.

Dain:

Als du den Prozess anfangs gemacht hast, Gary, sagtest du: „Die Verteidigung gegen", und beim nächsten Mal sagtest du: „Die Verteidigung für". Machen wir beides, es verteidigen *und* uns dagegen verteidigen?

Gary:

Ja, anscheinend.

Welche Dummheit verwendet ihr, um euch total für und gegen die unergründlichen Männer, Frauen, Sex, Kopulation und Beziehungen zu verteidigen, die ihr wählt? Alles was das ist, mal Gottzillionen, werdet ihr all das zerstören und unkreieren? Right and Wrong, Good and Bad, POD and POC, All Nine, Shorts, Boys, and Beyonds.

Kursteilnehmer:

Man endet im Niemandsland.

Gary:
Na ja, ist das nicht dort, wo ihr das Gefühl habt, die meiste Zeit zu sein? In irgendeiner Art von Niemandsland, wo ihr keine Ahnung habt, was los ist und warum?

Kursteilnehmer:
Absolut.

DU MUSST ES DIR ERSEHNEN

Gary:
Das ist die ganze Situation kurz zusammengefasst. Ihr habt keine Vorstellung davon, was geschieht oder warum es geschieht. Ihr wisst nur irgendwie, dass etwas nicht stimmt. Und normalerweise seid *ihr* es, mit denen etwas nicht stimmt. Und weil ihr festgelegt und entschieden habt, dass etwas mit euch nicht stimmt und dass etwas an euch verkehrt ist, müsst ihr ununterbrochen die Falschheit von euch selbst betrachten. Ihr schaut euch nicht die Wahl und das Gewahrsein an, das ihr seid. Ihr seht euch selbst nicht als das wertvolle Produkt.

Euer Gewahrsein kann eine Beziehung kreieren, wenn ihr das wollt. Es kann kreieren, was immer ihr euch ersehnt, aber ihr müsst euch wünschen. Die Frage ist: Wonach sehnt ihr euch wirklich? Vor Kurzem habe ich mit einem Typen gesprochen und er sagte: „Na ja, Kinder will ich nicht wirklich, aber vielleicht irgendwie…" Es waren jede Menge Fantasien und bla bla bla.

Ich sagte: „Weißt du was? Du hast keine Wahl hier. Wahrheit, willst du wirklich eine Beziehung?"

Er sagte: „Es fühlt sich schwer an."
Ich fragte: „Willst du eine Fantasie-Beziehung?"
Er sagte: „Ja, das will ich."
Ich fragte: „Okay, kannst du sie kreieren?"
Er sagte: „Nein, das wäre nicht gut."
Ich fragte: „Woher weißt du das? Du hast sie ja noch nicht kreiert." Hat irgendeiner von euch jemals die Fantasie-Beziehung erlangt, die ihr für möglich gehalten habt?

Kursteilnehmer:
Nein.

Gary:
Richtig. Ihr versucht nicht, es aus eurem Gewahrsein heraus zu tun! Ihr versucht es von der Unergründlichkeit von Beziehung, Sex, Kopulation, Männern und Frauen heraus zu tun.

Welche Dummheit verwendet ihr, um die ewige Verteidigung für und gegen die unergründlichen Männer, Frauen, Sex, Kopulation und Beziehungen zu kreieren, die ihr wählt? Alles was das ist, mal Gottzillionen, werdet ihr all das zerstören und unkreieren? Right and Wrong, Good and Bad, POD and POC, All Nine, Shorts, Boys, and Beyonds.

Kursteilnehmer:
Das ist, als würde man die Grundlage dieser Realität verteidigen.

MACHST DU DICH SELBST FALSCH FÜR DEINE WAHRHEIT?

Gary:

Ja, es ist die Grundlage von Beziehung, Sex und Kopulation in dieser Realität. Ich würde euch gern dorthin bringen, wo ihr anfangt, euch die Art von Beziehung anzuschauen, die ihr gern kreieren würdet, statt einer Beziehung, die auf dieser Realität basiert.

Kursteilnehmer:

In meinen frühen 20ern habe ich auf einer Party ein Mädchen kennen gelernt und ihre Freundin sagte zu mir: „Du willst nur ficken." Ich erinnere mich deutlich, dass ich sagte: „Ja, na und?" Dann habe ich mich selbst falsch dafür gemacht, was ich wahrhaftig bin.

Gary:

Warte mal, das war vor ungefähr fünfzehn Jahren. Die gute Nachricht ist, dass du dich seit fünfzehn Jahren falsch gemacht hast, während in Wahrheit gerade diese Wahrheit, die deine frühen Jahre waren, das war, was für dich sprach.

Welche Dummheit verwendet ihr, um euch gegen den Fickmeister, das Hurenböckchen zu verteidigen, der ihr in Wahrheit seid, wählt ihr? Alles was das ist, mal Gottzillionen, werdet ihr all das zerstören und unkreieren? Right and Wrong, Good and Bad, POD and POC, All Nine, Shorts, Boys, and Beyonds.

Wie viel von eurem Gewahrsein müsst ihr abschneiden, um nicht zu erkennen, dass Ficken das ist, was ihr wirklich tun wollt? Ihr macht euch selbst falsch dafür und dann verbringt ihr die ganze Zeit damit zu beweisen, dass es nicht wirklich das ist, was ihr wollt, damit die anderen Leute denken, dass ihr das nicht wirklich wollt, wenn es in Wirklichkeit genau das *ist*, was ihr wollt? Aber andere Leute sind auch hellsichtig und deswegen wissen sie, dass ihr das in Wirklichkeit wollt. Ihr müsst sie anlügen und ihr müsst euch selbst doppelt anlügen, um zu beweisen, dass ihr nicht wirklich wollt, was ihr wirklich wollt, denn das wäre ja so schlecht und traurig.

Alles was das ist, mal Gottzillionen, werdet ihr all das zerstören und unkreieren? Right and Wrong, Good and Bad, POD and POC, All Nine, Shorts, Boys, and Beyonds.

Welche Dummheit verwendet ihr, um die ewige Verteidigung dagegen, der Fickmeister und das Hurenböckchen zu sein, der ihr in Wahrheit seid, zu kreieren, wählt ihr? Alles was das ist, mal Gottzillionen, werdet ihr all das zerstören und unkreieren? Right and Wrong, Good and Bad, POD and POC, All Nine, Shorts, Boys, and Beyonds.

Welche Dummheit verwendet ihr, um die ewige Verteidigung für und gegen die unergründlichen Männer, Frauen, Sex, Kopulation und Beziehungen zu kreieren, die ihr wählt? Alles was das ist, mal Gottzillionen, werdet ihr all das zerstören und unkreieren? Right and Wrong, Good and Bad, POD and POC, All Nine, Shorts, Boys, and Beyonds.

Kursteilnehmer:
Was bräuchte es, um den Beitrag zu generieren und zu

kreieren, wo wir über die Scheiße hinausgehen, die wir als realer erfinden als das, was wir wirklich sind?

Gary:

Darum geht es in dieser ganzen Telecall-Serie.

EINE IDEALE BEZIEHUNG MIT EINER FRAU

Kursteilnehmer:

Wärst du in der Lage, eine ideale Beziehung mit einer Frau zu beschreiben?

Gary:

Ja. Sie lebt auf der anderen Seite des Landes. Ihr besucht einander immer mal wieder für drei Tage. Ich mache nur Spaß.

Ihr versucht immer noch, eine Beziehung zu kreieren, die eine ideale Beziehung sein soll. Wenn ihr eine Beziehung von dem Gesichtspunkt einer idealen Beziehung aus habt, schaut ihr euch dann die Person vor eurer Nase an? Oder schaut ihr euch an, wie ihr sie gerne hättet, was ihr denkt, wer sie sein sollte und wovon ihr denkt, wer sie sein könnte?

Welche Dummheit verwendet ihr, um die Verteidigung für und gegen das utopische Ideal von Beziehung zu kreieren, das ihr wählt? Alles was das ist, mal Gottzillionen, werdet ihr all das zerstören und unkreieren? Right and Wrong, Good and Bad, POD and POC, All Nine, Shorts, Boys, and Beyonds.

Die beste Beziehung mit einer Frau ist es, wenn ihr miteinander leben könnt und jeder von euch erlaubt dem anderen zu sein, was er oder sie ist. Ihr habt keine Bewertung, ihr genießt beide den Sex, den ihr habt, ob es nun viel oder wenig ist, und ihr müsst nicht jeden Augenblick zusammen verbringen.

ZEIT ZUSAMMEN VERBRINGEN

Eine Sache, die ihr euch alle anschauen müsst, ist die Frage, wie viel Zeit ihr gern mit einer Frau verbringen möchtet. Ich persönlich spreche gern eine bis eineinhalb Stunden mit ihr und danach will ich Sex mit ihr haben.

Welchen Prozentsatz eures Lebens würdet ihr gern mit einer Frau verbringen? Zehn? Zwanzig? Dreißig? Vierzig? Oder was?

Kursteilnehmer:
Zehn.

Gary:
Okay, also möchtest du zweieinhalb Stunden am Tag mit ihr verbringen.

Kursteilnehmer:
Ja.

Gary:
Zweieinhalb Stunden pro Tag ist wahrscheinlich ein guter Prozentsatz. Mehr als das würde dich höchstwahrscheinlich langweilen.

Kursteilnehmer:
Es scheint, als ob Frauen mehr Zeit mit mir verbringen

wollen, als ich mit ihnen verbringen will.

Gary:

Ja, weil du dich niemals verbindlich dafür einsetzt, wirklich da zu sein, selbst wenn du zehn Prozent deiner Zeit mit ihr verbringst. Und du bist nicht gewillt, einschüchternd zu sein. Du neigst dazu, von einer totalen Unfähigkeit, sie einzuschüchtern, heraus zu funktionieren. Was, wenn du von ihnen verlangen würdest, mehr Zeit mit dir zu verbringen?

Kursteilnehmer:

Wäre das einschüchternd?

Gary:

Ja, denn wenn ein Mann von einer Frau verlangt, mehr Zeit mit ihm zu verbringen, rate mal, was sie dann tun will? Verschwinden. Wenn du möchtest, das ein Mädchen geht, dann verlange mehr Zeit mit ihr.

Kursteilnehmer:

Kannst du mir ein Beispiel dafür geben, wie man das macht? Ist das eine energetische Sache? Ist es das, was ich sage?

Gary:

Du musst mit der Energie davon anfangen. Du musst sie ansehen und sagen: „Weißt du was? Ich glaube, wir verbringen nicht genügend Zeit miteinander."

Wenn du von ihr getrennt bist, dann rufe sie an und sage ihr, wie sehr du sie vermisst. Wenn du das immer weiter tust, wird sie plötzlich Gründe finden, weshalb sie keine

Zeit hat. Wenn sie aufhört, ans Telefon zu gehen, dann weißt du, dass du endlich die Kontrolle hast. Wie viele von euch hatten Frauen, die das mit euch gemacht haben? Sie rufen euch so oft und so lang an, dass ihr nicht einmal mehr ans Telefon gehen wollt.

Kursteilnehmer:
Ja.

Gary:
Also warum macht ihr es mit ihnen nicht genauso? Ihr weigert euch, so fordernd zu sein und von ihnen zu verlangen, dass *sie* still, ruhig und brav in eurer Gegenwart sein müssen, anstatt dass ihr still, ruhig und brav seid, wenn ihr mit ihnen zusammen seid.

Kursteilnehmer:
Ja, heiliger Strohsack!

Gary:
Wollt ihr, dass eine Frau euch Raum lässt? Das ist eine andere Sache, die die meisten Männer in einer Beziehung wollen – jemand, der ihnen Raum lässt. Wie viele von euch erkennen, dass ihr als Mann Zeit für euch möchtet?

Kursteilnehmer:
Ja.

Gary:
Männer brauchen Auszeiten. Es ist die Zeit, in der sie Dinge verarbeiten. Es ist die Zeit, in der ihr eure Aufmerksamkeit auf all das richtet, was sich den ganzen Tag

über angesammelt hat, und wo ihr zu einem Gewahrsein kommt oder zu einer Schlussfolgerung darüber, was ihr mit dem Gewahrsein all dieser Dinge anfangen wollt.

Alles, was nicht erlaubt, dass sich das in eurem Leben zeigt, werdet ihr all das zerstören und unkreieren? Right and Wrong, Good and Bad, POD and POC, All Nine, Shorts, Boys, and Beyonds.

Männern hat man beigebracht, dass sie Dinge *tun* müssen, um zu zeigen, dass sie lieben oder Zuneigung empfinden. Sie sind darauf trainiert zu glauben, dass Dinge zu tun gleichbedeutend ist mit Zuneigung. Also müssen sie mit dem ganzen Zeug klarkommen, das sich angesammelt hat und fragen: „Was tue ich mit all dem Zeug?" bis sie dahin kommen zu sagen: „Oh! Ich weiß, was ich tun muss." Es ist eine Art und Weise, zu dem Gewahrsein zu kommen, was sie „tun müssen". Aber tatsächlich ist es kein Gewahrsein – es ist eine Schlussfolgerung, die ihnen nicht die Freiheit gibt, die das Gewahrsein ihnen geben würde.

Frauen können den ganzen Tag über irgendetwas reden und müssen nie zu einer Schlussfolgerung kommen. Ein Mann muss etwas verarbeiten, bis er zu einer Schlussfolgerung kommen kann und festlegen, was er tun muss. Es ist eine andere Art, mit dem Leben umzugehen.

WAS IST DAS WICHTIGSTE FÜR MICH?

Kursteilnehmer:
Würdest du mehr darüber sagen, wie wir unser Leben kreieren?

Gary:

Tja, eine Sache, die ihr euch anschauen müsst, ist: Was hätte ich gern als mein Leben? Ihr müsst Fragen stellen wie:
- Wie hätte ich mein Leben gern in fünf Jahren?
- Will ich reisen?
- Wie viel Geld will ich machen?
- Was ist es, das am wichtigsten für mich ist?

Schaut, ob darin eine Beziehung vorkommt. Ich stelle fest, dass die meisten Männer ihr Leben zum Laufen bringen und dann entscheiden sie, eine Beziehung hinzuzufügen, womit sie die Hälfte ihres Lebens loswerden. Was, wenn eine Beziehung ein *Zusatz* für euer Leben wäre, kein Ersatz für euer Leben?

Überall, wo ihr Beziehung zu einem Ersatz für euer Leben und eure Lebensweise gemacht habt, werden ihr all das zerstören und unkreieren? Right and Wrong, Good and Bad, POD and POC, All Nine, Shorts, Boys, and Beyonds.

Kursteilnehmer:

Es scheint, als müsste ich eine Verpflichtung mir selbst gegenüber eingehen, in Bezug auf die Frage: „Was hätte ich gern?"

Gary:

Ja, du musst dir anschauen, ob du wirklich eine Beziehung willst und dich dann für das verbindlich einsetzen, was du gern hättest. Die meisten von euch geraten automatisch in eine Beziehung. Erkennt ihr das?

Kursteilnehmer:

Ja.

ERSTELLE EINE LISTE: WAS HÄTTE ICH GERN BEI EINEM PARTNER?

Ihr müsst fragen: „Was hätte ich gern bei einem Partner?" Ihr müsst euch klar darüber werden, was ihr in einer Beziehung wollt. Das Problem ist, dass ihr das nicht fragt. Ihr seht jemanden und sagt: „Oh, ich mag sie." Ihr fragt nie: „Mag sie mich? Mag sie Männer?" Ihr nehmt an, weil ihr sie mögt, wird sie euch auch mögen und sie wird Männer mögen und alles wird perfekt sein.

Findet heraus, wonach ihr euch sehnt. Wie möchtet ihr, dass ihr miteinander umgeht? Wie wäre es, mit ihr umzugehen? Was wollt ihr mit ihr kreieren? Wollt ihr jemanden, der einen guten Sinn für Humor hat? Jemanden, mit dem ihr euch gut unterhalten könnt?

Übrigens gibt es einen großen Unterschied zwischen Konversation und Kommunikation. Kommunikation ist: „Nimm deine schmutzigen Füße von der Couch." Das ist eine ehrliche Kommunikation; es ist eine gute Kommunikation, aber es ist keine Konversation. Findet heraus, was ihr mit ihr kreieren wollt. Macht eine Liste der Dinge, die ihr gerne bei einem Partner hättet.

DU BRAUCHST AUCH EINE „ICH WILL NICHT"-LISTE

Bevor ich mit meiner Ex-Frau zusammengekommen bin, habe ich eine Liste all der Dinge gemacht, die ich bei einer Frau haben *wollte*, mit der ich eine Beziehung habe. Sie hatte all diese Dinge. Was ich nicht gemacht habe, war eine Liste all der Dinge, die ich *nicht* bei dieser Person haben *wollte.* Also habe ich alles bekommen, was ich wollte und ich habe ebenso alles bekommen, was ich nicht wollte.

Kursteilnehmer:
Wie spezifisch muss diese „Ich will nicht"-Liste sein? Kreiert man damit nicht eine Begrenzung?

Gary:
Es geht nicht um Begrenzung. Du musst es dir anschauen und sagen: „Ich möchte keine Frau haben, die sich die ganze Zeit beklagt" oder: „Ich will keine Frau, die immer streitet." Hat irgendeiner von euch bemerkt, dass ihr eine Frau gewählt habt, die der letzten Frau, die ihr gewählt hattet, sehr ähnlich ist? Als ob es die gleiche Frau in einem anderen Körper wäre?

Kursteilnehmer:
Ja.

Gary:
Ihr wählt immer wieder die gleiche Frau und erwartet ein anderes Ergebnis. Wer ist die einzige Person, die ihr verändern könnt?

Kursteilnehmer:
Ich.

WELCHE DUMMHEIT VERWENDEST DU, UM DIE FRAUEN ZU KREIEREN, DIE DU WÄHLST?

Gary:

Ihr müsst *eure* Perspektive ändern. Ihr könnt nicht die eines anderen ändern. Werft einen Blick auf eure Perspektive. „Ich habe die gleiche Frau immer und immer wieder gewählt und nichts von dem, was ich will, habe ich davon bekommen. Warum sollte ich das tun?" Wenn ihr über einen Fluss schwimmt und ihr jedes Mal, wenn ihr schwimmt, die gleiche Anzahl von Schwimmzügen in der gleichen Zeit macht, bringt euch das im Fluss dann an eine andere Stelle? Nein. Ihr landet immer wieder an der gleichen Stelle wie zuvor. Also fragt: Welche Dummheit verwende ich, um die Frau zu kreieren, die ich wähle?

Kursteilnehmer:

Das werde ich machen.

Kursteilnehmer:

Vergangenen Monat war ich beim Livestream von Dains „Energetische Synthese des Seins" dabei. Obwohl ich nicht physisch dort war, habe ich bemerkt, dass ich einige der Frauen im Kurs bewertet habe. Ich konnte die Art, wie sie Fragen gestellt haben, nicht ausstehen. Mir kam es so vor, als hätten sie nur versucht, Dains Aufmerksamkeit zu bekommen.

Gary:

Natürlich! Er ist der Kursleiter. Sie wollen seine Aufmerksamkeit. Was soll's also?

Alles, was ihr nicht gewillt seid anzuerkennen, in Bezug auf euer Gewahrsein, werdet ihr all das zerstören und unkreieren? Right and Wrong, Good and Bad, POD and POC, All Nine, Shorts, Boys, and Beyonds.

Kursteilnehmer:

Ich habe bemerkt, dass Dain total cool mit ihnen umgegangen ist. Er hat sie ohne Bewertung empfangen, unabhängig davon, was sie gesagt oder gefragt haben. Wie kann ich das sein? Alle Mädchen und Frauen empfangen als die, die sie sind. Gibt es irgendwelche Clearings, die wir machen können, damit wir auch so sein können?

Gary:

Welche Dummheit verwende ich, um die Frauen zu kreieren, die ich wähle? Alles was das ist, mal Gottzillionen, werdet ihr all das zerstören und unkreieren? Right and Wrong, Good and Bad, POD and POC, All Nine, Shorts, Boys, and Beyonds.
Lass das laufen.

EINE FRAU NICHT NÖTIG HABEN

Kursteilnehmer:

Ich habe dich früher einmal über Bedürfnislosigkeit sprechen hören. Kannst du mehr darüber sagen, wie es ist, wenn man nichts nötig hat, wenn es um Mädchen, Frauen, Sex, Beziehung und Kopulation geht? Das ist eine große Sache für mich. Wenn es all diese Dinge nicht gäbe, von denen ich dachte, ich brauche sie, dann könnte ich meinen wahren Wert haben.

Gary:

Je mehr du von der Bedürfnislosigkeit aus funktionieren kannst, worum auch immer es geht, desto mehr beginnst du, die Wahlen zu erkennen, die du hast, um das tatsächlich zu wählen. Neulich habe ich Dain gefragt: „Merkst du, dass diese Frauen dich wollen?" Und er sagte: "Nein, das merke ich nicht."

Ich sagte: „Ja, du denkst immer noch, dass du sie willst, aber die Realität ist, dass sie dich wollen."

Wenn du eine Frau nicht brauchst, will sie dich immer. Je weniger du sie nötig hast, desto mehr will sie dich. Ihr habt ein Bedürfnis, gebraucht zu werden, denn man hat euch beigebracht, dass ihr fähig sein müsst, Dinge in Ordnung zu bringen und etwas für eine Frau zu tun, um zu beweisen, dass ihr sie liebt. Ihr versucht, Liebe zu beweisen, statt es nicht nötig zu haben, Liebe zu haben oder zu geben.

Kursteilnehmer:

Ja.

Gary:

Welche Dummheit verwendet ihr, um euch gegen die Bedürfnislosigkeit zu verteidigen, die ihr wählen könntet? Alles was das ist, mal Gottzillionen, werdet ihr all das zerstören und unkreieren? Right and Wrong, Good and Bad, POD and POC, All Nine, Shorts, Boys, and Beyonds.

Kursteilnehmer:

Als ich damit angefangen habe, nach einer Beziehung zu suchen, hatte das nichts mit mir zu tun. Es war so, dass ich eine Beziehung *gebraucht* habe, um das wertvolle Produkt zu sein. Da gibt es all diese Dinge, von denen man uns sagt, dass wir sie brauchen.

Gary:

Warum brauchst du eine Beziehung? Du brauchst eine Beziehung, um etwas zu beweisen. Du brauchst eine Beziehung, um zu beweisen, dass du kein nutzloser Haufen Schrott bist. Du brauchst eine Beziehung, um zu beweisen, dass du nicht schwul bist. Du brauchst eine Beziehung, um zu beweisen, dass du einen Wert hast. Du brauchst eine Beziehung. Ist irgendetwas davon wahr?

Kursteilnehmer:

Nein, und es ist überall mit allem das Gleiche. Wir gehen in die Bedürftigkeit. „Ich muss Kinder haben. Ich muss heiraten. Ich muss so viel Geld haben."

Gary:

Dort ist es, wo du eine Wahl vollendest.

Wie viel von eurem Leben habt ihr gelebt als die Vollendung der Wahl, basierend auf dem Bedürfnis, etwas zu sein, was ihr nicht seid? Alles was das ist, mal Gottzillionen, werdet ihr all das zerstören und unkreieren? Right and Wrong, Good and Bad, POD and POC, All Nine, Shorts, Boys, and Beyonds.

„ICH HABE AUFGEHÖRT ZU KREIEREN"

Kursteilnehmer:

Ich habe das Gefühl, dass ich an einem Punkt angelangt bin, an dem ich aufgehört habe zu kreieren. Kannst du mir da weiter helfen?

Gary:

Hast du aufgehört zu kreieren, weil jemand anderer alle Kreation übernommen hat?

Kursteilnehmer:

Hmm. Ja.

Gary:

Hast du aufgehört zu kreieren, weil es nicht nötig war, dass du kreierst? Und hast du *nicht brauchen* falsch identifiziert und falsch angewandt als *bedürfnislos*?

Kursteilnehmer:

Ja. Ich habe *nicht brauchen* falsch identifiziert als *bedürfnislos*.

Gary:

Alles was das ist, mal Gottzillionen, werdet ihr all das zerstören und unkreieren? Right and Wrong, Good and Bad, POD and POC, All Nine, Shorts, Boys, and Beyonds.

Kursteilnehmer:

Wow.

Kursteilnehmer:

Danke, dass du diese Frage gestellt hast. Das hat mir das Durcheinander aufgezeigt, das ich kreiert habe, damit ich etwas zu tun habe. Und jetzt kreiere ich nicht.

Gary:

Dein Problem ist, dass du Brauchen als die Quelle der Wahl kreiert hast, statt Wahl als die Kreation deines Lebens.

Kursteilnehmer:

Ja.

Gary:

Welche physische Verwirklichung der Kreation durch Wahl seid ihr jetzt in der Lage zu generieren, zu kreieren und einzurichten? Alles, was dem nicht erlaubt, sich zu zeigen, mal Gottzillionen, werdet ihr all das zerstören und unkreieren? Right and Wrong, Good and Bad, POD and POC, All Nine, Shorts, Boys, and Beyonds.

DEINE STIMME AUFGEBEN

Kursteilnehmer:

Im „Right Voice for You Facilitatoren" Kurs hast du erwähnt, dass Männer ihre Stimme aufgeben.

Gary:

Ja. Die meisten Männer auf der Welt denken, dass es wichtig ist, der starke, stille Typ zu sein. Auf wie viel von eurer Stimme in der Welt habt ihr verzichtet, damit ihr stark und still sein könnt? Viel, wenig, oder Megatonnen?

Kursteilnehmer:
 Megatonnen.

Gary:
 Right and Wrong, Good and Bad, POD and POC, All Nine, Shorts, Boys, and Beyonds.

 Ihr verzichtet auf eure Stimme im Hinblick auf Frauen, weil ihr nicht in einen Streit mit ihnen geraten wollt. Ihr denkt, wenn ihr mit ihnen streitet, gehen sie weg. Frauen haben einen seltsamen Charakterzug. Sie diskutieren gern über alles und kommen nie zu einer Schlussfolgerung. Ihr, als Mann, versucht immer, zu einer Schlussfolgerung zu kommen, in Bezug auf alles, was ihr sagt oder tut. Deswegen bedeutet ein Streit für euch eine Schlussfolgerung. Für eine Frau bedeutet ein Streit: „Wir diskutieren es nur und du hast unrecht."

 Alles was das ist, mal Gottzillionen, werdet ihr all das zerstören und unkreieren? Right and Wrong, Good and Bad, POD and POC, All Nine, Shorts, Boys, and Beyonds.

Kursteilnehmer:
 Bedeutet Schlussfolgerung, wenn man versucht herauszufinden, welche Handlung vorzunehmen ist?

Gary:
 Du musst nur herausfinden, welche Handlung vorzunehmen ist, basierend auf der Schlussfolgerung, dass du vor allem erst einmal unrecht hast. (Nicht, dass ihr in Beziehungen jemals ins Unrecht gesetzt worden seid!) Und

dort ist es, wo Männer auf ihre Stimme verzichten.

Welche Dummheit verwendet ihr, um die Richtigkeit des Verzichts auf eure Stimme zu verteidigen, wählt ihr? Alles was das ist, mal Gottzillionen, werdet ihr all das zerstören und unkreieren? Right and Wrong, Good and Bad, POD and POC, All Nine, Shorts, Boys, and Beyonds.

Tja, die schlechte Nachricht ist, meine Herren, dass wir noch nicht fertig sind. Die gute Nachricht ist, ihr habt die Gelegenheit rauszugehen und zu üben. Denkt daran, ihn sanft hineingleiten zu lassen. Das macht euch zu einem Gentleman.

Kursteilnehmer:
Ich liebe es. Jetzt haben wir eine Definition dafür, was es bedeutet, ein Gentleman zu sein.

Dain:
Endlich!

Kursteilnehmer:
Du bist wundervoll, Gary. Danke.

7
Gut im Bett sein

> Ich habe entschieden, am besten alles zu lernen, was ich konnte, um eine Frau zum Kommen zu bringen, damit sie befriedigt ist, egal was ich tue.

Gary:

Hallo, Gentlemen. Lasst uns mit einer Frage anfangen.

Kursteilnehmer:

Im Access Consciousness Level 1 Handbuch heißt es, dass gut im Bett zu sein, eines der drei Elemente einer guten Beziehung ist. Kannst du darüber sprechen? Was meinst du mit „gut im Bett"? Gibt es ein Kriterium dafür, was gut im Bett ist?

KREIERE EINE GALVANISCHE REAKTION IN IHREM KÖRPER

Gary:

Ja, da gibt es einige Kriterien. Lasst uns damit anfangen,

uns die galvanische Reaktion auf der Haut anzuschauen. Es geht um die Art, wie deine Berührung eine Wirkung bei der anderen Person kreiert. Krempelt eure Ärmel hoch und bewegt eure Hand in etwa einem Zentimeter Abstand über eurem Arm und zieht Energie. Ihr werdet fühlen, wie sich die Haare aufzurichten, um eure Hand zu erreichen. Wenn ihr das bei Personen einsetzt, mit denen ihr Sex habt, werden sie finden, dass ihr ganz anders seid als ihre früheren Liebhaber und sie werden erregter. Die galvanische Reaktion, die ihr im Körper von jemandem kreieren könnt, ist Teil dessen, was es kreiert, gut im Bett zu seid. Es ist auch Teil dessen, was den Körper eures Partners zu einem Orgasmus einlädt, was euch auch besser im Bett macht. Ihr müsst fragen: „Wie viel Zeit bin ich gewillt, mir zu nehmen, um Sex mit dieser Person zu haben?"

MACHT LANGSAM

Den meisten von uns wurde beigebracht, dass wir schnell fertig damit sein müssen. Ihr habt gelernt zu ejakulieren, indem ihr euch ein paar Bilder angeschaut habt und euren Schwanz so hart wie möglich gerieben habt, um schnell fertig zu werden, weil ja jederzeit jemand an der Tür klopfen, hereinkommen und euch erwischen könnte. Ihr müsst über diese Ansicht hinwegkommen. Es geht darum zu lernen, langsam zu machen.

INFORMIERE DICH ÜBER DIE WEIBLICHEN KÖRPERTEILE

Die andere Sache ist, dass ihr euch über den Körper einer Frau informieren solltet. Die Klitoris ist der empfindlichste Teil ihres Körpers. Ihr solltet bei der Klitoris keine Härte einsetzen. Wendet die zarteste Schmetterlingsberührung mit der Zunge an, die ihr nur kreieren könnt und ladet die Klitoris dazu ein, wie die Haare auf eurem Arm zu sein, die sich aufrichten und eure Hand greifen wollen.

Berührt die Klitoris so leicht, dass es ein Prickeln im Körper der Frau kreiert, aber auch ein Gewahrsein von euch und dessen, was das Prickeln verursacht. Wartet, bis die Klitoris beginnt, sich aufzurichten, um euch entgegenzukommen. Leckt an den Seiten entlang und steckt eure Zunge in die Vagina. Und dann berührt wieder ganz zart die Klitoris. Wenn ihr eure Zunge bei der Klitoris einer Frau wie einen Schmetterling einsetzt, könnt ihr sie normalerweise innerhalb von fünf bis sieben Minuten zum Orgasmus bringen. Wenn sie zwei oder drei Orgasmen hat, bevor ihr auch nur in sie eindringt, wird sie glauben, dass ihr das Beste seid, was sie jemals im Bett hatte. Also verwendet diese Technik.

WELCHE ART VON BERÜHRUNG HÄTTE SIE GERN?

Und fragt: Welche Art von Berührung würde diese Person mögen? Was würde eine dynamische galvanische Reaktion in ihr kreieren? Wenn du dein Augenmerk darauf richtest, statt darauf, wie du ihn hochkriegst und reinkriegst, ohne deine Frisur durcheinander zu bringen, wirst du beginnen zu begreifen, wie sie funktioniert und wie sie die Dinge vielleicht tun könnte. Du solltest einen anderen Blickwinkel haben. Du solltest dir die Möglichkeit anschauen, was sein könnte – nicht, wie du willst, dass es ist oder nicht willst, dass es ist. Das ist wirklich wichtig.

Verminderte Libido

Kursteilnehmer:

Weißt du irgendetwas, das Männern mit sexuellen Fehlfunktionen helfen könnte, wie etwa verminderte Libido oder vorzeitiger Ejakulation?

Gary:

Ihr habt eine verminderte Libido, weil ihr nicht gewählt habt, Sex mit Leuten zu haben, die sich danach sehnen, Sex mit euch zu haben. Unser Gehirn ist das Ding, das die Libido kreiert, nicht unser Körper. Was tut ihr, um das Gehirn zu stimulieren? Die meisten Männer denken, dass das Gehirn zu stimulieren bedeutet, sich Pornos anzuschauen oder irgendetwas, dass sie erregt und sie dazu bringt, mehr Sex haben zu wollen. Nein. Schaut euch die Körperteile an, die euch erregen. Manche Frauen haben hinten eine wundervolle Rundung und auch einige Männer haben das. Schaut euch an, wie der Po einer Frau sich bewegt und wie er funktioniert. Das sind die Dinge, die in euch ein Wahrnehmen der Möglichkeiten stimulieren, die sich ergeben könnten, wenn ihr mit diesem Körper arbeitet.

Welcher Teil des Körpers erregt euch am stärksten? Die meisten Männer wurden dazu abgerichtet, dass Titten und

Vagina die Gesamtsumme des sexuellen Verlangens ist. Ich persönlich glaube das nicht. Ich finde, dass der Gang einer Frau ein großartiger Hinweis darauf ist, ob sie gut im Bett sein wird. Sie muss die Hüften bewegen können. Sie muss in der Lage sein, sie mit euch im Bett zu bewegen.

Und übrigens, meine Herren, ihr müsst auch in der Lage sein, so zu gehen. Ihr müsst wissen, dass ihr eure Hüften in jede nur mögliche Richtung bewegen könnt. Der Zweck einer guten Körperstatur ist, dass ihr besser ficken könnt. Geht raus und kreiert eure Körperstatur für großartigeres Ficken, nicht dafür, wie ihr im Spiegel ausseht. Ihr neigt dazu, euch darauf zu fokussieren, wie ihr im Spiegel ausseht und damit inspiriert ihr nur andere Männer zu denken, dass ihr nicht mit ihnen konkurriert – oder dass ihr es tut. Das ist nicht notwendigerweise die beste Wahl. Achtet darauf, wie Leute ihre Hüften bewegen. Das würde auf einen schwulen Typen wahrscheinlich nicht zutreffen. Er sollte sich anschauen, wie jemand isst, denn das ist ein besserer Hinweis darauf, ob der andere ihn gut vernaschen wird.

Wenn ihr eine verminderte Libido habt, könnt ihr solche Dinge wie Viagra nehmen. Es gibt auch verschiedene natürliche Substanzen, die die Chinesen seit Jahren verwenden, um größere und länger anhaltende Erektionen zu kreieren. Ihr müsst nur eine finden, die bei euerem Körper funktioniert. Fragt euren Körper:

+ Wäre das gut für dich?
+ Wirst du das mögen?
+ Wie würde das für dich funktionieren?

Nicht: „Oh gut, das wird mich hart machen." Das ist

nicht die Perspektive. Hart zu werden ist zunächst mal die eine Sache, eine dynamische Kapazität im Bett zu kreieren, ist ein vollkommen anderes Universum. Ihr müsst fragen: Wie kreiere ich Stimulation im Körper dieser Person? Ihr solltet zu dem Punkt kommen, wo ihr so präsent damit seid, wie ihr Sex habt, dass ihr fühlen könnt, wie der Körper der anderen Person fühlt, was ihr mit dem Körper anstellt, während euer Körper es auch fühlt, so dass du es aus allen Richtungen mitbekommst. Das wäre die größte Stimulation für deine Libido.

Kursteilnehmer:

Gibt es dafür ein Clearing, Gary?

Gary:

Welche Dummheit verwendet ihr, um euch für und gegen die galvanischen Reaktionen, die stimulierenden Berührungen und die belebenden Möglichkeiten zu verteidigen, die eure begrenzten sexuellen Fähigkeiten wandeln würden, wählt ihr? Alles was das ist, mal Gottzillionen, werdet ihr all das zerstören und unkreieren? Right and Wrong, Good and Bad, POD and POC, All Nine, Shorts, Boys, and Beyonds.

Kursteilnehmer:

Ich habe eine Frage in Bezug darauf, wie man seinen Körper kreiert, um besser zu ficken. Gibt es da eine Frage oder ein Clearing, das dabei helfen könnte?

Gary:

Welche physische Verwirklichung der Kreation meines

Körpers als Fickmaschine könnte ich wählen, die ich nicht wähle? Alles, was nicht erlaubt, dass sich das zeigt, mal Gottzillionen, werdet ihr all das zerstören und unkreieren? Right and Wrong, Good and Bad, POD and POC, All Nine, Shorts, Boys, and Beyonds.

Kursteilnehmer:

Gary, wenn du sagst: „Fickmaschine", dann sehe ich sofort ein Kaninchen vor meinem inneren Auge. Als ob man Kaninchensex machen würde.

Gary:

Hast du dich selbst bewertet, dass du Kaninchensex betreibst, weil du zu schnell gekommen bist?

Kursteilnehmer:

Nicht weil ich zu schnell gekommen bin, aber weil ich es genossen habe und die Rohheit dabei.

Gary:

Und wer hat dich dafür bewertet?

Kursteilnehmer:

Die Frau und ich.

Gary:

Hast du dir dabei angeschaut, wie du die galvanische Reaktion verwenden kannst, um etwas anderes zu kreieren? Nein. Schau dir die galvanische Reaktion an, von der ich euch erzählt habe, und was man mit der Klitoris macht. Es gibt auch den G-Punkt, der innen an der Oberseite des Vaginalbereichs ist.

Kursteilnehmer:
>Gary, kannst du das erklären? Ich weiß nicht, was das ist.

Gary:
>Der G-Punkt ist an der Oberseite des Vaginalbereichs. Geh mit deiner Hand von vorne rein und verwende kleine kreisende Bewegungen gegen die Vorderseite der Vagina und du wirst spüren, wie sich da etwas verhärtet. Das Gleiche kann an der Unterseite der Vagina auftreten, wenn du auch dort diese Technik benutzt. Nun, warum sollte das auftreten? Weil alles so konzipiert ist, dass es zusammenspielt. Denkt mal darüber nach. Wenn ihr von hinten mit eurem Penis in die Vagina eindringen würdet – die meisten Penisse haben eine Neigung in Richtung des Körpers – und diese Neigung zeigt nach oben und trifft auf eine Stelle in der Vaginalhöhle, die eine größere Stimulation erlaubt. Und eure Eier, die gegen die Klitoris klatschen, können das beeinflussen. Das ist der Grund, weshalb es einige Frauen wirklich gern von hinten mögen.

IHREN KÖRPER STIMULIEREN

Als ich damit anfing, Sex zu haben – und „Sex" bedeutete drei Jungs, die hinter die Bibliothek schlichen und masturbierten – haben wir unsere Schwänze gerieben, um zu sehen, wer am schnellsten kam. Einer der Jungs hatte einen 30 Zentimeter langen Schwanz, der ungefähr 8 Zentimeter im Durchmesser war, der andere hatte einen 25 Zentimeter langen mit einem ungefähren Durchmesser von 10 Zentimetern und ich hatte etwa 16 Zentimeter. Ich dachte, ich müsste definitiv ein zurückgebliebenes Kind sein und dass alle einen 25 oder 30 Zentimeter langen Schwanz haben.

Es war später im Leben sehr interessant herauszufinden, dass dem nicht so war, aber weil ich dachte, ich wäre benachteiligt in der Penis-Abteilung, habe ich beschlossen, dass ich besser alles darüber lerne, was ich nur kann, wie man eine Frau zum Kommen bringt, damit sie befriedigt wird, unabhängig davon, was ich tue. Ich habe alles über Oralsex gelernt, wie man einen guten Cunnilingus macht, ich habe alles über die galvanische Reaktion gelernt und ich habe gelernt, wie man den Körper einer Frau berührt bis zu dem Punkt, wo sie danach schreit, nichts anderes als Verkehr zu haben.

Ich habe begonnen zu lernen, wie die Klitoris funktioniert und welchen Teil ihres Körpers ich berühren muss und anstatt nur meinen Penis rein zu stecken, habe ich langsam gemacht. Ich habe viel Zeit damit verbracht, die Brüste zu streicheln, die Achselhöhlen, die Ellbogenbeuge und verschiedene Teile des Körpers zu berühren. Wenn du deine Hände ganz langsam an der Außenseite des Körpers einer Frau hinabgleiten lässt, von ihren Titten hinunter zu den Knien, kannst du genug galvanische Reaktionen erzeugen, dass sie anfängt, Gänsehaut zu bekommen und du wirst tollen Sex haben. Du musst sie an den Punkt bekommen, an dem sie gewillt ist, diese Art der Stimulation in ihrem Körper zu haben.

Die meisten Frauen haben nie gelernt, diese Art der Stimulation in ihrem Körper zu haben, weil für sie der einzige Grund, Sex zu haben, ist, eine Beziehung zu bekommen. Und Männern wurde nur beigebracht, Sex zu machen. Nichts von beiden ist liebevoller Sex.

Welche physische Verwirklichung der sinnlichen, sexuellen Kopulation und Innervation bin ich jetzt fähig zu generieren, zu kreieren und einzurichten? Alles, was nicht erlaubt, dass sich das zeigt, mal Gottzillionen, werdet ihr all das zerstören und unkreieren? Right and Wrong, Good and Bad, POD and POC, All Nine, Shorts, Boys, and Beyonds.

MASTURBATION

Was, wenn der Zweck der Masturbation wäre, eine größere Sinnlichkeit in deinem Körper zu kreieren, damit du ein großartigerer Liebhaber sein könntest?

Kursteilnehmer:

Dann sollte ich der großartigste Liebhaber auf dem ganzen Planeten sein!

Gary:

Ja, aber hast du es zu diesem Zweck getan – oder hast du es getan, um zu kommen?

Kursteilnehmer:

Ah, ich habe es getan, um zu kommen.

Gary:

Wenn der einzige Grund für die Masturbation ist, dass du kommst, dann versuchst du die sexuelle Energie aufzulösen, die Teil des Lebens und zu leben ist.

Kursteilnehmer:

Wenn ich masturbiere, was ist dann der Wert daran, wenn es überhaupt einen gibt, wenn ich darüber fantasiere, Sex oder Kopulation mit den verschiedenen Frauen zu haben, die in mein Leben kommen? Viele Jahre lang hatte ich in Gedanken und in der Hand Sex mit Frauen und dann hatte ich das Gefühl, dass der Akt vollendet ist.

Gary:

Und er ist es. Das ist einer der Gründe, weshalb du es tust. Die Frage, die du nicht stellst, ist: Wünschen sich diese Frauen, Sex mit mir zu haben? Und wenn es so ist, dann frag: Was wäre die genüsslichste Sache, die ich ihnen geben könnte?

Wenn du über all das fantasierst, denke darüber nach, was du tun würdest, um ihre Körper auf eine höhere Drehzahl und auf eine höhere Ebene von Lebendigkeit zu bringen, denn das ist es, was der Zweck von Sex sein sollte. Deswegen solltest du nicht masturbieren, um zu einem Abschluss zu kommen; du solltest zu dem Punkt kommen, an dem dein Körper stimuliert ist und du fühlst, dass mehr Energie hereinkommt. Wenn das passiert, hör auf. Geh los und tue etwas anderes. Das wird zwei Dinge bewirken: Erstens wird es damit beginnen, einen Ort in deinem Körper zu kreieren, wo sexuell erregt zu sein, ein wertvolles Produkt ist und zweitens wird es mehr Libido für dich kreieren. Schau dir Masturbation von folgendem Gesichtspunkt aus an: Was kreiere ich hier? Wozu tue ich es?

Wenn du nur masturbierst, um zu kommen, wirst du kein Gefühl für die großartigere Energie bekommen, die durch

Kopulation auftreten kann. Der Zweck von Kopulation sollte sein, dich mehr zu stimulieren, um zu leben, nicht, um den kleinen Tod zu kreieren. So nennen die Franzosen die Ejakulation. Also schau dir weiter an: Was ist es, was ich zu erreichen versuche mit dem, was ich tue?

Die meisten Leute masturbieren, um ihren Penis unempfindlicher zu machen, statt um ihn zu sensibilisieren. Ich kenne jemanden, der zwei Rockhards, ein Stimulans für den Penis, genommen hat. Er sagte: „Alles, was ich tun musste, war, mit meinem Penis an etwas entlang zu streifen und schon hatte ich einen Ständer." Das ist ein Level von Sensitivität, mit dem die meisten Männer nicht umgehen können und von dem die meisten Frauen nicht wissen wollen, dass ihr ihn habt. Ein anderer Freund hat erzählt, dass er eine Rockhard genommen hat, als er weite Hosen ohne Unterwäsche trug, und die Hose rieb irgendwie an seinem Körper. Er sagte: „Ich musste mitten auf der Straße stehen bleiben und an tote Kaninchen denken, weil ich meinen Ständer nicht losgeworden bin." Es gibt verschiedene Arten, sich empfindsamer zu machen. Fragt: Wie kann ich mich selbst sensibilisieren, damit ich immer bereit bin?

Versucht, eure Nippel zu stimulieren und den Rest eures Körpers, indem ihr die Finger an euch hinabstreifen lasst und die galvanische Reaktion hervorruft, bis ihr einen Ständer bekommt. Das nächste Mal, wenn ihr Sex mit einer Frau habt, werdet ihr ein sehr viel besserer Liebhaber sein, denn ihr werdet empfindsamer sein und bewusster. Ihr werdet eine Bereitschaft haben zu empfangen, die derzeit in eurem Repertoire nicht vorhanden ist. Die meisten Männer wissen nicht, wie man einen Blow Job empfängt und die meisten Frauen wissen nicht, wie man einen gibt. Warum ist das wohl so?

EMPFANGEN

Kursteilnehmer:
　Es geht um das Empfangen, oder?

Gary:
　Ja. Ihr habt euch selbst nie beigebracht zu empfangen; ihr habt euch beigebracht, wie man kommt. Wenn ihr euer Leben mit Masturbation verbringt, um zu kommen, erhöht ihr damit nicht eure Fähigkeit zu empfangen, was auch die Geldsumme begrenzt, die ihr in eurem Leben haben könnt. Ihr müsst euren Körper wieder sensibilisieren, denn ihr habt das meiste davon abgeschnitten. Bei den meisten Sportarten geht es darum, in andere Typen hineinzukrachen. Ist es das, was ihr Sensibilität nennt? Das ist tatsächlich die Eliminierung der Sensibilität. Fragt: Wie sensibilisiere ich meinen Körper, so dass seine galvanischen Reaktionen eine galvanische Reaktion bei anderen hervorrufen?

　Die galvanische Reaktion ist ein System, über das euer Körper verfügt, das ihr vielleicht nicht verwendet. Euer Körper verfügt über automatische Systeme. Überall in eurem Körper habt ihr eine somatische Reaktion. Die Art und Weise, wie der Körper auf etwas reagiert, ist Teil der Information, die euer Körper erhalten soll. Ihr habt Elemente im Körper, die euch erlauben, auf unterschiedliche Art auf Dinge zu reagieren. Ihr könnt einen Ort in euch und eurem Körper kreieren, an dem eure Sensibilität und euer Gefühl für Empfangen extremer ist. Zum Beispiel haben die meisten Männer noch nicht erlebt, dass ihr Anus berührt wird. Das ist einer der sensibelsten Teile ihres Körpers, aber sie würden niemals daran denken, ihn zu berühren. Sie wischen ihn mit Toilettenpapier, aber das ist das höchste der Gefühle.

Lernt, wie reaktionsfähig jeder Teil eures Körpers sein kann. Es ist nicht so, dass ihr deswegen schwul werdet. Es bedeutet nicht, dass eine Frau sich den Riemen umschnallt und euch in den Arsch fickt, obwohl das auch Spaß machen könnte. Erkennt, dass es eine andere Möglichkeit gibt in der Art und Weise, wie euer Körper empfängt. Wie wäre es, wenn ihr gewillt wärt, mehr davon zu haben und weniger von dem, was ihr derzeit habt? Ist das, was ihr derzeit habt, das, was ihr wollt?

Selten begreifen die Leute wirklich, dass es da eine andere Wahl gibt. Die meisten Leute haben die Vorstellung: „Ich muss das tun" oder: „Das ist, wie es ist" oder: „So sollte es sein." Was, wenn nichts davon tatsächlich real wäre?

EINE MOLEKULARE VIBRATION ZWISCHEN DIR UND DER FRAU KREIEREN

Kursteilnehmer:
Du sagst, Frauen hätten normalerweise Sex, um eine Beziehung zu bekommen, und Männer gehen normalerweise eine Beziehung ein, um Sex zu bekommen. Statt an diese Realität gebunden zu sein, wie kann ich eine andere Möglichkeit haben? Wie kann ich zum Beispiel Sex ohne

eine Beziehung haben? Ich habe so einige Leute gekannt, die Fickmeister waren, aber ich scheine nicht verstehen zu können, warum oder wie sie Fickmeister sein können. Es scheint so natürlich für sie zu sein. Wie ist das möglich?

Gary:

Welche Dummheit verwendet ihr, um euch total gegen den Fickmeister zu verteidigen, der ihr sein könntet, wählt ihr? Alles was das ist, mal Gottzillionen, werdet ihr all das zerstören und unkreieren? Right and Wrong, Good and Bad, POD and POC, All Nine, Shorts, Boys, and Beyonds.

Ein Fickmeister zu sein ist weder gut noch schlecht. Ihr müsst Fragen stellen: Will diese Frau wirklich Sex mit mir oder wünscht sie sich etwas anderes? Sehr oft wünschen sich die Frauen, die mit euch Sex haben möchten, mehr von euch, als nur Sex zu haben, aber das wollt ihr nicht wissen. Ihr denkt: „Okay, ich kann sie ficken" und schneidet euer Gewahrsein ab, um sicherzustellen, dass ihr zum Ficken kommt.

Wenn ihr ein wirklich guter Cunnilingus-Liebhaber werdet, wenn ihr wirklich gut darin werdet, eure Finger im Körper einer Frau einzusetzen und sie vier oder fünf Mal zum Kommen bringt, bevor ihr in ihr kommt, dann werden die Frauen kommen und euch wieder und wieder und wieder besuchen wollen.

So beginnt ihr einen Ort zu kreieren, wo ihr ein wertvolles Produkt werdet. Ihr müsst euch zu einem wertvollen Produkt machen, indem ihr euren Körper ausreichend sensibilisiert, so dass ihr fühlen könnt, was ihr Körper fühlt und euer Körper fühlt, was ihr Körper fühlt. Macht das galvanische Reaktionszeug, so dass ihr an den

Punkt kommt, wo ihr eine Verbundenheit zwischen den molekularen Strukturen eurer Körper kreieren könnt. Fragt: Wie können wir die molekulare Vibration zwischen uns als etwas Großartigeres kreieren, als das, was jeder von uns alleine haben kann?

Kursteilnehmer:

Das ist es, was du im Buch „The Place" beschreibst, oder?

Gary:

Ja. Das ist, was ich in *The Place* beschreibe. Es ist das, was ich versuche, die Leute erkennen zu lassen: Da ist dieser Ort. Hatte ich persönlich diesen Ort schon einmal? Ja. Ich war in der Lage, ihn mit einigen verschiedenen Frauen zu erreichen.

Es war nicht so, dass ich ein Fickmeister war. Ich habe meine Silberzunge auf mehr als eine Weise verwendet, um alles zu bekommen, was ich wollte. Ich hatte Mitbewohner, die gut ausgesehen haben, junge Hengste, die Frauen benutzt haben. Sie fanden eine Freundin und waren von ihr nach dem dritten Mal Sex gelangweilt.

Ich habe gefragt: „Was ist langweilig an der Art, wie sie Sex hat?"

SPRICH MIT IHR

Meine Mitbewohner sagten: „Ah, ich habe es einfach satt, mit ihr reden zu müssen." Ich habe erkannt, wenn du gewillt bist, mit jemandem zu reden, kommst du sehr viel weiter, als wenn du es nicht bist. Also habe ich angefangen, mit diesen Mädchen zu reden und am Ende bin ich mit ihnen im Bett gelandet. Das Lustige daran ist, dass sie mir alle sagten, dass ich besser gewesen sei als meine Mitbewohner, weil es mir nicht nur darum ginge, ihn reinzustecken. Sie sagten, sie hätten den Sex mit mir genossen. Du musst fragen: Was wird genussvoll für sie sein? Du kannst die Frau fragen: „Was ist das Genussvollste für dich?"

Ich war ein wenig anders. Als ich jung war, hatte ich die Ansicht, dass ich alles lernen müsste, was ich nur konnte, weil ich nicht angemessen ausgestattet war. Also versuchte ich herauszufinden, was andere Leute taten. Ich habe die Frau, mit der ich zusammen war, gefragt: „Du warst ja mit diesem Typen zusammen. Was hat er getan, was ich nicht getan habe?" oder: „Was hat er gemacht, das wirklich großartig war?" Die Frauen waren überrascht, dass ich fragte und sie waren begeistert, dass sie in der Lage waren, es zu erzählen. Ihr müsst gewillt sein zu fragen: „Was ist die beste Sache, die jemals einer sexuell mit dir gemacht hat?" Findet heraus, was es ist und dann fragt: „Kannst du mir beibringen, wie ich das machen soll?" Und ratet mal? Wenn du sie bittest, dir das beizubringen, fangen sie an, dir beizutragen. So bekommst du sie in dein Team. „Bring mir bei, die beste Sache zu machen, die du jemals hattest. Zeig mir, wie man es macht. Habe ich es gut genug gemacht oder gibt es etwas, das ich noch verbessern kann?" Ihr fragt auch den Körper der Person: „Was kann ich anderes tun, das eine Verbesserung dafür wäre?"

DIE LEUTE VERBINDEN SICH ALS KÖRPER

Da ist noch eine Sache in Bezug auf die Sensibilisierung

deines Körpers. Erkennt, dass sich die Leute nicht als Wesen verbinden, sie verbinden sich als Körper. Wenn ihr nicht begreift, dass die Leute sich als Körper, statt als Wesen verbinden, wird dein Verhalten keinen Sinn für dich machen. Wir neigen dazu, die Person, mit der wir zusammen sind oder mit der wir gern zusammen wären, zu betrachten basierend darauf, wo ihr Körper ist und wo sie in der Zeit sind. Das ist der Grund, weshalb ihr jemanden, der stirbt, so sehr vermisst oder zum Beispiel, wenn ihr ein Haustier verliert. Ihr vermisst es, sie berühren zu können. Wenn ihr euch getrennt voneinander fühlt, dann fühlt ihr nicht länger, dass euer Körper mit dem Körper des anderen verbunden ist.

Wenn ihr durch die größeren Veränderungen durchgeht, die Access Consciousness für euch kreiert, dann wird es da eine Neigung zu einem Gefühl der Abtrennung geben. Dann solltet ihr fragen: Haben mein Körper und ich uns so sehr verändert, dass wir nicht länger von den Systemen der anderen Leute auffindbar sind?

Mit *Systemen* meine ich die Dinge, nach denen die Leute suchen, um ein Gefühl von Verbundenheit mit deinem Körper zu haben. Sie wollen wissen, wo euer Körper im Raum ist und wo ihr in Bezug auf ihn seid. Das ist nicht notwendigerweise die leichteste oder beste Wahl, aber so wird es hier gemacht. Wenn ihr durch diese Veränderungen geht, wird sich auch eure Beziehung zu Geld verändern – denn ist Geld für euch, das Wesen, oder ist Geld für den Körper? Es ist für den Körper.

„DU BIST MEIN"

Kursteilnehmer:

Ich war bei einem Workshop, wo Männer und Frauen sich zu Paaren zusammentaten und die Frau musste den Mann um die Berührung bitten, die sie haben wollte. Meine Partnerin fragte mich: „Kannst du mich so berühren, als würde ich dir gehören?" Sie wollte, dass ich sie so berühre, als würde ich sie besitzen oder als ob sie meine Frau wäre.

Gary:

Was hat die Frau dir gesagt? Dass sie Männer mag? Dass sie Männer nicht mag? Oder dass sie einen besitzen möchte?

Kursteilnehmer:

Sie wollte einen besitzen.

Gary:

Ja. Was die Leute sagen, ist ein Hinweis darauf, was ist. Warst du imstande, sie zufrieden zu stellen?

Kursteilnehmer:

Das war ich tatsächlich und es hat mein Universum erweitert, weil ich zuvor nicht gewillt war, in diese Energie zu gehen. Ich hatte die Bewertung, dass die Energie „Du bist mein" schlecht ist.

Gary:

Es gibt da einen Unterschied zwischen „Du bist mein" und „Ich besitze dich."

Kursteilnehmer:

Die Energie war „Du bist mein." Das war die Energie, die sie erfahren wollte.

Gary:

Das musst du gewillt sein, dir anzuschauen:
Wie besitze ich diese Frau für immer?
Was kann ich tun, das sie sexuell so begeistern würde, dass sie sich nicht vorstellen kann, ohne mich auszukommen?

WAS WILL DIESE PERSON? / WAS WILL ICH?

Kursteilnehmer:

Dain hat darüber gesprochen, wie wir humanoiden Männer manchmal gerne kuscheln und romantisch sind. Könntest du ein wenig mehr darüber sagen? Das war außerhalb meines Universums. Ich gerate immer in Sex oder in eine Beziehung.

Gary:

Es geht nicht um Entweder-Oder. Du musst sehen, was die Person will, mit der du zusammen bist. Ich frage: Wird es leicht sein? Wird es Spaß machen? Werde ich etwas lernen? Ich habe gelernt, dass viele Frauen gerne nur kuscheln und keinen Sex haben wollen, und so konnte ich nach Hause gehen. Du musst dir anschauen:

+ Was will ich?
+ Wofür bin ich hergekommen?
+ Warum bin ich hier?
+ Warum will ich mit dieser Person kommen?

+ Was ist es, wonach mich wirklich verlangt?
+ Was ist es, was für mich wirklich erforderlich ist?
+ Wohin möchte ich damit gehen?

Die meisten von uns Männern stellen diese Fragen niemals. Ich persönlich habe erkannt: „Ich habe all diese Ansichten darüber, wie ich als Mann sein sollte basierend darauf, was mir Frauen gesagt haben, wie ich sein sollte, und nicht, was tatsächlich für mich funktionieren würde. Oh! Ich muss mir anschauen, was ich wirklich will und nicht versuchen es herauszufinden, entsprechend dem, was Frauen wollen." Die meisten Männer versuchen herauszufinden, was gut für eine Frau wäre und ignorieren, was gut für sie wäre.

Welche Dummheit verwendet ihr, um euch total dagegen zu verteidigen, der Mann zu sein, der ihr wahrhaftig sein könnt, wählt ihr? Alles was das ist, mal Gottzillionen, werdet ihr all das zerstören und unkreieren? Right and Wrong, Good and Bad, POD and POC, All Nine, Shorts, Boys, and Beyonds.

Ihr solltet das laufen lassen:

Welche physische Verwirklichung einer vollkommen anderen sexuellen Realität, jenseits dieser Realität, bin ich jetzt in der Lage zu generieren, zu kreieren und einzurichten?

Ich habe versucht, euch von diesem Ort wegzubringen, wo ihr die Frauen zur Autorität, zum Grund und zur Rechtfertigung für alles macht. Wenn ihr damit aufhört, fangt ihr an, eine Wahl zu haben, ihr selbst zu sein, euch zu haben und euch als wertvoll zu sehen.

Ich würde euch auch gern an dem Punkt sehen, wo ihr, statt jeden zu wählen, der Sex mit euch haben wird, anfangt, nach denen zu suchen, die Sex mit euch haben wollen und mit denen es euch tatsächlich Spaß machen wird.

„Oh, sie wird Sex mit mir haben" ist also nicht gleich „Ich nehme sie", sondern es ist:
- Wird es mir Spaß machen?
- Werde ich es genießen?
- Wird das mein Leben großartiger machen?
- Wird das alles, was ich mir ersehne, wertvoller und phänomenaler machen?

Seht ihr, wie unterschiedlich diese Fragen sind zu: „Wird sie tatsächlich Sex mit mir haben?" Wenn du eine Frau ansiehst und sagst: „Oh, ich wette, sie ist es", dann ist das eine Schlussfolgerung. Es ist keine Frage. Eine Frage ist:
- Ist sie das, wonach ich suche?
- Wird es so sein, wie ich will, dass es ist?

Wie viele von euch begnügen sich mit was auch immer ihr bekommen könnt, statt exakt zu wissen, was ihr wollt, und nicht gewillt zu sein, weniger zu nehmen?

Alles was das ist, mal Gottzillionen, werdet ihr all das zerstören und unkreieren? Right and Wrong, Good and Bad, POD and POC, All Nine, Shorts, Boys, and Beyonds.

Welche Verpflichtung weigert ihr euch, gegenüber euch selbst einzugehen, die, wenn ihr es tun würdet, euch die Art von Sex und Beziehung geben würde, die ihr wahrhaftig haben wollt? Welche Dummheit verwendet ihr, um euch für oder gegen den Sex und die Beziehung zu verteidigen, die ihr wählt? Alles was das ist, mal Gottzillionen, werdet ihr all das zerstören und unkreieren? Right and Wrong, Good and Bad, POD and POC, All Nine, Shorts, Boys, and Beyonds.

Jungs, ihr verpflichtet euch nicht euch selbst gegenüber. Ihr verpflichtet euch eurer Frau. Warum ist es wichtiger für euch, euch einer Frau zu verpflichten als euch selbst?

NÖRGELEI

Kursteilnehmer:
Damit sie zufriedengestellt ist, so dass sie nicht an mir herumnörgelt.

Gary:
Mit anderen Worten, du erwartest, dass sie an dir herumnörgelt. Du erwartest von Frauen, dich anzunörgeln. Hier geht das Problem darum: Weil ihr versucht, das Nörgeln zu vermeiden, wählt ihr immer Frauen, die nörgeln werden. Das trifft auf euch alle zu.

Kursteilnehmer:
Können wir das bitte jetzt löschen?

Gary:
Alles was das ist, mal Gottzillionen, werdet ihr all das zerstören und unkreieren? Right and Wrong, Good and Bad, POD and POC, All Nine, Shorts, Boys, and Beyonds.

Kursteilnehmer:
Das ist witzig, denn die einzige Sache, auf die ich jemals reagiere, ist ihre Nörgelei. Alles andere kümmert mich nicht, aber wenn sie nörgelt, werde ich wirklich wütend.

Gary:

Aber du tust immer, was du nur kannst, um ihre Nörgelei zu kreieren.

Kursteilnehmer:

Wofür oder wogegen verteidige ich mich immer noch bei meiner Partnerin?

Gary:

Verteidigst du sie, dass sie eine Nörglerin ist, damit du wählen kannst, sie zu verlassen, während du dich dagegen verteidigst, dass sie eine Nörglerin ist, damit du sie lieben kannst?

Kursteilnehmer:

Das ist beängstigend.

Gary:

Tatsächlich ist sie die perfekte Beziehung für dich. Sie ist ein Mädchen, das nörgeln wird und nörgeln wird und nörgeln wird, bis du tust, was sie will, was bedeutet, dass du wütend auf sie sein kannst, weil sie dich dazu bringt zu tun, was sie will, aber zumindest wird sie dich annörgeln.

Lass mich dir eine andere Frage stellen. Hast du „Nörgeln" als Liebe definiert?

Kursteilnehmer:

Anscheinend.

Gary:

Alles, was ihr getan habt, um Nörgeln als Liebe zu definieren, und ihr alle, die ihr beobachtet habt, wie eure Mütter eure Väter angenörgelt haben, weil ihr wusstet, wenn eine Frau wütend auf einen Mann ist und ihn annörgelt, dass das wahre Liebe ist, werdet ihr all das zerstören und unkreieren? Right and Wrong, Good and Bad, POD and POC, All Nine, Shorts, Boys, and Beyonds.

Kursteilnehmer:

Das ist genial. Wie sehr sind Liebe und Hass im Grunde das gleiche Ding? Sie sind die beiden Seiten einer Münze. Ich habe angefangen, viel davon zu verändern. Ich reagiere nicht mehr auf meine Partnerin, wenn sie nörgelt. Ich bin in Erlaubnis dafür und ich wähle etwas anderes für mich, aber für sie ist es, als würde ich aus ihrem Universum verschwinden, weil ich nicht darauf reagiere.

Gary:

Ja, ich weiß. Sie hat Nörgeln als einen Akt der Liebe definiert.

Kursteilnehmer:

Was könnte ich hier anderes tun? Ich weiß nicht, was ich tun soll oder wohin ich damit soll.

Gary:

Tja, was willst du wirklich von ihr?

Kursteilnehmer:

Das ist eine gute Frage.

Gary:

Du weißt nicht einmal, was du willst. Lass mich dir eine Frage stellen: Was willst du mit einer Frau? Das. Was war das für eine Energie, die da hochkam, als ich diese Frage gestellt habe?

Kursteilnehmer:

Was ich bekomme ist: „Jemand, der mir nicht im Weg ist."

Gary:

Du willst also eine Frau, die dir nicht im Weg ist. Wäre das deine Partnerin?

Kursteilnehmer:

(Lacht) Ja.

Gary:

Alles was das ist, mal Gottzillionen, werdet ihr all das zerstören und unkreieren? Right and Wrong, Good and Bad, POD and POC, All Nine, Shorts, Boys, and Beyonds. Also was willst du mit einer Frau? Das.

Kursteilnehmer:

Jemand, der Widerstand leistet oder einen Widerstand kreiert, damit ich etwas habe, wogegen ich kämpfen kann.

Gary:

Cool.

Alles was das ist, mal Gottzillionen, werdet ihr all das zerstören und unkreieren? Right and Wrong, Good and Bad, POD and POC, All Nine, Shorts, Boys, and Beyonds.

Kursteilnehmer:

Danke, Gary. Das war wirklich hilfreich. Bevor du diese Frage gestellt hast, war ich mir nicht bewusst, dass ich nach jemandem gesucht habe, der eine Art Widerstand oder Kampf kreiert. Ich dachte, ich tue etwas anderes.

Gary:

Alles was das ist, mal Gottzillionen, werdet ihr all das zerstören und unkreieren? Right and Wrong, Good and Bad, POD and POC, All Nine, Shorts, Boys, and Beyonds.

Meine Herren, ich hätte gern, dass ihr alle diesen Prozess bis zum nächsten Call laufen lasst:

Welche Dummheit verwende ich, um (der Name der Person, mit der ihr zuletzt eine Beziehung hattet oder der Person, mit der ihr derzeit eine habt) zu kreieren, die ich wähle?

Also: Welche Dummheit verwende ich, um (Name der Person) zu kreieren, die ich wähle? Alles was das ist, mal Gottzillionen, werdet ihr all das zerstören und unkreieren? Right and Wrong, Good and Bad, POD and POC, All Nine, Shorts, Boys, and Beyonds.

Macht das mit der Person, mit der ihr jetzt zusammen seid, oder mit der letzten Person, mit der ihr zusammen wart. Ihr habt jede Frau, die ihr jemals in eurem Leben hattet, deswegen gewählt, weil sie zu irgendeiner Schwingung gepasst hat. Wenn ihr wahrhaftig eine Veränderung in eurem Leben kreieren wollt, müsst ihr herausfinden, was das für eine Schwingung ist. Okay, meine Herren. Das war es. Ich werde mit euch bei unserem nächsten Call sprechen. Passt auf euch auf, Freunde. Bis dann!

Kursteilnehmer:

Vielen Dank!

8
Was ist ein Gentleman?

Ein Gentleman kommt aus keiner Bewertung und weil er keine Bewertung hat, öffnet er die Tür zu Möglichkeiten für jede einzelne Person, die er berührt.

Gary:

Hallo, meine Herren. Hat irgendwer eine Frage?

EIN GENTLEMAN SEIN

Kursteilnehmer:

Wenn ich an das Wort *Gentleman* denke, fühlt sich das schwer für mich an. Ich habe das Gefühl, ein Gentleman zu sein, ist eine Begrenzung. Um ein Gentleman zu sein, muss man Dinge tun oder darf sie nicht tun. Was ist deine Definition von *Gentleman*?

Gary:

Zuallererst ist ein Gentleman jemand, der gewillt ist zu

erkennen, was eine Frau braucht und das zu liefern.

Alles, was das nicht erlaubt, mal Gottzillionen, werdet ihr all das zerstören und unkreieren? Right and Wrong, Good and Bad, POD and POC, All Nine, Shorts, Boys, and Beyonds.

Kursteilnehmer:
Gibt es da noch mehr bei dieser Definition?

Gary:
Wenn du gewillt bist, ein Gentleman zu sein, bist du gewillt zu sehen, was eine Frau von dir braucht. Ein Gentleman übernimmt nicht einfach die Ansicht eines Mannes. Er ist gewillt, ebenso die Ansicht einer Frau zu sehen. Er ist gewillt zu sehen, was er tun kann, um eine andere Möglichkeit zu kreieren. Wenn ihr nicht gewillt seid zu sehen, welche andere Möglichkeit ihr fähig seid zu kreieren, seid ihr dann wahrhaftig in der Lage zu kreieren, was ihr gern kreieren würdet?

Ich kann zum Beispiel ein Gentleman sein und einer Frau die Tür öffnen, wenn sie ins Auto steigt. Wenn ich das tue, sagt sie: „Du bist so ein Gentleman." Was das aus ihrer Ansicht heraus bedeutet, ist das, wonach ihr sucht. Denn um eine Beziehung oder Sex mit einer Person zu kreieren, müsst ihr das sein, was sie bereit ist zuzulassen, dass ihr seid. Wenn ihr gewillt seid, ein Gentleman zu sein, sehen euch die Frauen aus einer anderen Ansicht. Ist diese Ansicht Bewertung oder keine Bewertung? Es ist eine Ansicht ohne Bewertung. Das ist der Grund, weshalb ein Gentleman zu sein, hier ein wirksamer Zustand ist.

Alles was das ist, mal Gottzillionen, werdet ihr all das zerstören und unkreieren? Right and Wrong, Good and Bad, POD and POC, All Nine, Shorts, Boys, and Beyonds.

Wenn du eine Ladung darauf hast, ein Gentleman zu sein, bedeutet das, dass du in viel zu vielen Leben kein Gentleman warst.

Überall, wo ihr „kein Gentleman sein" betrieben habt und überall, wo ihr euch dafür bewertet habt, dass ihr kein Gentleman seid und überall, wo ihr so getan habt, als würde es euch tatsächlich nicht kümmern, ein Gentleman zu sein, werdet ihr all das zerstören und unkreieren? Right and Wrong, Good and Bad, POD and POC, All Nine, Shorts, Boys, and Beyonds.

Kursteilnehmer:

Kannst du darüber sprechen, was es bedeutet, ein Gentleman zu sein, außer in der Beziehung mit einer Frau?

Gary:

Wenn du ein Gentleman bist, erkennst du den Wert von jeder einzelnen Person, mit der zu zusammen bist. Gentlemen haben keinerlei Bewertung über irgendjemanden. Sie haben nur das Gewahrsein dessen, was möglich sein könnte für jede einzelne Person um sie herum. Was, wenn ihr gewillt wärt, das Gewahrsein von allem zu haben, was möglich ist, statt die Bewertung von dem, was ihr tun solltet oder nicht tun solltet?

Lasst uns annehmen, ihr seid ein Gentleman und ihr geht mit einem schwulen Mann aus, der euer Freund ist. Flirtet ihr mit ihm oder flirtet ihr nicht mit ihm?

Kursteilnehmer:
   Ich flirte mit ihm.

Gary:
   Ja, weil es das ist, was für ihn erforderlich ist und was er sich von euch wünscht. Bedeutet das, dass ihr irgendetwas tun werdet?

Kursteilnehmer:
   Nein.

Gary:
   Nein. Es bedeutet, dass ihr ihm gebt, was er sich von euch wünscht. Ihr müsst gewillt sein zu sehen, was andere Leute sich von euch wünschen. Wenn ihr nicht gewillt seid, ein Gentleman zu sein, dann seid ihr nicht gewillt zu sehen, was andere sich von euch wünschen. Ein Gentleman weiß immer, was erforderlich ist und was von ihm gewünscht wird und er liefert, was immer zu liefern er wählt.

Kursteilnehmer:
   Wie macht man das, ohne sich von sich selbst scheiden zu lassen – denn das ist es, was ich tue?

Gary:
   Du gehst also mit einem schwulen Freund aus und du flirtest mit ihm. Hast du Sex mit ihm?

Kursteilnehmer:
   Wahrscheinlich nicht. Aber es könnte sein. Wer weiß das schon tatsächlich?

Gary:

Gut. Du bist immer offen für die Möglichkeit, was passieren könnte, statt Schlüsse zu ziehen und zu bewerten, was geschehen oder nicht geschehen kann.

Kursteilnehmer:

Was ist der Unterschied zwischen einem Gentleman und einem Hurenbock?

Gary:

Ein Gentleman ist ein sehr guter Hurenbock, weil er keine Bewertung darüber hat, was er tut oder was jemand anderes tut. Ein Gentleman kommt zu keiner Schlussfolgerung oder Bewertung. Wenn du dir das Gegenteil von einem Gentleman anschauen würdest, dann wäre das ein Sexist. Das kommt dem Gegenteil eines Gentleman nahe.

Ein Sexist ist jemand, der festgelegt hat, was richtig ist. Er hat entschieden, dass es so sein sollte und dass es das ist, was man tun muss. Ein Gentleman zu sein bedeutet, dass ihr nach den Möglichkeiten sucht, nicht nach den Schlussfolgerungen und dass ihr nicht nach den Bewertungen Ausschau haltet.

Kursteilnehmer:

Wow. Ich bekomme hier so einiges an Anerkennung oder Erkenntnissen.

Gary:

Es ist die Bereitschaft, etwas zu sein, was andere Leute nicht bereit sind zu sein.

Kursteilnehmer:
Wow.

Gary:
Ich bin siebzig Jahre alt und Frauen, die dreißig Jahre alt sind, sagen mir, dass sie lieber mit mir als mit Dain zusammen wären, weil sie wissen, dass ich sie nicht verletzen würde, während Dain es tun würde. Ist das wirklich wahr?

Kursteilnehmer:
Nein.

Gary:
Nein, das einzige, das jemanden verletzt, ist, wenn du ihm nicht das gibst, was er will. Dain gibt ihnen eher, was sie denken, dass sie wollen, als ich. Sie glauben, dass Dain sich als der Märchenprinz entpuppen würde, von dem sie gedacht haben, dass sie nach ihm suchen würden. Sie wissen, dass ich zu alt bin, um ein Märchenprinz zu sein, also was kann ich sein? Der alte Mann, der sich ihrer annimmt mit der Eleganz, mit der sie es verdienen, behandelt zu werden.

EIN GENTLEMAN WÄHLT MÖGLICHKEIT STATT BEWERTUNG

Die Leute wählen immer Bewertung statt Möglichkeit. Und als ein wahrer Gentleman wirst du immer Möglichkeit der Bewertung vorziehen, was die Leute zu großartigeren Möglichkeiten einlädt. Vor Jahren bin ich mit einer Frau und ihrem Vater zum Abendessen ausgegangen. Der Vater war achtundachtzig Jahre alt. Er war ein Gentleman der alten

Schule. Er war elegant angezogen und sah elegant aus. Es war eine Frau in den Fünfzigern dabei, die sich auf ihn gestürzt hat. Warum? Weil er keine Bewertung über sie hatte, nur die Möglichkeit dessen, was sich tatsächlich zeigen könnte.

Ein Gentleman kommt von keiner Schlussfolgerung und weil er keine Bewertung hat, öffnet er die Tür zu Möglichkeiten für jede einzelne Person, die er berührt.

Alles, was das für euch alle hochgebracht hat, werdet ihr all das zerstören und unkreieren? Right and Wrong, Good and Bad, POD and POC, All Nine, Shorts, Boys, and Beyonds.

Kurseilnehmer:

Ich habe Frauen oft sagen hören: „Sean Connery ist solch ein Gentleman."

Ich frage: „Hast du ihn kennen gelernt?"

Die Frauen sagen: „Nein, aber er sieht aus wie ein Gentleman."

Und ich frage: „Und ich nicht?"

LADE SIE EIN, IN EINE GROSSARTIGERE MÖGLICHKEIT EINZUTRETEN

Gary:

Sean Connery ist gewillt, elegant zu sein, um einen Ort zu kreieren, an dem Leute mehr Eleganz wählen werden. Wenn du ein Gentleman bist, wirst du immer jeden einladen, dass er mehr von dem wird, was er sein kann, nicht weniger. Wie oft hattet ihr Sex mit einer Frau und habt sie gebeten, weniger zu werden als das, was sie ist?

Viele, wenige oder Megatonnen Mal? Wenn ihr eine Frau bittet, sich euch hinzugeben, bittet ihr sie dann, alles zu sein, was sie ist, oder weniger von ihr?

Kursteilnehmer:
Weniger von ihr.

Gary:
Ja. Als Gentleman lädst du sie immer ein, in eine großartigere Möglichkeit einzutreten, und wenn du das tust, wird Möglichkeit auftauchen. Sie wird in eine großartigere sexuelle Energie eintreten, als du sie jemals zuvor hattest. Die meisten von euch bitten eine Frau, sich euch hinzugeben, was nicht bedeutet, sie zu bitten, mehr von sich selbst zu sein. Ihr bittet sie nicht, in eine großartigere Möglichkeit einzutreten, von der sie je gewusst hat, dass sie möglich ist. Was, wenn ihr die Frauen, mit denen ihr Sex habt, bitten würdet, in etwas einzutreten, von dem sie nicht einmal wussten, dass es möglich ist?

Alles was das ist, mal Gottzillionen, werdet ihr all das zerstören und unkreieren? Right and Wrong, Good and Bad, POD and POC, All Nine, Shorts, Boys, and Beyonds.

Kursteilnehmer:
Wie würde das aussehen, wenn man eine Frau dazu einlädt, das zu tun?

Gary:
Es könnte sein: „Hey, kann ich das für dich tun?" Vor Jahren habe ich die Frauen immer gefragt: „Was hat jemand für dich getan, das niemand sonst je für dich getan hat, das,

wenn man es für dich tun würde, dir mehr geben würde, als du jemals für möglich gehalten hast?" Ich wollte immer wissen, was andere Typen getan haben, das ich nicht tat. Warum habe ich das wohl gemacht?

Kursteilnehmer:

Um herauszufinden, was sie mag?

Gary:

Ja! Um herauszufinden, was sie mag, was sie glücklich macht und was ihren Körper zum Singen bringt. Wenn ihr fragt, was ein anderer Mann für sie getan hat, das niemand sonst getan hat, werdet ihr die Energie davon bekommen. Wenn ihr gewillt seid, diese Energie zu liefern, seid ihr ein Gentleman, der gewillt ist, ihr alles zu geben, wonach sie sich sehnt, alles, was sie jemals wollte und alles, wovon sie jemals dachte, dass es großartig sei.

Alles, was euch nicht erlaubt, das wahrzunehmen, zu wissen, zu sein und zu empfangen, werdet ihr all das zerstören und unkreieren? Right and Wrong, Good and Bad, POD and POC, All Nine, Shorts, Boys, and Beyonds.

Kursteilnehmer:

Ich bin gar nicht so im Arsch wie ich dachte.

Gary:

Bist du das, Herr Fickmeister?

Kursteilnehmer:

Ja. Der, der sich sofort für eine Frau aufgibt.

Gary:

Hast du mich jemals sagen hören, dass ihr nicht so im Arsch seid, wie ihr gedacht habt?

Kursteilnehmer:

Ja. Schon ein paar Mal.

Gary:

Ja, aber ihr habt mir nie geglaubt, oder?

Kursteilnehmer:

Ich habe das vielleicht 2.000 Mal gehört.

Gary:

Das nächste Mal, wenn ich dich sehe, musst du mir einen Euro geben, um zu beweisen, dass ich nicht unrecht damit hatte.

Wozu ihr in der Lage seid und was ihr tut, sind zwei unterschiedliche Dinge. Was, wenn es nicht zwei unterschiedliche Dinge wären? Versucht ihr immer weiter zu sehen, wo ihr verkehrt seid – oder wie richtig ihr seid?

Kursteilnehmer:

Wie ich verkehrt bin.

Gary:

Welche Kreation von Sex und Kopulation verwendet ihr, um die Realitäten anderer Leute zu bestätigen und eure Realität zu entwerten, wählt ihr? Alles was das ist, mal Gottzillionen, werdet ihr all das zerstören und unkreieren? Right and Wrong, Good and Bad, POD and POC, All Nine, Shorts, Boys, and Beyonds.

Kursteilnehmer:

Ja, ich springe in die Realität anderer Leute.

Gary:

Willst du wissen, dass du das tust?

Kursteilnehmer:

Ja.

Gary:

Nein, das willst du nicht. Du versuchst immer nur herauszufinden, wie du es *nicht* tust, statt zu sehen, wie du es *tust*. Du musst fähig sein zu sehen, was jemand von dir braucht und sich von dir wünscht.

Wenn du zum Beispiel denkst, dass du Sex mit jemandem haben willst, schneidest du dann dein Gewahrsein ab, um Sex zu haben?

Kursteilnehmer:

Oft, ja.

Gary:

Nicht oft. Die ganze verdammte Zeit!

Welche Dummheit verwendet ihr, um die Verteidigung für und gegen die Kopulation, die andere für dich wählen, zu kreieren, wählt ihr? Alles was das ist, mal Gottzillionen, werdet ihr all das zerstören und unkreieren? Right and Wrong, Good and Bad, POD and POC, all Nine, Shorts, Boys, and Beyonds.

DU MUSST VON DEINER REALITÄT AUS KREIEREN

Kursteilnehmer:

Gary, das ist eine tolle Serie. Letzte Nacht hatte ich den phänomenalsten Sex. Da ist ein Verlangen, mehr Sex mit dieser bestimmten Person zu haben und das noch mehr zu erforschen. Ist es möglich mit einer Frau eine Vereinbarung und Lieferung zu treffen, um mehr zu haben, ohne eine Beziehung zu kreieren?

Gary:

Gott sei Dank hattest du endlich diese Erfahrung. Bei der sexuellen Energie geht es um die generierende Kapazität des Lebens und zu leben und die orgasmische Qualität des Lebens und zu leben, die die meisten von uns niemals gewillt oder fähig waren zu haben. Begreift ihr das alle?

Ist es möglich, mehr mit einer Frau zu haben, ohne eine Beziehung zu kreieren? Wahrscheinlich nicht. Würdet ihr gern glauben, dass es möglich ist? Absolut. Seid ihr in einem totalen Wahn gefangen? Ja, ihr seid Männer. Ihr müsst begreifen, dass Frauen nach etwas anderem suchen als Männer. Frauen sind nicht im gleichen Universum wie ihr. Die meiste Zeit verstehen sie nicht, wonach ihr fragt oder woran ihr interessiert seid.

Es gibt eine unterschiedliche Möglichkeit im Leben, wie ihr das kreieren könnt. Fangt an, das laufen zu lassen:

Welche Energie, welcher Raum und welches Bewusstsein kann ich sein, das mir erlauben wird, die Realität zu kreieren, von der ich weiß, dass sie möglich ist, die ich wahrhaftig sein kann? Alles, was dem nicht erlaubt, sich zu zeigen, mal Gottzillionen, werdet ihr all das zerstören und unkreieren? Right and Wrong, Good and Bad, POD and POC, All Nine, Shorts, Boys, and Beyonds.

Es gibt einen neuen Prozess, der mir kürzlich eingefallen ist, von dem ich denke, dass er dafür geeignet ist:

Welche Kreation von Sex und Kopulation verwendet ihr, um die Wahl und das Gewahrsein, das ihr habt, unterzuordnen, euch davon zu entbinden und zu lösen, zugunsten der Realität anderer, wählt ihr? Alles, was dem nicht erlaubt, sich zeigen, werdet ihr all das zerstören und unkreieren? Right and Wrong, Good and Bad, POD and POC, All Nine, Shorts, Boys, and Beyonds.

Ihr versucht immer weiter zu wählen, was für die Frau funktionieren wird. Das ist eine Sache, die Männer tun. Sie versuchen immer zu wählen, was für die Frau funktionieren wird. Gibt es einen Grund dafür? Ja. Ihr wurdet darauf eingependelt und trainiert zu glauben, dass die Frau das wertvollste Produkt auf dem Planeten ist, nicht ihr.

Alles was das ist, mal Gottzillionen, werdet ihr all das zerstören und unkreieren? Right and Wrong, Good and Bad, POD and POC, All Nine, Shorts, Boys, and Beyonds.

Welche Kreation von Sex und Kopulation verwendet ihr, als die Unterordnung, die Entbindung und die Loslösung von eurer Wahl und eurem Gewahrsein, zugunsten der Realität anderer Leute, wählt ihr? Alles, was das ist, mal Gottzillionen, werdet ihr all das zerstören und unkreieren? Right and Wrong, Good and Bad, POD and POC, All Nine, Shorts, Boys, and Beyonds.

Ihr nehmt immer weiter an, dass ihr eure Realität

zugunsten von jemand anderem aufgeben müsst. Es ist nicht einmal so, dass ihr eure Realität aufgebt. Es ist so, dass ihr keine Ansicht habt. Ihr seid Männer. Ihr habt keine Ansicht, außer euer Penis ist hart und deutet in eine bestimmte Richtung. Die eine Sache, die ich an Männern liebe, ist, dass sie total unsensibel für das Gewahrsein von anderen sind, außer ihr Penis deutet in eine Richtung. Peniles Streben ist die Richtung, von der ihr wisst, wie man ihr folgt.

Findet ihr es nicht interessant, dass ihr immer versucht, jemand anderen zufrieden zu stellen und wertzuschätzen, bevor ihr jemals versucht, euren Wert zu sehen?

Kursteilnehmer:

Ja.

Gary:

Macht das Sinn?

Kursteilnehmer:

Na ja, nein, das macht keinen Sinn.

Gary:

Es ist das nicht-vernünftige Universum, von dem aus ihr immer weiter versucht zu kreieren. Es funktioniert nicht.

WAS WILLST DU KREIEREN?

Kursteilnehmer:

Beim letzten Call, als wir über Sex gesprochen haben, sagtest du, man sollte sehr gut im Cunnilingus werden und sehr gut darin, seine Finger zu benutzen. Du sagtest, wir würden dann

Frauen haben, die uns wieder und wieder besuchen wollen würden und dass wir so anfangen, uns als ein wertvolles Produkt zu kreieren. Das klingt für mich so, als würdest du sagen, dass wir keine wertvollen Produkte sind und dass wir etwas tun müssen, um ein wertvolles Produkt zu werden.

Gary:

Ja, in ihren Augen müsst ihr das.

Kursteilnehmer:

Ist das nicht eine Seinsweise, statt eines Seins? Du hast gesagt, dass wir *Sein* sind, das unendliche Wesen, das wir sind, und dass eine *Seinsweise* etwas ist, was wir tun, um zu beweisen, dass wir sind.

Gary:

Du musst dir anschauen, was du versuchst zu kreieren, nicht was du denkst, dass es sein sollte. Du kannst alle möglichen wundervollen Ansichten darüber haben, was sein sollte und was sein müsste, was nicht ist. Du musst dir anschauen was *ist* – nicht was du *willst, dass es ist*.

Kursteilnehmer:

Kannst du das erläutern? Es klingt, als würdest du sagen, dass Männer die Anerkennung von Frauen brauchen, um das wertvolle Produkt zu werden.

Gary:

Um das wertvolle Produkt in der Welt einer Frau zu werden, musst du eine Frau so zufrieden stellen, dass sie den Sex wertschätzt, den du mehr magst als sie ihn mag.

Kursteilnehmer:
   Macht das die Frau nicht wertvoller?

Gary:
   Ja. Was ist verkehrt daran?

WARUM WIRD LUST ALS EINE FALSCHHEIT ANGESEHEN?

Kursteilnehmer:
   Letzten Monat hat eine Freundin ein Foto auf Facebook gepostet, auf dem sie schick angezogen und geschminkt war. Sie sah fantastisch aus und viele Männer haben ihr Bild kommentiert. Sie haben sie in den Himmel gehoben und einige haben versucht, sich mit ihr zu verabreden. Als ich das sah, habe ich bemerkt, dass ich ein bisschen wütend war. Was habe ich da nicht mitgekriegt?

Gary:
   Hast du Wut gefühlt oder Neid? Du musst dir über den Unterschied klar werden. Ich schätze, du hast Neid gefühlt, denn du wolltest, dass man nach dir so lechzt wie nach ihr. Wie viele von euch lehnen es ab, dass man nach euch lechzt, weil ihr denkt, das macht euch geringer?
   Alles was das ist, mal Gottzillionen, werdet ihr all das zerstören und unkreieren? Right and Wrong, Good and Bad, POD and POC, All Nine, Shorts, Boys, and Beyonds.

Kursteilnehmer:
   Ein paar Tage später hatte ich ein Gewahrsein, dass sie

versucht hat, das andere Geschlecht mit ihrem Aussehen und ihrem Erscheinen zu kontrollieren. Und die Wut war, dass das genau das ist, was ich nicht zu tun gewillt war.

Gary:

Du meinst, du wirst nur wütend auf das, was du selbst tust oder nicht tust?

Alles, was ihr getan habt, um es real und wahr für euch zu machen, dass ihr nicht diese lustvolle Person sein könnt, die ihr in Wahrheit seid, werdet ihr all das zerstören und unkreieren? Right and Wrong, Good and Bad, POD and POC, All Nine, Shorts, Boys, and Beyonds.

Welche Ablehnung von Lust verwendet ihr, um das Sein zu entwerten, das ihr wählen könntet? Alles was das ist, mal Gottzillionen, werdet ihr all das zerstören und unkreieren? Right and Wrong, Good and Bad, POD and POC, All Nine, Shorts, Boys, and Beyonds.

Kursteilnehmer:

Ich war nicht gewillt, Vorteil aus meinem Aussehen zu ziehen. Meistens sehe ich normal aus, und manchmal sehe ich ziemlich schlampig aus.

Gary:

Ich würde sagen, mein lieber Freund, dass du wählst, schlampig auszusehen, so oft du nur kannst, weil du nicht willst, dass die Leute nach dir lechzen. Warum wird Lust als etwas Falsches angesehen? Das verstehe ich nicht.

Welche Kreation von Lust verwendet ihr, um euch selbst und andere zu entwerten, wählt ihr? Alles was das ist, mal Gottzillionen, werdet ihr all das zerstören und unkreieren?

Right and Wrong, Good and Bad, POD and POC, All Nine, Shorts, Boys, and Beyonds.

Welche Kreation von Lust verwendet ihr, um eure Realität und die Realität anderer Leute zu entwerten, wählt ihr? Alles was das ist, mal Gottzillionen, werdet ihr all das zerstören und unkreieren? Right and Wrong, Good and Bad, POD and POC, All Nine, Shorts, Boys, and Beyonds.

Kursteilnehmer:

Das verwirrt mich. Sagst du, wir lechzen hinter Leuten her, um uns weniger wertvoll zu machen?

Gary:

Manchmal. Die Sache ist die: ihr seid nicht gewillt, den Wert von Lust zu sehen.

Kursteilnehmer:

Was ist also der Wert von Lust?

Gary:

Der Wert der Lust liegt darin, dass du dadurch aus der Bewertung kommst und hinein in: „Ich werde das tun, egal was es braucht. Egal was geschieht." Lust ist keine Falschheit. Lust ist ein Ort, an dem du deine Nicht-Bereitschaft, begrenzt zu sein, nicht überwinden kannst. Du wirst die Lust jedes Mal der Begrenzung vorziehen. Anstatt das als einen Vorteil und eine Möglichkeit zu sehen, siehst du es als etwas Falsches. Warum? Weil man dir seit Ewigkeiten erklärt hat, dass Lust falsch ist. Ist sie wirklich falsch – oder ist es einfach das, wo du bist?

Wenn jemand Sex mit dir will, sagst du dann: „Wow,

diese Person will Sex mit mir. Wie cool ist das?" Oder ziehst du die Schlussfolgerung: „Wie kann ich das tun und wann kann ich das tun?" Du musst gewillt sein, dir Folgendes anzuschauen: „Und diese Person will aus welchem Grund mit mir Sex haben?"

Kursteilnehmer:

Das wäre eine Veränderung für mich.

Gary:

Viele Leute würden wählen, Sex mit dir zu haben, weil du a) ein Mann bist, b) sexuell bist, c) tatsächlich Frauen magst und d) weißt, wie man einen einigermaßen guten Cunnilingus macht, aber nur einigermaßen gut, nicht gut.

Ihr Jungs müsst übrigens lernen, einen besseren Cunnilingus zu machen, falls ihr das noch nicht wusstet.

Welche Dummheit verwendet ihr, um die Verteidigung für oder gegen den Sex zu kreieren, den jemand anderer mit euch haben will, wählt ihr? Alles was das ist, mal Gottzillionen, werdet ihr all das zerstören und unkreieren? Right and Wrong, Good and Bad, POD and POC, All Nine, Shorts, Boys, and Beyonds.

Kursteilnehmer:

Letzte Woche wurde ich von einer Frau gefragt, ob ich mit ihr ausgehen wollte. Sie begann zu verteidigen, dass sie nicht gleich bei der ersten Verabredung mit ins Bett gehen würde. Also habe ich sie gefragt: „Machst du auf schwer zu kriegen, oder was?"

Sie fragte: „Ja, aber wer würdest du sein oder was würdest du tun, um dahin zu kommen?"

Ich sagte: „Äh, ich würde ich sein."

Sie sagte: „Oh, du hast ja ein ganz schönes Selbstwertgefühl, richtig?"

Und da sagte ich: „Von der Liste gestrichen. Verpiss dich."

Gary:

Für welchen Zweck sind die weiblichen Exemplare der Spezies konzipiert? Um Babys zu haben oder keine Babys zu haben?

Kursteilnehmer:

Um Babys zu haben.

Gary:

Ja, also wen wird sie wählen? Einen Mann, der gutes Zuchtmaterial ist. Sie wird sich einen Mann ansehen und sagen: „Er ist gutes Zuchtmaterial, deswegen werde ich Sex mit ihm haben." Sie wird sich einen anderen Mann ansehen und sagen: „Er könnte eine physische Behinderung haben. Er ist keine gute Wahl." Sie wird sich einen anderen anschauen und sagen: „Er hat eine Krankheit. Ich will ihn nicht" oder: „Er hat eine Sucht, also ist er nicht das beste Zuchtmaterial." Es geht nur darum, wen sie als bestes Zuchtmaterial wählen kann.

Hat dir irgendwann mal eine Frau gesagt: „Wir könnten so schöne Kinder zusammen haben."?

Kursteilnehmer:

Tatsächlich nicht allzu viele. Bei mir ist es meistens umgekehrt.

Gary:

Du bist derjenige, der es sagt, nicht wahr? Aber sie gibt dir ein, das zu ihr zu sagen, damit sie dich dazu bekommen kann zu wählen, das zu tun.

Wer hat noch eine Frage?

GEMEIN ZU ANDEREN MÄNNERN SEIN

Kursteilnehmer:

Ich war einmal sauer auf einen anderen Typ und ich sagte zu ihm: „Der Körper hat vier Nervensysteme – das zentrale Nervensystem, das sympathische Nervensystem, das apathische Nervensystem und das letzte, welches das ist, was bei dir am aktivsten ist." Verdammt. Er war stinksauer und das hat Spaß gemacht. Ist das die Art und Weise, wie Männer agieren?

Gary:

Nein. Du hättest gerne Sex mit ihm gehabt und die einzige Art, keinen Sex mit ihm haben zu können, war, es zu vermeiden, indem du etwas Gemeines zu ihm sagtest. Männer tun anderen Männern gemeine Sachen an, weil sie Sex mit ihnen haben wollen.

Alles, was ihr nicht gewillt seid wahrzunehmen, zu wissen, zu sein und zu empfangen in Bezug darauf, werdet ihr all das zerstören und unkreieren? Right and Wrong, Good and Bad, POD and POC, All Nine, Shorts, Boys, and Beyonds.

Wann auch immer ihr gemein zu einem anderen Mann seid, fragt: „Wähle ich das, weil ich gerne Sex mit diesem Typ haben möchte?" In dieser Realität ist es nicht akzeptabel, Sex mit einem anderen Mann zu haben, oder? Nein. Nicht, wenn ihr heterosexuell seid. Warum also müsst ihr heterosexuell sein?

Kursteilnehmer:
Das ist die Norm, um angepasst zu sein.

Gary:
Alles, was ihr tut, um das zu eurer Realität zu machen, statt Wahl zu haben, werdet ihr all das zerstören und unkreieren? Right and Wrong, Good and Bad, POD and POC, All Nine, Shorts, Boys, and Beyonds.

Übrigens versuche ich nicht, euch dazu zu bringen, Sex mit Männern zu haben. Bitte wisst das. Ein schwuler Mann wird nicht wütend auf Männer. Er wird sexuell mit ihnen. Ihr Jungs werdet wütend auf sie.

Blickt zurück auf all die Gelegenheiten, bei denen ihr wütend auf Männer geworden seid, mit denen ihr eigentlich Sex haben wolltet.

Werdet ihr alles zerstören und unkreieren, das euch nicht erlaubt, wahrzunehmen, zu wissen, zu sein und zu empfangen, dass ihr eine andere Reaktion gehabt hättet, wenn ihr gewillt gewesen wärt, Sex zu haben? Right and Wrong, Good and Bad, POD and POC, All Nine, Shorts, Boys, and Beyonds.

Ich plädiere nicht dafür, dass ihr Sex mit Männern habt. Ich versuche, euch die Freiheit zu geben, euch das anzuschauen, was tatsächlich ist, damit ihr wisst, wo eure Wahlen sind. Die Tatsache, dass ihr gewillt wärt, Sex mit einem Mann zu haben, bedeutet, dass ihr gewillt wärt, jemanden in eurem Leben zu haben, der gewillt ist, Sex mit euch zu haben.

Kursteilnehmer:

Ist das nicht ein großer Teil des Empfangens anderer Männer? Nicht der Teil mit der Kopulation, aber mit dem Empfangen?

Gary:

Ja, du musst empfangen, wenn andere Männer dich sexuell finden, sowie wenn du dich sexuell findest.

Es ist nicht so, dass ihr Sex mit Männern haben müsst. Was ihr haben müsst, ist das Gewahrsein, dass ihr so sexuell seid, dass ihr in allen um euch herum die Bereitschaft kreiert, Sex zu haben.

Alles was das ist, mal Gottzillionen, werdet ihr all das zerstören und unkreieren? Right and Wrong, Good and Bad, POD and POC, All Nine, Shorts, Boys, and Beyonds.

VERSUCHEN, DIE FRAUEN ANDERER MÄNNER ZU STEHLEN

Kursteilnehmer:

Du hast gesagt, dass humanoide Männer nicht versuchen, die Frauen anderer Männer zu stehlen.

Gary:

Ja.

Kursteilnehmer:
Ich halte mich selbst für humanoid und doch kann ich sehen, dass ich das ein paar Mal gemacht habe. Was ist das?

Gary:
Hast du wirklich versucht, ihre Frauen zu stehlen, oder wollten diese Frauen ihre Männer eifersüchtig machen?

Kursteilnehmer:
Das zweite.

Gary:
Wenn du bewusst bist, dann neigst du dazu, die Dinge vom Blickwinkel „Was könnte diese Person wollen?" zu sehen. Wie wäre es, wenn du gewillt wärst zu sehen, was mit jeder einzelnen Person möglich wäre, statt zu versuchen, ihnen zu liefern, was sie von dir wollen?

Kursteilnehmer:
Und zu wählen, was für mich funktioniert.

Gary:
Ja, und die Sache ist die: Du bist dir der Dinge so hellsichtig gewahr, wenn du die Frau eines anderen Mannes stiehlst, dann deswegen, weil die Frau ihren Mann eifersüchtig machen will. Dain hat einmal die Nacht mit einer Frau verbracht und ich dachte: „Ich bin so eifersüchtig. Ich kann nicht glauben, dass er Sex mit dieser Frau hat." Ich sagte: „Was? Warte mal! Auch unter den besten Umständen könnte dies nicht meine Ansicht sein. Was ist das?"
Ich erkannte, dass das ihr Gedanke war. Sie wollte Eifersucht in irgendjemandes Universum. Am nächsten

Morgen fragte ich Dain: „Was ist letzte Nacht geschehen? Was war los?" Er sagte: „Na ja, sie hat übernachtet, weil sie zu betrunken war, um heimzufahren, aber sie hat ihren Freund angerufen, um ihm zu sagen: 'Keine Sorge, ich werde nichts anstellen' und dann war sie nicht bereit, mit mir zu schlafen. Sie hat auf dem Fußboden geschlafen. Ich verstehe diese Frau überhaupt nicht. Sie sagte, dass sie mit mir Sex haben will, aber dann hat sie es doch nicht getan."

Ich fragte: „Denkst du, sie hat vielleicht einen Weg gefunden, ihren Freund eifersüchtig zu machen, indem sie mit dir gegangen ist und sich betrunken hat, damit sie nicht heimfahren konnte?"

Dain sagte: „Ja!"

Sobald das entdeckt war, wurde mir klar, dass die Eifersucht, derer ich mir bewusst war, das war, was Dain nicht gewillt war, sich bewusst zu sein. Die Frau hat versucht, ihren Freund eifersüchtig zu machen. Sie hat so getan, als würde sie in Dains Zimmer gehen, um mit ihm zu schlafen, aber sie hat es nur getan, um ihren Freund eifersüchtig zu machen, damit der einen Zusammenbruch bekommt. Wenn ihr nicht gewillt seid zu sehen, von wo aus die Leute funktionieren, werdet ihr immer der Effekt ihres Irrsinns sein.

Alles, was ihr getan habt, um euch selbst zum Effekt von anderer Leute Irrsinn zu machen, statt das Gewahrsein davon zu haben, wenn sie wahnsinnig sind, werdet ihr all das zerstören und unkreieren? Right and Wrong, Good and Bad, POD and POC, All Nine, Shorts, Boys, and Beyonds.

Ich habe diesen Scheiß schon immer gewusst. Warum wissen das die anderen nicht?

Kursteilnehmer:

    Weil du seltsam bist.

Gary:

    Ja ich weiß. Es ist, weil ich seltsam bin.

BESTEUERUNG

    Hattet ihr schon einmal Sex mit jemandem und danach das Gefühl, ihr müsstet etwas für sie tun, um das gut zu machen?

Kursteilnehmer:

    Ja.

Gary:

    Das ist eine Form der Besteuerung. Es ist Besteuerung – nicht Wahl, nicht Möglichkeit, nicht Kreation und Generierung. Habt ihr es jemals jemandem französisch gemacht und dann gedacht, sie sollten es euch dafür auch französisch machen?

Kursteilnehmer:

    Ja.

Gary:

    Oder umgekehrt?

Kursteilnehmer:

    Ist das auch Besteuerung?

Gary:

Ja. „Es gibt eine Steuer, die ich bezahlen muss für das, was ich gekriegt habe." Besteuerung sind all die Einzelteile dessen, was ihr zu bezahlen habt, ungeachtet dessen, was sonst geschieht. Klingt das nicht nach Spaß?

Kursteilnehmer:

Nein. Darüber bin ich weg.

Gary:

Cool. In Ordnung, nächste Frage.

EINE SEXUELLE REALITÄT JENSEITS DIESER REALITÄT

Kursteilnehmer:

Während dieses ganzen Telecalls ist mir aufgefallen, dass es bei Männern da eine generelle Tendenz gibt zu fragen: „Wie kann ich besseren Sex und mehr Sex bekommen?" Ist es wirklich das, wofür wir hier sind?

Gary:

Tja, das ist es nicht, wofür wir hier sind, aber es ist ein Teil dessen, was gut daran ist, hier zu sein.

Teilnehmer:

Meiner Ansicht nach ist meine Lady sehr sexy und ich bete sie an, aber da ist sicher mehr dabei, als nur meinen Schwanz feucht zu kriegen. Was ist deiner Ansicht nach jenseits von all dem, was wir noch nicht in Betracht gezogen haben? Was bräuchte es, das zu haben?

Gary:

Welche physische Verwirklichung einer sexuellen Realität total jenseits dieser Realität seid ihr jetzt gewillt zu generieren, zu kreieren und einzurichten? Alles was das ist, mal Gottzillionen, werdet ihr all das zerstören und unkreieren? Right and Wrong, Good and Bad, POD and POC, All Nine, Shorts, Boys, and Beyonds.

ES IST ALLES EINE BEWERTUNG DES EMPFANGENS

Kursteilnehmer:

Bei diesem Telecall wurde viel über Frauen und Sex gesprochen. Sprechen wir darüber, weil es so sehr mit allen Bereichen unseres Lebens zusammenhängt und es eine Weise ist, um...

Gary:

Unglücklicherweise haben wir jede Menge Zeit damit verbracht, um zu bestimmen, ob wir Sex haben sollten oder ob wir keinen Sex haben sollten, ob es angemessen ist, Sex zu haben, oder ob es unangemessen ist, Sex zu haben, ob wir mehr bekommen werden, wenn wir Sex haben, oder nicht mehr haben, wenn wir keinen Sex haben. Ist irgendetwas davon eine Bewertung, oder sind das alles Bewertungen?

Kursteilnehmer:

Es geht nur um Bewertung und korreliert das mit all den Bewertungen, die wir auf allen Gebieten haben und auch in den anderen Bereichen unseres Lebens?

Gary:

Es ist alles eine Bewertung des Empfangens. Denkt daran, bei Sex geht es um das Empfangen.

Kursteilnehmer:

Ich weiß, ich weiß.

Gary:

Lass uns annehmen, du wirst Sex mit einer Frau haben. Was bist du gewillt, von ihr zu empfangen? Alles oder nichts? Nichts.

Kursteilnehmer:

Nichts kam hoch.

Gary:

Was der Grund dafür ist, weshalb du versuchst, Sex mit ihr zu haben, damit du ihr alles geben kannst, was du an dir nicht magst.

Alles was das ist, mal Gottzillionen, werdet ihr all das zerstören und unkreieren? Right and Wrong, Good and Bad, POD and POC, All Nine, Shorts, Boys, and Beyonds.

Kursteilnehmer:

Gibt es irgendetwas über die gegenteilige Situation zu sagen, wenn du mehr zu geben hast, als die andere Person empfangen kann?

Gary:

Du bist immer noch in der Berechnung, was du geben kannst, und nicht, was du empfangen kannst. Wenn du gewillt wärst, jemanden zu treffen, der alles empfangen könnte, was du bist, würdest du dann deswegen in der Falle sitzen?

Kursteilnehmer:
Da habe ich ein *Ja* bekommen.

Gary:
Das ist das Problem. Wenn du jemanden bekommst, der alles empfangen kann, was du bist, dann hast du das Gefühl, dass du irgendwie in der Falle sitzt. Ist das eine Wahrheit oder ist das die Lüge oder ist das der Irrsinn, den du immer wieder versuchst, real zu machen und der es tatsächlich nicht ist?

Kursteilnehmer:
Ah, Scheiße!

Gary:
Alles was das ist, mal Gottzillionen, werdet ihr all das zerstören und unkreieren? Right and Wrong, Good and Bad, POD and POC, All Nine, Shorts, Boys, and Beyonds.

Ihr seid interessierter daran, die Wahl aufzugeben, als sie nicht aufzugeben.

Welche Kreation von Leben, zu leben und von Kopulation verwendet ihr, um euch selbst dem Anti-Bewusstsein und dem Unbewusstsein zu versklaven, wählt ihr? Alles was das ist, mal Gottzillionen, werdet ihr all das zerstören und unkreieren? Right and Wrong, Good and Bad, POD and POC, All Nine, Shorts, Boys, and Beyonds.

Bitte begreift, dass die meisten von euch sich dieser Realität versklavt haben. Ihr wart nicht gewillt, euch anzuschauen, was eure Wahlen sind. Ihr seid mehr an den Wahlen interessiert, die ihr nicht habt. Das ist nicht eure beste Wahl.

Kursteilnehmer:

Ich habe mich mit einer schönen Frau getroffen und dieses Mal war es wirklich etwas anderes. Es war sehr einfach. Der Sex ist toll und genauso toll ist die Art, wie ich mich mit ihr verbinde. Es ist einfach Raum. Was ist das? Bin ich das, der sie nicht empfängt?

Gary:

Nein, das ist tatsächlich empfangen.

Kursteilnehmer:

Es ist so anders, dass ich fast nicht weiß, was ich damit anfangen soll. Es ist so ungewohnt für mich.

Gary:

Ja, du hast noch nie eine Frau gewählt, die tatsächlich von dir empfangen konnte, oder?

Kursteilnehmer:

Nein, habe ich nicht.

Gary:

Und hast du jemals Frauen gewählt, die dich tatsächlich mochten?

Kursteilnehmer:

Nein.

Gary:

Warum? Warum solltest du Frauen wählen, die dich nicht mögen? Vielleicht deswegen, weil du sie dann nicht mögen musst?

Kursteilnehmer:

Ja.

Gary:

Alles, was ihr getan habt, um Frauen zu wählen, die ihr nicht mögen müsst, werdet ihr all das zerstören und unkreieren? Right and Wrong, Good and Bad, POD and POC, All Nine, Shorts, Boys, and Beyonds.

Glücklicherweise bist du der Einzige, der das macht.

Kursteilnehmer:

Ja, genau.

Gary:

Warum wählst du eine Frau, die du nicht mögen musst, um jemanden zu wählen, den du magst?

Kursteilnehmer:

Das ist eine wirklich gute Frage. Ist es, um mich selbst unter Kontrolle zu halten, damit ich nicht großartiger bin?

Gary:

Ist es, um dich unter Kontrolle zu halten? Oder ist das die Art und Weise, wie du sicherstellst, dass du niemals wählst, deine Großartigkeit zu sein?

Kursteilnehmer:

Das Zweite.

Gary:

Alles was das ist, mal Gottzillionen, werdet ihr all das zerstören und unkreieren? Right and Wrong, Good and Bad, POD and POC, All Nine, Shorts, Boys, and Beyonds.

Kursteilnehmer:

Danke, Gary. Dieser Telecall stellt meine Welt auf den Kopf. Ich bin so dankbar dafür.

Gary:

Ich freue mich. Sogar wenn nur sechs oder acht von euch wählen, großartiger zu sein, könntet ihr Jungs die Welt verändern und ich würde wirklich gern sehen, was hier passiert, wenn Sex und Beziehungen anders sind.

Kursteilnehmer:

Lasst uns die Welt verändern!

WELCHE ART VON ZUKUNFT VERSUCHT SIE ZU KREIEREN?

Gary:

Ja. Ursprünglich war die Aufgabe einer Frau, gewillt und fähig zu sein, eine Zukunft zu kreieren, denn Frauen sind eher gewillt, sie zu sehen als die meisten Männer. Das bedeutet nicht, dass sie besser sind. Es bedeutet einfach, dass sie eher gewillt sind.

Kursteilnehmer:

Ist das auch deswegen, weil eine Frau eher hinausgeht und die Welt erobert und Männer eher am gleichen Ort bleiben?

Gary:

Die meisten humanoiden Männer hätten lieber ein bequemes Leben und würden lieber ein Nest für ihre Kinder kreieren, als hinaus in die Welt zu gehen und sie zu erobern.

Frauen wollen eine Zukunft kreieren. Das Zerrbild, das man den Frauen untergejubelt hat, bestand darin, sie glauben zu machen, dass es sich bei ihrem Verlangen nach einer Zukunft um die Kinder dreht, was tatsächlich nicht so ist. Das was sie tun, tun sie nicht für die Kinder. Sie tun, was sie tun, für etwas, das eine andere Möglichkeit kreieren wird.

Alles was das ist, mal Gottzillionen, werdet ihr all das zerstören und unkreieren? Right and Wrong, Good and Bad, POD and POC, All Nine, Shorts, Boys, and Beyonds.

Wenn ihr mit einer Frau zusammen seid, Jungs, dann müsst ihr euch anschauen: „Welche Art von Zukunft versucht sie hier zu kreieren?" Wenn sie versucht, eine Zukunft zu kreieren, die sich darum handelt, Kinder zu haben, dann kauft sie diese Realität ab. Ist das die Realität, von der ihr leben wollt? Wenn ihr mitbekommt, dass sie versucht, Babys zu kreieren, werdet ihr mit ihr dann die gleiche Art von Beziehung haben, als wenn sie das nicht versuchen würde?

Kursteilnehmer:
 Nein.

Gary:
 Wenn ihr anfangt, euch anzuschauen, welche Art von Zukunft sie versucht zu kreieren, werdet ihr nicht länger die Falschheit von euch abkaufen. Wenn eine Frau gewillt ist, eine Zukunft zu kreieren, die euch mit einbezieht, wird das eure Falschheit nicht realer machen als die Wahl, die ihr trefft.

 Was würdet ihr kreieren, wenn ihr wüsstet, welche Zukunft sie zu kreieren versucht? Wenn sie versucht, eine großartigere Zukunft zu kreieren, als ihr zu haben gewillt seid, könnt ihr dann mit ihr zusammensein?

Kursteilnehmer:
 Da bekomme ich ein *Nein*.

Gary:
 Ja. Das ist ein *Nein*. Ihr müsst gewillt sein, die Zukunft zu kreieren, die sie zu haben gewillt ist. Wie großartig ist die Zukunft, die sie gewillt ist zu haben? Wenn ihr gewillt seid, das zu wissen, könnt ihr alles mit ihr kreieren. Ihr könnt eine Beziehung kreieren. Lasst uns annehmen, ihr hättet eine Frau, die es danach verlangt, in die Welt hinauszugehen und sie zu erobern und ihr wärt vollkommen glücklich damit, zuhause zu sein und nicht ganz so viel zu tun. Wenn das der Fall wäre, könnte die Frau dann bei euch bleiben?

Kursteilnehmer:
 Nein.

Kursteilnehmer:

Wenn das der Fall wäre, was dann?

Gary:

Dann müsstet ihr fragen: „Können wir irgendetwas Gutes kreieren?"

Kursteilnehmer:

Ja.

Gary:

Nur so könnt ihr eine Beziehung kreieren, wenn ihr Verlangen nach der Zukunft und eure Fähigkeit, dahin zu gehen, zusammenpassen. Wenn ihr euch die Beziehungen anschaut, die in der Vergangenheit für euch nicht funktioniert haben, hat sich die Frau dann eine Zukunft gewünscht, die ihr euch nicht gewünscht habt?

Kursteilnehmer:

Ja.

Gary:

Das ist der Grund, weshalb diese Beziehungen nicht funktioniert haben.

Alles was das ist, mal Gottzillionen, werdet ihr all das zerstören und unkreieren? Right and Wrong, Good and Bad, POD and POC, All Nine, Shorts, Boys, and Beyonds.

Kursteilnehmer:

Das erklärt, weshalb ich ausgestiegen bin oder mich zurückgezogen habe oder gewählt habe, eine bestimmte Frau nicht mehr zu treffen. Weil ich mir der Zukunft gewahr war. Ich war mir ihrer gewahr, aber nicht gewillt, sie zu sehen und ich habe mich dafür verkehrt gemacht.

Gary:

Wenn die Frau eine Zukunft hat, in der du ihr Anhänger sein musst, wirst du das gut können?

Kursteilnehmer:

Nein.

Gary:

Nein. Du bist keiner, der jemandem nachfolgt. Bist du gewillt, ein Anführer zu sein?

Kursteilnehmer:

Ja, das bin ich.

Gary:

Oder versuchst du den Anführer zu vermeiden, der du sein könntest?

Kursteilnehmer:

Ja, genau.

Gary:

Alles was das ist, mal Gottzillionen, werdet ihr all das zerstören und unkreieren? Right and Wrong, Good and Bad, POD and POC, All Nine, Shorts, Boys, and Beyonds.

Ihr wisst, dass ich nicht versuche, euch ins Unrecht zu setzen. Ich möchte, dass ihr seht, was in eurem Leben nicht funktioniert hat, damit ihr etwas Großartigeres kreieren könnt. Für mich ist es sehr real, dass alle von euch die

Fähigkeit haben, etwas zu kreieren, das andere Leute nicht in der Lage sind zu kreieren. Aber ihr seid so beschäftigt mit den Frauen in eurem Leben. Ihr denkt weiterhin, dass sie etwas wählen werden, das alles viel einfacher machen wird. Ist das wirklich möglich?

Kursteilnehmer:
Nein.

HERAUSTRETEN AUS DEM AUFHALTBAR SEIN

Kursteilnehmer:
Ich habe meinen Vater heute kontaktiert. Seit dreizehn Jahren hatte ich nicht mehr mit ihm gesprochen.

Gary:
Was war dein Gewahrsein mit deinem Vater, das du nicht haben wolltest, das dich davon abgehalten hat, mit ihm zu sprechen?

Kursteilnehmer:
Er hat mich vermisst.

Gary:
Das ist nett, aber das ist es nicht, wessen du dir gewahr warst.

Kursteilnehmer:
Ich glaube, dass er außerdem krank ist.

Gary:

Das ist es nicht, wessen du dir gewahr warst. War dein Vater so sexuell wie du? Oder war er sexueller?

Kursteilnehmer:

Mehr.

Gary:

Mochte deine Mutter das oder hat sie es gehasst?

Kursteilnehmer:

Sie hat es gehasst.

Gary:

Hast du es gemocht oder gehasst?

Kursteilnehmer:

Ich mochte es.

Gary:

Wolltest du also so werden wie dein Vater, wenn du groß bist, hast aber Widerstand dagegen gehabt?

Kurteilnehmer:

Ja.

Gary:

Alles was das ist, mal Gottzillionen, werdet ihr all das zerstören und unkreieren? Right and Wrong, Good and Bad, POD and POC, All Nine, Shorts, Boys, and Beyonds.

Kursteilnehmer:

Es hängt damit zusammen, dass meine Mutter seit

meiner Geburt Widerstand gegen mich hatte und ihn zurückwies.

Gary:

Warst du gewillt, deine sexuelle Energie zu dämpfen, um dich dem Bedürfnis deiner Mutter anzupassen?

Kursteilnehmer:

Absolut.

Gary:

Wie viel von deiner sexuellen Energie hast du gedämpft, um dich dem Bedürfnis deiner Mutter anzupassen? Viel, ein wenig oder Megatonnen?

Kursteilnehmer:

Das Letzte.

Gary:

Alles was das ist, mal Gottzillionen, werdet ihr all das zerstören und unkreieren? Right and Wrong, Good and Bad, POD and POC, All Nine, Shorts, Boys, and Beyonds.

Wie viele von euch haben ihre sexuelle Energie gedämpft, um mit dem zusammenzupassen, das akzeptabel für eure Mutter war oder nicht akzeptabel für euren Vater oder eurem Vater zu ähnlich war, um für eure Mutter akzeptabel zu sein? Alles was das ist, mal Gottzillionen, werdet ihr all das zerstören und unkreieren? Right and Wrong, Good and Bad, POD and POC, All Nine, Shorts, Boys, and Beyonds.

Nur weil du fähig warst, so sexuell zu sein wie dein Vater oder so sexuell wie deine Mutter oder so sexuell wie sie zusammen waren – das ist es. Du bist nicht gewillt so sexuell zu sein, wie sie es zusammen waren, weil du annimmst, dass es das war, was dich gemacht hat. Tut mir leid. Das ist es nicht, was dich gemacht hat. Du hast sie zusammengeklatscht, um dir den Körper zu machen, den du wolltest. Das hat nicht dich, das Wesen, gemacht. Du warst bereits du, das Wesen.

Alles was das ist, mal Gottzillionen, werdet ihr all das zerstören und unkreieren? Right and Wrong, Good and Bad, POD and POC, All Nine, Shorts, Boys, and Beyonds.

Du hast Widerstand gegen alle sexuelle Energie aus deinem eigenen Leben, um nicht so sexuell zu sein wie dein Vater und deine Mutter zusammen waren, um nicht jemanden wie dich zu kreieren. Das ist cool und natürlich verlangt das nicht die geringste Bewertung von dir, oder?

Kursteilnehmer:
Oh mein Gott.

Gary:
Alles was das ist, mal Gottzillionen, werdet ihr all das zerstören und unkreieren? Right and Wrong, Good and Bad, POD and POC, All Nine, Shorts, Boys, and Beyonds.
Es ist erstaunlich, dass ihr Jungs gehen, reden und Kaugummi kauen könnt, ganz davon abgesehen, eine Erektion zu kriegen.

Kursteilnehmer:
Das erklärt auch weshalb ich immer nach Dingen suche, die ich bewerten, reparieren oder renovieren kann.

Gary:

Warum begreifst du nicht, dass du fantastisch bist? Warum ist es für dich unhaltbar, unvorstellbar und unangemessen, dich als fantastisch zu sehen?

Wie viel von dir hast du unangemessen gemacht, weil du dir Sorgen gemacht hast, dass du genauso sexuell wie dein Vater mit deiner Mutter zusammen sein würdest? Und ist dies das, was du in ihnen kreiert hast, um deinen Körper zu kreieren? Bist du nicht gewillt, jemanden zu kreieren, der so großartig ist wie du und ihm einen Körper zu geben, der so ist wie deiner? Das wäre ein *Ja*.

Alles was das ist, mal Gottzillionen, werdet ihr all das zerstören und unkreieren? Right and Wrong, Good and Bad, POD and POC, All Nine, Shorts, Boys, and Beyonds.

Kursteilnehmer:

Das würde alle anderen entwerten.

Gary:

Würde es alle anderen entwerten oder würde es alle anderen inspirieren?

Kursteilnehmer:

Ja, es wäre inspirierend.

Gary:

Wie viele von euch weigern sich, andere dynamisch zu inspirieren, damit ihr euch selbst aus der Existenz heraustranspirieren könnt? Alles was das ist, mal Gottzillionen, werdet ihr all das zerstören und unkreieren? Right and Wrong, Good and Bad, POD and POC, All

Nine, Shorts, Boys, and Beyonds.

Kursteilnehmer:
Das ist das, wo wir mit all diesen Erfindungen und Standards kommen und was auch immer wir uns ausdenken können, um uns selbst in diese Schubladen zu stecken.

Gary:
Tja, ist irgendetwas davon tatsächlich deines?

Kursteilnehmer:
Nein.

Gary:
Welche Kreation deiner Sexualität lehnst du ab, die du wahrhaftig wählen könntest, die, wenn du sie wählen würdest, ein vollkommen anderes Universum für dich kreieren würde? Alles was das ist, mal Gottzillionen, werdet ihr all das zerstören und unkreieren? Right and Wrong, Good and Bad, POD and POC, All Nine, Shorts, Boys, and Beyonds.

Kursteilnehmer:
Oh, guter Gott. Verarschst du mich?

Gary:
Welche Kreation deiner Sexualität lehnst du ab, die, wenn du sie nicht ablehnen würdest, dir tatsächlich erlauben würde, alles zu sein, was du bist? Alles was das ist, mal Gottzillionen, werdet ihr all das zerstören und unkreieren? Right and Wrong, Good and Bad, POD and POC, All Nine, Shorts, Boys, and Beyonds.

Ihr Jungs tut viel, um eure eigene sexuelle Energie abzulehnen.

Welche sexuelle Energie von euch lehnt ihr ab, um die Begrenzungen zu kreieren, die ihr wählt? Alles was das ist, mal Gottzillionen, werdet ihr all das zerstören und unkreieren? Right and Wrong, Good and Bad, POD and POC, All Nine, Shorts, Boys, and Beyonds.

Kursteilnehmer:

Ich habe meine sexuelle Energie immer abgelehnt.

Gary:

Warum? Weil niemand sie empfangen könnte? Oder weil, wenn du sie wärst, du etwas sein müsstest, wovon du glaubst, dass du dazu nicht fähig wärst?

Kursteilnehmer:

Oh, Scheiße.

Kursteilnehmer:

Wenn ich euch so darüber reden höre, dann ist das Wort, das bei mir hochkommt, *unfassbar*. Es ist unfassbar, in so viel Sexualness hineinzugehen.

Gary:

Meinst du, herauszutreten aus dem aufhaltbar Sein?

Kursteilnehmer:

Ja.

Gary:

Alles was das ist, mal Gottzillionen, werdet ihr all das

zerstören und unkreieren? Right and Wrong, Good and Bad, POD and POC, All Nine, Shorts, Boys, and Beyonds.

Kursteilnehmer:

Ich bin an einen Punkt gekommen, an dem mein Körper nicht gewillt war, mich das tun zu lassen. Ich habe einen Nesselausschlag bekommen.

Gary:

War dein Körper wirklich nicht gewillt, dich das tun zu lassen? Oder wusstest du, dass dein Körper sich verändern müsste, wenn du gewillt wärst, es zu tun? Und wusste dein Körper, wenn du gewillt wärst, es zu wählen, dass er sich verändern müsste?

Kursteilnehmer:

Ja.

Gary:

Alles was das ist, mal Gottzillionen, werdet ihr all das zerstören und unkreieren? Right and Wrong, Good and Bad, POD and POC, All Nine, Shorts, Boys, and Beyonds.

Gary:

Er hat dir gesagt: „Okay, das ist ein Warnschuss. Wenn du weiter auf diesem Weg bleibst, wirst du dich sehr viel mehr verändern."

Kursteilnehmer:

Das ist interessant, weil der Nesselausschlag immer dann aufgetaucht ist, wenn ich davor war, etwas anderes zu wählen. Dann habe ich mich verkehrt gemacht. Ich dachte: „Was mache ich falsch? Ich muss irgendetwas falsch machen."

Gary:

Magst du es also, dich verkehrt zu machen?

Kursteilnehmer:

Na ja, ich bin gut darin.

Gary:

Wenn du es tust, ist die Antwort *Ja*. Und du zerstörst offensichtlich dein Leben.

Kursteilnehmer:

Ja. Ich weiß es. Jedes Mal, wenn ich an diesen Ort von Falschheit gehe, dann kreiert das definitiv gar nichts.

Gary:

Das ist so, weil du gar nichts wirklich kreieren wolltest, richtig?

Kursteilnehmer:

Es war interessant für mich, zuhause zu sein, ganz allein, während mein Partner ein paar Wochen weg war. Ich habe die Energie von Zerstörung erkannt, als sie hochkam.

DIE ENERGIE VON BEGRENZUNG

Gary:

Ist es wirklich die Energie von Zerstörung oder ist es die Energie von Begrenzung?

Kursteilnehmer:
   Richtig. Das ist es.

Gary:
   Warum ist für dich Begrenzung wichtiger als Möglichkeit?

Kursteilnehmer:
   Na ja…

Gary:
   Würdest du über die Begrenzungen hinaus gehen müssen, von dem, was du als die Realität entschieden hast, die du gewillt bist zu haben?

Kursteilnehmer:
   Ja.

Gary:
   Bist du gewillt, das zu tun?

Kursteilnehmer:
   Ich bekomme ein *Nein*.

Gary:
   Warum solltest du nicht gewillt sein, über die Begrenzungen hinaus zu gehen, wovon du gewillt bist, es zu haben? Bist du gewillt, innerhalb der Begrenzungen zu leben, die dir derzeit vertraut sind? Oder bist du gewillt, über das hinauszugehen, womit diese Energie leben kann?

Kursteilnehmer:
   Ich bin gewillt, darüber hinauszugehen.

Gary:

Das ist eine Forderung, die du an dich selbst stellen musst: Okay, egal was es braucht, ich werde hier über jede Begrenzung hinaus gehen. Ich werde mein Leben nicht von dieser begrenzten Ansicht aus kreieren. Das funktioniert nicht für mich. Und egal für wen es funktioniert, für mich funktioniert es nicht.

Kursteilnehmer:

Ja.

Gary:

Was, wenn es niemals darum ginge, was für irgendjemand anderen funktioniert? Was, wenn es immer darum ginge, was für *dich* funktioniert?

Kursteilnehmer:

Ja, das gefällt mir.

Gary:

Wie oft in deinem Leben hast du getan, was für eine Frau funktioniert, weil es einfacher war, als das zu tun, was für dich funktioniert?

Kursteilnehmer:

Alles.

Gary:

Und so bist du ein Mann geworden, statt ein Gentleman.

Kursteilnehmer:

Genau.

Kursteilnehmer:

Gary, was denkst du über das folgende Clearing, das ich kreiert habe? Kann es irgendwie verbessert werden? Ist es deinem Gewahrsein nach effektiv?

Welche Energie, welcher Raum und welches Bewusstsein können mein Körper und ich sein, um die sexuellen, nährenden, weiblichen Energien zu empfangen, die schwingungsmäßig kompatibel für mich sind?

Gary:

Na ja, ich würde sagen, dass darin nur eine Begrenzung enthalten ist.

Welche Energie, welcher Raum und welches Bewusstsein können mein Körper und ich sein, um die sexuelle, nährende Energie, die schwingungsmäßig kompatibel für mich und meinen Körper ist, in Totalität zu empfangen?

Es kann sein, dass es nicht nur die weiblichen Energien sind, die sexuell nährend für dich sind. Was, wenn es auch männliche Energien gäbe, die dir dynamisch beitragen? Wärst du gewillt, das zu empfangen? Es gibt da einige Männer, die dir mehr als Frauen geben können, wenn sie mit dir befreundet sind. Wenn du das von weiblicher Energie abhängig machst, dann hast du die Begrenzungen dessen definiert, was du als Realität zu haben gewillt bist. Und gibt es tatsächlich so etwas wie eine *weibliche* Energie? Oder ist das die Energie von Leuten, die einen weiblichen Körper gewählt haben? Das ist das Einzige, was ich bei diesem Clearing anders machen würde.

Kursteilnehmer:
>   Danke für diesen Telecall, Gary. Er ist fantastisch.

Kursteilnehmer:
>   Danke, danke, danke.

Gary:
>   Danke, meine Herren, dass ihr dabei seid. Ich hoffe, dass er die Zukunft auf irgendeine Art verändern könnte, damit es mehr Freiheit gibt für Männer *und* Frauen.

Kursteilnehmer:
>   Danke Gary. Du bist wundervoll.

Gary:
>   Danke, dass ihr die fantastischen Männer seid, die ihr seid.

9
Was willst du tatsächlich in einer Beziehung?

Wenn ihr eine Beziehung habt, dann sollte sie so sein, dass sie eurem Leben etwas hinzufügt und es großartiger und besser und lustiger macht. Wenn eine Beziehung das nicht erfüllt, warum sollte man in einer sein?

Gary:
　Hallo, meine Herren. Lasst uns mit einer Frage anfangen.

DIE PERFEKTION DER FRAUEN

Kursteilnehmer:
　Beim letzten Call sagtest du, dass ein Gentleman gewillt ist zu erkennen, was eine Frau braucht und für sich verlangt, und gewillt ist, ihr das zu liefern. Ich habe mich gefragt, was der Wert daran ist? Es scheint für den Mann nichts Gutes dabei herauszukommen. Meine Ex-Freundin hat diese Gentleman-

Sache gegen mich verwendet. Sie sagte etwas wie: "Du solltest das tun, sonst bist du kein Gentleman" und ihrer Ansicht nach war es etwas Falsches, kein Gentleman zu sein.

Gary:

Nein. *Deiner* Ansicht nach war es etwas Falsches, weshalb du gewillt warst, sie sagen zu lassen: "Du musst das tun" und du hast es getan. Frauen werden dich benutzen, um zu bekommen, was sie wollen.

Wenn eine Frau sagt: "Wenn du ein Gentleman bist, dann wirst du das tun", bedeutet es, dass sie dich kontrollieren will. Seid ihr gewillt, euch kontrollieren zu lassen? Ja, bis zu einem gewissen Grad, aber nicht total. Uns ist neulich ein neuer Prozess eingefallen, der verdammt gut ist. Ich werde ihn jetzt bei euch allen laufen lassen:

Welche Bastardisierung der Perfektion von Frauen verwendet ihr, um die Bewertungen, die Begrenzungen und die Einladungen für die Dämonen, die Sirenen und die Sylphen des Anti-Bewusstseins und des Unbewusstseins zu kreieren, wählt ihr? Alles was das ist, mal Gottzillionen, werdet ihr all das zerstören und unkreieren? Right and Wrong, Good and Bad, POD and POC, All Nine, Shorts, Boys, and Beyonds.

Es gibt eine Perfektion in Frauen, aber dabei geht es nicht um die Dinge, von denen wir denken, dass sie sie perfekt machen. Was eine Frau besser macht als einen Mann, ist die Tatsache, dass sie nicht zu einer Schlussfolgerung kommen muss. Sie muss nichts in Ordnung bringen. Sie kann mehr wählen als ein Mann. Ein Teil der Perfektion der Frauen ist, dass sie ihre Meinung ändern können – und die Männer müssen es hinnehmen. Ihr müsst in der Lage sein, das zu sehen, sonst macht ihr euch selbst nur unglücklich.

Wenn ihr die Frauen als perfekt kreiert, ladet ihr die Dämonen, die Sirenen und die Sylphen ein. Die *Sirenen* sind Frauen, die einen Mann in den Tod rufen werden. Die *Sylphen* sind gespensterähnliche Wesen, die in das Leben und wieder aus dem Leben irrlichtern, aber tatsächlich kein Teil davon werden. Wir schließen uns selbst von dem Gewahrsein aus, was eine Frau sich von uns ersehnt und braucht, und dann versuchen wir, die Wünsche und Anforderungen, von denen sie sagt, dass sie sie hat, zu kontrollieren. Die Wünsche und Anforderungen, von denen *sie sagt, dass sie sie hat,* und die, die sie *tatsächlich hat,* sind zwei verschiedene Dinge.

Welche Bastardisierung der Perfektion von Frauen verwendet ihr, um die Bewertungen, die Begrenzungen und die Einladungen für die Dämonen, die Sirenen und die Sylphen des Anti-Bewusstseins und des Unbewusstseins zu kreieren, wählt ihr? Alles was das ist, mal Gottzillionen, werdet ihr all das zerstören und unkreieren? Right and Wrong, Good and Bad, POD and POC, All Nine, Shorts, Boys, and Beyonds.

Okay, lasst uns weiter zur nächsten Frage gehen.

Kursteilnehmer:

Als Gentleman, wie geht man da mit übermäßig fordernden Schlampen um?

Gary:

Du nennst sie übermäßig fordernde Schlampen! Eine

Frau, die wahrhaftig eine Frau ist, wird für die Kreation einer Zukunft kämpfen, die bisher auf dem Planeten Erde nicht existiert. Das ist es, was eine wirkliche Frau tun wird. Sie wird nicht versuchen, dich dazu zu bringen, all ihre Wünsche zu erfüllen, all ihre Hoffnungen und all ihre Anforderungen. Du hast viel zu viele romantische Komödien abgekauft, die ganzen Frauenfilme, die du dir anschauen musstest. Wie gehst du als Gentleman mit übermäßig fordernden Schlampen um? Du nennst sie übermäßig fordernde Schlampen.

PORNOGRAPHIE

Kursteilnehmer:

Kannst du ein paar Clearings in Bezug auf Pornographie machen? Auch wenn ich weiß, dass sie nicht real ist und dass, was auch immer sie da tun, nicht nährend für den Körper ist, finde ich die Erregung durch Pornos aufregender als die reale Welt.

Gary:

Ja, und basierend worauf sollte das überraschend sein? Wenn du aus den Illusionen der Pornographie heraus funktionierst, musst du niemand anderen in deine Welt inkludieren. Du musst keine wirkliche Person in deinem Leben haben.

Kursteilnehmer:

Im Allgemeinen finde ich die Mädchen in Pornos hübscher und es gibt eine größere Vielfalt. Ich würde das gern löschen und präsenter mit den Mädchen in der realen Welt sein.

Gary:

Na ja, du musst das nicht haben, wenn du das lieber nicht willst. Wenn du lieber Frauen in deinem Leben hättest, die so sind wie die Frauen in den Pornos, dann musst du gewillt sein, dich mit dieser Art Frau einzulassen. Es klingt so, als hättest du versucht, nette Mädchen dazu zu bringen, nicht nett zu sein, und du wählst Mädchen, die süß sind, aber nicht zu süß, damit sie dich nicht verlassen. Gleichzeitig bist du nicht gewillt, die Schlampen und Huren zu haben, die dir sexuell alles geben würden, was du willst.

Alles, was das hochgebracht hat, mal Gottzillionen, werdet ihr all das zerstören und unkreieren? Right and Wrong, Good and Bad, POD and POC, All Nine, Shorts, Boys, and Beyonds.

DIE BANNSPRÜCHE, DIE WIR KREIEREN

Dain und ich hatten heute Abend eine Radiosendung, in der wir über die Bannsprüche geredet haben, die wir kreieren. Wir kreieren Bannsprüche in unserem Leben, indem wir etwas wieder und wieder wiederholen, als ob es wahr wäre. Du legst deinen eigenen Bannspruch auf bestimmte Dinge. „Ich will so ein Mädchen" ist ein Bannspruch, mit dem du etwas belegst. Du kannst kein Mädchen haben, das wie ein Pornostar ist, wenn du nicht zu dem Standort gehst, wo Pornofilme gedreht werden und dort ein Mädchen findest, das ein Pornostar ist. Und du vermutest Dinge in Bezug auf sie, die nichts mit der Realität zu tun haben.

Wie viele Bannsprüche verwendest du, um die Notwendigkeit und die Liebe zu Pornos zu kreieren, die du wählst? Alles was das ist, mal Gottzillionen, werdet ihr all das zerstören und unkreieren? Right and Wrong, Good and Bad, POD and POC, All Nine, Shorts, Boys, and Beyonds.

Jedes Mal, wenn du sagst: „Mein Penis ist zu klein", belegst du ihn mit einem Bannspruch, so dass er niemals als größer gesehen werden kann. Und du kannst ihn niemals größer machen.

Kurtsteilnehmer:

Und die Perfektion von Frauen wäre also auch ein Bannspruch, richtig?

Gary:

Ja, ihr habt euer ganzes Leben lang versucht, Frauen als perfekt zu sehen. Ihr habt sie als großartiger als euch selbst gesehen oder dass sie mehr zu bieten haben oder irgendetwas anderes.

Ein Bannspruch entsteht, wenn ihr eine festgelegte Ansicht habt, die ein Haltemuster im Körper kreiert. Über der festgelegten Ansicht, die ihr über den Körper habt, befindet sich außerdem ein Punkt, an dem ihr bestimmte Dinge wieder und wieder sagt. Ihr kreiert jedes Mal einen Bannspruch, wenn ihr sagt: „Ich kann nicht" oder „Mein Leben ist beschissen" oder „Du hast unrecht" oder irgendetwas in der Art.

Wie oft hat eine Frau euch gesagt, dass ihr unrecht habt? Sie hat einen Bannspruch über euch gelegt.

All die Bannsprüche, die von Frauen über euch gelegt wurden, um euch zu zeigen, dass ihr unrecht habt, dass ihr es nicht richtig macht und dass ihr für sie anders sein müsst, werdet ihr all das zerstören und unkreieren? Right and Wrong, Good and Bad, POD and POC, All Nine, Shorts, Boys, and Beyonds.

Ihr müsst nicht anders sein für eine Frau. Ihr müsst das sein, was für euch funktioniert.

Kursteilnehmer:

Ist es das, was ich getan habe? Zu versuchen, mich selbst durch die Augen einer Frau zu sehen?

Gary:

Ja. Hat man einen Bannspruch auf dich gelegt, so dass du nur durch die Augen einer Frau gesehen werden kannst?

Kursteilnehmer:

Ja.

Gary:

Alles, was du getan hast, um dich nur durch die Augen einer Frau sichtbar zu machen, und natürlich, wie oft lässt eine Frau dich in ihr Leben eintreten und dich durch ihre Augen sehen? Nie. Alles was das ist, mal Gottzillionen, werdet ihr all das zerstören und unkreieren? Right and Wrong, Good and Bad, POD and POC, All Nine, Shorts, Boys, and Beyonds.

Kursteilnehmer:

Ich war in dem Kurs, wo du diesen Prozess das erste Mal verwendet hast, und ich habe wahrgenommen, wie sich die Energie nach diesem Prozess in der ganzen Gruppe verändert hat, sowohl für die Männer, als auch für die Frauen. Es klingt, als wäre das ein Prozess für Männer, aber es schien so, als ob sich das Universum für die Frauen sogar noch mehr aufgehellt hätte als für die Männer. Kannst du etwas darüber sagen?

Gary:
Wenn ihr auf Frauen projiziert, dass sie perfekt sind, dann ist das der Bannspruch, den ihr über sie legt, so dass sie sich selbst bewerten müssen, um zu versuchen, sich selbst perfekt zu machen.

Kursteilnehmer:
Danke.

Gary:
Gern. Wenn ihr versucht, Frauen perfekt zu machen, oder wenn ihr versucht, perfekt für die Frauen zu sein, habt ihr keine Freiheit zu wählen.

Welche Bastardisierung der Perfektion von Frauen verwendet ihr, um die Bewertungen, die Begrenzungen und die Einladungen für die Dämonen, die Sirenen und die Sylphen des Anti-Bewusstseins und des Unbewusstseins zu kreieren, wählt ihr? Alles was das ist, mal Gottzillionen, werdet ihr all das zerstören und unkreieren? Right and Wrong, Good and Bad, POD and POC, All Nine, Shorts, Boys, and Beyonds.

Wann ihr immer projiziert: „Diese Frau wird perfekt für mich sein", legt ihr einen Bannspruch auf sie, um perfekt für euch zu sein. Projektionen sind die Art und Weise, wie Bannsprüche auferlegt werden. Gibt ihr das die Freiheit, sie selbst zu sein? Gibt euch das die Freiheit, ihr selbst zu sein?

Wie viele Bannsprüche verwendet ihr, um die Falle zu

kreieren, die ihr wählt? Alles was das ist, mal Gottzillionen, werdet ihr all das zerstören und unkreieren? Right and Wrong, Good and Bad, POD and POC, All Nine, Shorts, Boys, and Beyonds.

„ICH KANN NICHT AUFHÖREN, AN SIE ZU DENKEN"

Kursteilnehmer:

Ich habe neulich eine Frau kennen gelernt und ich habe das Gefühl, dass ich gebannt und verzaubert bin. Ich kann nicht aufhören, an sie zu denken. Was geschieht da?

Gary:

Tja, wie viele Bannsprüche hast du, die dich in Bezug auf Frauen verzaubern? Alles was das ist, mal Gottzillionen, werdet ihr all das zerstören und unkreieren? Right and Wrong, Good and Bad, POD and POC, All Nine, Shorts, Boys, and Beyonds.

Und du hast kein Gewahrsein und deswegen weißt du nie, wann sie an dich denkt, nicht wahr?

Kursteilnehmer:

Genau, und das ist seltsam, denn sie hat jegliche Kommunikation abgeschnitten und doch ist dieser Sog immer noch da.

Gary:

Warum hat sie die Kommunikation abgeschnitten?

Kursteilnehmer:

Ich hab mir darüber so sehr das Hirn zerbrochen. Ich kann dir keine Antwort geben.

Gary:

Doch, das kannst du. Was ist es, was du nicht darüber wissen willst, was sie gewählt hat, das, wenn du es wissen würdest, dich frei machen würde?

Kursteilnehmer:

Sie hat gesagt, dass sie nicht verletzt werden will.

Gary:

Ja, was bedeutet, dass sie dich verletzen will.

Kursteilnehmer:

Ja. Genau das tut sie jetzt.

Gary:

Alles was das ist, mal Gottzillionen, werdet ihr all das zerstören und unkreieren? Right and Wrong, Good and Bad, POD and POC, All Nine, Shorts, Boys, and Beyonds.

Kursteilnehmer:

Was ist das, wenn die Leute sagen, dass sie sich auf keine Beziehung einlassen wollen, weil sie Angst davor haben, verletzt zu werden? Ist das ein Kontrollversuch?

Gary:

Das ist einfach Manipulation. Frauen versuchen, Männer zu kontrollieren. Warum? Weil du angeblich derjenige bist, der sie verlassen und ihnen etwas antun wird. Haben sie irgendwelche Projektionen und Erwartungen an dich?

Kursteilnehmer:
Ja.

Gary:
Wie viele dieser Projektionen und Erwartungen kreieren deine Falschheit?

Kursteilnehmer:
Die meisten.

Gary:
Alles was das ist, mal Gottzillionen, werdet ihr all das zerstören und unkreieren? Right and Wrong, Good and Bad, POD and POC, All Nine, Shorts, Boys, and Beyonds.

Kursteilnehmer:
Wie kann ich dieses Zeug zu meinem Vorteil verwenden? Wie kann ich das verändern? Oder kann ich es verändern?

Gary:
Möchtest du mit jemandem zusammensein, der dich bereitwillig auf diese Art in Stücke schneiden würde?

Kursteilnehmer:
Das ist eine gute Frage. Ich will Nein sagen, aber in Wirklichkeit ist es ein Ja. Aber aus welchem Grund möchte ich mit ihr zusammensein?

Gary:
Ich weiß nicht. Vielleicht weil du einfach verdammt blöd bist.

Kursteilnehmer:

Ja, das begreife ich. Total, ja.

Gary:

Welche Dummheit verwendet ihr, um die Frauen zu kreieren, die ihr wählt? Alles was das ist, mal Gottzillionen, werdet ihr all das zerstören und unkreieren? Right and Wrong, Good and Bad, POD and POC, All Nine, Shorts, Boys, and Beyonds.

„ICH HABE DANACH GEFRAGT"

Kursteilnehmer:

Wo ich immer feststecke, ist die Tatsache, dass es jedes Mal „Wow" ist, wenn mein Körper mit ihr zusammen ist. Es ist nährend und ich habe das Gefühl, dass mich jemand wirklich gern hat. Danach habe ich gefragt.

Gary:

Welche Dummheit verwendet ihr mit den Frauen, die ihr wählt? Alles was das ist, mal Gottzillionen, werdet ihr all das zerstören und unkreieren? Right and Wrong, Good and Bad, POD and POC, All Nine, Shorts, Boys, and Beyonds.

Welche Dummheit verwendet ihr, um die verletzenden Frauen zu kreieren, die ihr wählt, wo ihr sie verletzt oder sie euch verletzen? Alles was das ist, mal Gottzillionen, werdet ihr all das zerstören und unkreieren? Right and Wrong, Good and Bad, POD and POC, All Nine, Shorts, Boys, and Beyonds.

Also war der Sex nährend und liebevoll?

Kursteilnehmer:
   Ja, total.

Gary:
   Und danach hattest du gefragt?

Kursteilnehmer:
   Ja, habe ich.

Gary:
   Wonach hat sie gefragt, von dem sie dir nichts erzählt hat?

Kursteilnehmer:
   Ich bin gerade total leer im Kopf geworden.

Gary:
   Ja, ich weiß. Das ist es, was du tust, damit du nicht wissen musst.
   Wie viel Energie verwendet ihr, um die Leere im Kopf zu kreieren, die ihr wählt? Alles was das ist, mal Gottzillionen, werdet ihr all das zerstören und unkreieren? Right and Wrong, Good and Bad, POD and POC, All Nine, Shorts, Boys, and Beyonds.
   Was wollte sie von dir, das sie dir nicht gesagt hat? Was war es, von dem du wusstest, dass sie es wollte?

Kursteilnehmer:
   Sie möchte einen Typen, der sich um sie und ihr Kind kümmert.

HAST DU GENUG GELD FÜR SIE?

Gary:
Ja. Hast du genug Geld für sie?

Kursteilnehmer:
Nicht in diesen zehn Sekunden, nein.

Gary:
Kein Wunder, dass sie dich losgeworden ist.

Alles was das ist, mal Gottzillionen, werdet ihr all das zerstören und unkreieren? Right and Wrong, Good and Bad, POD and POC, All Nine, Shorts, Boys, and Beyonds.

Meine Herren, ihr solltet zu dem Punkt kommen, an dem ihr genug Geld habt, denn wenn ihr genug Geld habt, habt ihr die Macht. Eine Frau wird immer respektieren, dass ihr das Geld habt. Es wäre sehr empfehlenswert, dass ihr all die Bannsprüche und Flüche aufgebt, die ihr habt, um euch davon abzuhalten, Geld zu haben.

All die Bannsprüche und Flüche, die ihr habt, die euch davon abhalten, Geld zu haben, werdet ihr die jetzt aufheben, widerrufen, auslöschen, zurückfordern, abschwören, aufkündigen, zerstören und unkreieren und sie zurück an den Absender schicken? Right and Wrong, Good and Bad, POD and POC, All Nine, Shorts, Boys, and Beyonds.

Kursteilnehmer:
Wow. Das eröffnet ein vollkommen neues Universum.

Gary:

Wie viel Geld müsstest du bekommen, damit es so läuft, wie du willst? Mehr als eine Million oder weniger als eine Million?

Kursteilnehmer:

Wahrscheinlich mehr als eine Million.

Gary:

Wie viel Energie hast du verwendet, um niemals mehr als eine Million zu haben, damit du nicht das haben kannst, was du wirklich gern hättest?

Kursteilnehmer:

Verdammte Tonnen davon.

Gary:

Alles was das ist, mal Gottzillionen, werdet ihr all das zerstören und unkreieren? Right and Wrong, Good and Bad, POD and POC, All Nine, Shorts, Boys, and Beyonds.

Kursteilnehmer:

Diese Unterhaltung läuft nicht so, wie ich das wollte.

Gary:

Willkommen im Club, ein Mann zu sein. Es geht nie dahin, wo du es hinhaben willst.

Kursteilnehmer:

Ja, ich bin frustriert, ärgerlich und wütend. Ich will, dass es so läuft, wie ich es will. Was ist diese Frustration, wenn etwas nicht so läuft, wie du es willst? Ist das einfach blinde

Dummheit?

Gary:
Du bist ein bockiger kleiner Junge. Wenn du bei deiner Mutter ausgerastet bist, hast du dann bekommen, was du wolltest?

Kursteilnehmer:
Ja.

Gary:
Na ja, das hier ist keine Beziehung zu deiner Mama.

Kursteilnehmer:
Was kann ich also tun?

DER LIEBEVOLLE SEX, DEN DU GERN HÄTTEST

Gary:
Es geht nicht darum, von einer Frau zu bekommen, was du willst. Es geht darum, was *du* sein, tun, haben, kreieren und generieren musst, um das zu haben, was du gern hättest.

Was müsstet du sein, tun, haben, kreieren und generieren, um den liebevollen, nährenden Sex zu bekommen, den du gern hättest? Alles, was dem nicht erlaubt, sich zu zeigen, mal Gottzillionen, werdet ihr all das zerstören und unkreieren? Right and Wrong, Good and Bad, POD and POC, All Nine, Shorts, Boys, and Beyonds.

Kursteilnehmer:

Ich habe dich nie zuvor „liebevollen Sex" sagen hören. Was ist das?

Gary:

Ich habe es zuvor nie gesagt, weil für die meisten von euch diese Vorstellung so verdammt fremd wäre, dass ihr lieber sterben würdet, als das zu wählen. Um das zu haben, müsstet ihr gewillt sein, vollkommen zu empfangen.

Kursteilnehmer:

Als du diesen Prozess hast laufen lassen, hatte ich viel Raum. Es kam: „Okay, wer müsste ich sein?" Einfach *ich*. Ich kann kreieren und wählen, was immer ich möchte, um zu bekommen, was ich mir wünsche und ich kann tatsächlich empfangen, was ich gern hätte.

Gary:

Du könntest es wieder haben. Du nimmst an, dass du es nicht kannst. Du nimmst ebenfalls an, dass du es nur von ihr bekommen kannst. Wie viele Frauen kreieren das als eine Realität – dass ihr es niemals von jemand anderem bekommen werdet?

Kursteilnehmer:

Heilige Scheiße, ja.

Gary:

Alles was das ist, mal Gottzillionen, werdet ihr all das zerstören und unkreieren? Right and Wrong, Good and Bad, POD and POC, All Nine, Shorts, Boys, and Beyonds.

Kursteilnehmer:

Ist das so etwas wie ein Liebestrank oder ein Liebeszauber, den sie kreieren oder den ich abkaufe?

Gary:

Es ist einer, den ihr auf euch selbst kreiert. Es ist der Bannspruch: „Ich werde es nie wieder bekommen. Dieses Mal war es so gut, das kann ich unmöglich wieder haben." Ihr habt euch selbst komplett eingewickelt mit dem: „Es wird niemand anderen geben."

Wie viele von euch haben entschieden, dass es keine andere geben wird, die so gut ist wie die, die ihr gerade hattet? Alles was das ist, mal Gottzillionen, werdet ihr all das zerstören und unkreieren? Right and Wrong, Good and Bad, POD and POC, All Nine, Shorts, Boys, and Beyonds.

Kursteilnehmer:

Wenn ich in diese Verletzlichkeit gehe, fühlt sich das so traurig an. Ich habe diesen Raum so lange vermieden. Wenn ich da hinein gehe, dann ist das *bäh*.

Gary:

Wirklich? Warum ist das traurig? Du bist einfach in etwas eingetreten, das du immer schon wolltest und jetzt bist du traurig? Musste sie wählen, was sie gewählt hat?

Kursteilnehmer:

Nein.

Gary:

Warum hat sie das gewählt? Könnte es sein, dass sie dir zu nahe kam und dass das höllisch beängstigend für sie war?

Kursteilnehmer:
Ja.

WARUM FRAUEN DAVONLAUFEN WOLLEN

Gary:
Wenn du wirklich verletzlich und wirklich präsent bist und du Sex wirklich genießt, dann ist das gewöhnlich so beängstigend für Frauen, dass sie davonlaufen wollen.

Kursteilnehmer:
Oh mein Gott.

Gary:
Wenn du so verletzlich mit Frauen bist, dann macht ihnen das eine Höllenangst. Dann haben sie keine Kontrolle über dich.

Alles was das ist, mal Gottzillionen, werdet ihr all das zerstören und unkreieren? Right and Wrong, Good and Bad, POD and POC, All Nine, Shorts, Boys, and Beyonds.

Ich bin einmal mit einer Frau ausgegangen und wir hatten den besten Sex meines Lebens. Es war einfach wundervoll. Sie war keine schöne Frau. Sie war klug, sie war lustig, sie war leicht, sie war luftig, sie liebte Sex und sie war wirklich gut darin.

Ich habe gefragt: „Können wir uns wiedersehen?"
Sie sagte: „Nein."
Ich sagte: „Was? Warum nicht?"
Sie sagte: „Du siehst zu gut aus. Du wirst mich verletzen. Du wirst mich verlassen." Also musste sie mich verlassen.

Kursteilnehmer:

Neulich bekam ich eine Massage von einer Frau und ich war total gewillt, die Massage von ihr zu empfangen. Am nächsten Tag sagte sie: „Es war so cool, dass du gewillt warst zu empfangen. Das ist alles, was Frauen wollen – dass die Männer empfangen." Ist das tatsächlich wahr?

Gary:

In einem gewissen Ausmaß, aber nicht total. Wenn sie einen Mann dazu bekommen, so zu empfangen, dann neigen sie dazu davonzulaufen.

Also müsst ihr mit dem 1-2-3 System glücklich sein. Beim ersten Mal macht es Spaß. Beim zweiten Mal seid ihr in einer Beziehung. Beim dritten Mal werdet ihr heiraten. Ihr müsst begreifen, was wirklich geschehen wird, und nicht versuchen, es so zu kreieren, wie ihr denkt, dass es sein *sollte*.

Welche Dummheit verwendet ihr, um die Illusionen und die Irreführungen in Bezug auf Frauen zu kreieren, die ihr wählt? Alles was das ist, mal Gottzillionen, werdet ihr all das zerstören und unkreieren? Right and Wrong, Good and Bad, POD and POC, All Nine, Shorts, Boys, and Beyonds.

„ICH SOLLTE SIE NICHT VERLASSEN"

Kursteilnehmer:

In meiner letzten Beziehung bin ich mindestens ein Jahr länger geblieben als ich hätte sollen. Im letzten Jahr der Beziehung hat es überhaupt keinen Spaß gemacht. Ich wollte gehen, aber ich wusste nicht wie. Ich habe so getan, als ob alles in Ordnung wäre, wenn ich mit ihr zusammen war. Es scheint so schwer, in einer Beziehung zu sein.

Gary:

Es geht so: „Das funktioniert nicht für mich. Bis irgendwann." So schwer ist es in Wirklichkeit.

Kursteilnehmer:

Ich hatte die ganze Zeit den Gedanken: „Sie macht nichts falsch. Ich sollte sie nicht verlassen", als ob der einzige Grund, eine Beziehung zu beenden wäre, dass mein Partner etwas falsch oder schlecht macht.

Gary:

Das ist für die meisten von uns so. Das ist Teil der Illusion und Irreführung und all dem Zeugs.

Kursteilnehmer:

Jedes Mal, wenn ich dachte, ich müsste sie verlassen, dachte ich gleichzeitig: „Wenn ich sie einfach so verlasse, wird sie verletzt sein und ich werde derjenige mit all dem Unrecht sein." So wollte ich nicht bewertet werden. Deswegen war ich nicht bereit, eine andere Beziehung einzugehen. Ich habe Angst, dass etwas Ähnliches wieder passiert und ich nicht wissen werde, wie ich damit umgehen soll. Es wäre die gleiche alte Geschichte mit einem anderen Mädchen. Ich sehe bei meinen Freunden dasselbe Problem. Sie bleiben in unglücklichen Beziehungen und haben nicht den Mut, sie zu beenden.

Gary:

Das nennt man: „Hab die Eier dazu, Kumpel." Du musst dem folgen und es beenden. Wenn es nicht funktioniert, dann funktioniert es nicht. Es ist nicht so, dass die Beziehung falsch ist oder dass die betreffende Person etwas falsch macht. Du musst erkennen, was tatsächlich gerade geschieht und ob es für dich funktioniert. Ich blieb eine lange Zeit in der Beziehung mit meiner Ex-Frau, weil ich mir selbst gesagt habe: „Hier läuft nicht wirklich etwas falsch."

Eines Tages habe ich gefragt: „Was müsste sich verändern, damit diese Beziehung für mich funktioniert?" Ich habe mich hingesetzt und die acht Dinge aufgeschrieben, die sich verändern müssten, damit es für mich funktioniert. Als ich bei Nummer acht ankam und mir die Liste noch einmal anschaute, erkannte ich, dass sechs der Dinge, die ich aufgeschrieben hatte, so wären, als ob man von einem Leoparden verlangen würden, seine Flecken zu verändern – und man kann einen Leoparden nicht dazu bringen, seine Flecken zu verändern.

Sechs von acht bedeutete, dass das keine Beziehung war, die meine Realität oder mein Leben ausdehnen könnte, und wenn du keine Beziehung hast, bei der es darum geht, dein Leben auszudehnen, dann ist sie ziemlich bis total nutzlos. Ich weiß, dass die meisten von euch denken, dass alles in Ordnung ist, solange euer Penis sich ausdehnt, denn euer ganzes Blut ist aus eurem Kopf verschwunden und ihr habt kein Gewahrsein mehr.

Kursteilnehmer:

Das ist so wahr.

Gary:

Welche Dummheit verwendet ihr, um die Illusionen und die Irreführungen in Bezug auf Frauen zu kreieren, die ihr wählt? Alles was das ist, mal Gottzillionen, werdet ihr all das zerstören und unkreieren? Right and Wrong, Good and Bad, POD and POC, All Nine, Shorts, Boys, and Beyonds.

Wer weiß, was Frauen wirklich brauchen und wünschen? Wünschen sie sich wirklich so viel Verletzlichkeit und Intimität in einer Beziehung? Nein, das verursacht Angst. Wünscht sich ein Mann so viel Intimität in einer Beziehung? Nein, das verursacht Angst. Also ratet mal, warum Beziehungen beschissen sind? Neunzig Prozent der Beziehungen funktionieren aus Angst heraus. Sie haben nichts damit zu tun, dass sie dein Leben erweitern oder irgendetwas verbessern.

Kursteilnehmer:

Gary, du hast mich oft gefragt, ob ich mir eine Beziehung wünsche und ich habe die Access-Antwort „Nein" gegeben, während ich tatsächlich festgestellt habe, dass das etwas wäre, was ich gern hätte, aber nicht auf diese beschissene Art und Weise.

Gary:

Warum also sagst du nicht einfach, was wahr ist? „Ja, aber ich will keine normale Beziehung." Ihr Jungs müsst von der Vorstellung wegkommen, dass ich eine bestimmte Ansicht über Beziehung habe. Die habe ich nicht. Die einzige bestimmte Ansicht, dich ich habe, ist: „Warum sollte man in einer Scheiß-Beziehung sein?"

Manchmal sagen die Leute zu mir: „Du magst Beziehungen nicht." Nein. Es ist nur so, dass ich *schlechte* Beziehungen nicht mag. Ich sehe keinen Grund dafür, dass es jemals eine schlechte Beziehung geben muss. Wenn du eine Beziehung hast, dann sollte sie etwas sein, das deinem Leben etwas hinzufügt und es großartiger und besser und lustiger macht. Wenn eine Beziehung das nicht erfüllt, warum sollte man dann in einer sein?

Wenn du eine Beziehung willst, werde dir darüber klar, was für eine Art Beziehung du haben willst und was du von der Beziehung willst. Wenn das, was du willst, fürsorglicher, liebevoller, nährender Sex und eine Beziehung ist, die dein Leben erweitert, dann bitte darum, dass das in dein Leben kommt.

Kursteilnehmer:

Gary, um dich einfach mal anzuerkennen, ich wäre niemals in der Beziehung, in der ich gerade bin, wenn du nicht gewesen wärst.

Gary:

Macht sie dir mehr Spaß als jede andere Beziehung, die du hattest?

Kursteilnehmer:

Ja, und sie ist so, wie ich niemals geglaubt hätte, dass sie sein würde.

Gary:

Und wie viel von dir selbst musst du aufgeben, um sie zu haben?

Kursteilnehmer:
   Nichts.

DICH AUFGEBEN

Gary:
   Das ist es wonach ihr fragen müsst, Jungs – eine Beziehung, in der ihr keinen Teil von euch aufgeben müsst und ihr alles von euch haben werdet, egal in welcher Situation. Frauen glauben, sie müssten von euch verlangen, euch selbst aufzugeben, aber wenn ihr euch aufgebt, wollen sie euch loswerden.
   Alles was das ist, mal Gottzillionen, werdet ihr all das zerstören und unkreieren? Right and Wrong, Good and Bad, POD and POC, All Nine, Shorts, Boys, and Beyonds.

Kursteilnehmer:
   Ich fange an, es aufzugeben, mich aufzugeben.

Gary:
   Jetzt kommen wir weiter! Ist dir aufgefallen, dass es mehr Frauen gibt, die dich attraktiv finden?

Kursteilnehmer:
   Oh, ja.

Gary:
   Will deine Partnerin dich jetzt mehr als zuvor?

Kursteilnehmer:
   Ja. So viele Jahre hatte ich jemand anderen, der mein

Universum regiert hat, wenn es darum ging, wer in meinem Universum erlaubt war und wer nicht.

Gary:

Du hast also deine Wahl aufgegeben, um in einer Beziehung zu sein?

Kursteilnehmer:

Ja.

Gary:

Wie viele von euch habt eure Wahl aufgegeben, wen ihr in eurem Leben haben könntet, aufgrund eurer Beziehung? Alles was das ist, mal Gottzillionen, werdet ihr all das zerstören und unkreieren? Right and Wrong, Good and Bad, POD and POC, All Nine, Shorts, Boys, and Beyonds.

Einmal habe ich mit Dain gesprochen und ihn gefragt: „Wie kommt es, dass du zu laufen aufgehört hast und all die Dinge nicht mehr machst, die du gern tust?"

Er sagte: „Weil du diese Dinge nicht gern tust."

Ich habe gefragt: „Also seit wann sind wir in einer Beziehung?" Ich wusste nicht, dass wir eine Beziehung hatten, denn eine Beziehung sollte nicht so sein. Ich habe das getan, als ich verheiratet war; da gab es Leute, die ich nicht in mein Haus einladen durfte. Dain und ich erlauben einander, jeden ins Haus zu bringen, den wir möchten. Wenn wir mit der betreffenden Person nicht zusammensein wollen, gehen wir in ein anderes Zimmer und geben ihnen den Raum, um das zu haben, was immer sie haben möchten. Hört auf, euch selbst aufzugeben, denn was eine Frau von einem Mann wahrhaftig will, braucht und sich wünscht, ist, dass er sich *nicht* aufgibt. Sie will einen Mann, der gewillt ist, alles zu sein, was er ist, statt nur ein paar von den Sachen zu sein, die er ist.

Alles was das ist, mal Gottzillionen, werdet ihr all das zerstören und unkreieren? Right and Wrong, Good and Bad, POD and POC, All Nine, Shorts, Boys, and Beyonds.

WAS WÜRDE DICH IN DEINEM LEBEN BEGEISTERN?

Ich hätte gern, dass ihr euch im kommenden Monat anschaut, ob ihr tatsächlich eine Beziehung möchtet. Wollt ihr wirklich eine Beziehung? Würdet ihr lieber ab und zu großartigen Sex haben? Was würdet ihr gern haben? Was würde euch in eurem Leben begeistern? Das ist die wichtigste Sache, die ihr wählen könnt. Wenn ihr das wählt, werden Frauen euch wie verrückt wollen. Wenn ihr das nicht wählt, werdet ihr euch selbst die ganze Zeit aufgeben, als ob es das wäre, was wertvoll ist.

Welche Bastardisierung der Perfektion von Frauen verwendet ihr, um die Bewertungen, die Begrenzungen und die Einladungen an die Dämonen, die Sirenen und die Sylphen des Anti-Bewusstseins und des Unbewusstseins zu kreieren, wählt ihr? Alles was das ist, mal Gottzillionen, werdet ihr all das zerstören und unkreieren? Right and Wrong, Good and Bad, POD and POC, All Nine, Shorts, Boys, and Beyonds.

Wenn ihr wahrhaftig eine Beziehung wollt, lasst uns dafür sorgen, dass ihr eine gute bekommt, verdammt nochmal. Ihr habt „schlechte" zu einer hohen Kunst perfektioniert. Ihr müsst euch anschauen, ob es für euch funktioniert und ob es für die Person funktioniert, mit der ihr eine Beziehung haben wollt.

Vor etwa einem Jahr wurde mir klar, dass es da eine Frau gab, mit der ich eine Beziehung haben könnte und die wirklich für mich funktionieren könnte, aber ich habe gesehen, dass sie etwas wollte, was ich ihr nicht geben konnte. Die Beziehung hätte für sie nicht funktioniert. Also habe ich das Potential der Beziehung aufgegeben, damit sie haben konnte, was sie wollte.

Kursteilnehmer:

Sagst du, dass, sogar wenn es für dich funktioniert hätte, die Probleme einfach wieder bei dir gelandet wären, weil es für sie nicht funktioniert hätte?

Gary:

Ja. Du musst dir all diese Dinge anschauen und dir ihrer bewusst sein. Du musst dir dieses Zeug von einem anderen Ort aus anschauen.

DU MUSST EINE VEREINBARUNG UND LIEFERUNG TREFFEN

Kursteilnehmer:

Ich habe derzeit eine Frau in meinem Leben, die sehr oft verärgert ist. Was tue ich, um das zu kreieren?

Gary:

Sprichst du von deiner Partnerin?

Kursteilnehmer:

    Ja.

Gary:

    Warum ist sie sauer auf dich?

Kursteilnehmer:

    Das ist ein großer Teil meiner Frage. Ich begreife es nicht vollkommen.

Gary:

    Nein, du willst es nicht begreifen.

Kursteilnehmer:

    Das könnte wahr sein. Ja, das ist wahr.

Gary:

    Du willst sie nicht glücklich machen. Du würdest sie lieber unglücklich machen.

Kursteilnehmer:

    Ist das wahr?

Gary:

    Schau dir an, wie du die Dinge tust.

Kursteilnehmer:

    Kannst du mir mehr Informationen darüber geben? Ich dachte, ich würde versuchen, sie glücklich zu machen. Ich bin bereit, das alles an den Nagel zu hängen, weil es im Moment nicht mehr genug Spaß macht. Welche Frage kann ich hier stellen?

Gary:

Was ist es, was du nicht bist oder nicht tust, das du sein oder tun könntest, das die Beziehung vollkommen verändern würde? Ihr Jungs müsst gewillt sein, die Beziehung total zu verändern.

Derzeit hast du eine Frau, die nicht gewillt ist, mit dir zu kommunizieren. Wenn du sie wirklich willst, musst du sagen: „Ich möchte dir gegenüber ein Commitment eingehen. Was würde es brauchen, damit das passiert und wie würde das für dich funktionieren?" Ihr müsst hier eine Vereinbarung und Lieferung ausmachen. Fragt:

- Wie genau hättest du gern, dass diese Beziehung aussieht?
- Was genau erwartest du von mir?
- Was genau willst du von mir?
- Was genau kann ich tun, um dich glücklich zu machen?

Kursteilnehmer:

Das macht es so viel einfacher, oder?

COMMITMENT

Gary:

Genau. Jede Frau will einen Mann, der sich erst einmal erklärt. Sie wollen, dass ihr euch zu ihnen bekennt. Wenn ihr das tut, dann wissen sie, dass alles gut ausgehen wird. Das ist für sie wichtiger als beinahe alles andere.

Kursteilnehmer:

Was ist dann die Energie von Commitment? Was ist

daran so machtvoll?

Gary:
Es ist machtvoll, weil ihr glaubt, dass es tatsächlich etwas bedeutet. Aber für die meisten von euch ist Commitment eine Zwangsjacke, in der ihr keine Wahl habt.

Kursteilnehmer:
Kannst du mehr darüber sagen?

Gary:
Bist du deiner vorhergehenden Frau gegenüber ein Commitment eingegangen?

Kursteilnehmer:
Ja.

Gary:
Warst du in der Lage, dieses Commitment mit Leichtigkeit zu beenden? Und wie viele Jahre später war das, nachdem du dich entschlossen hattest, sie zu verlassen?

Kursteilnehmer:
Zweihundert Millionen Jahre.

Gary:
Ich frage einfach nur. Also *Commitment* bedeutet offensichtlich für euch, dass ihr in einer Zwangsjacke steckt und eure Wahlen aufhören zu existieren.

Kursteilnehmer:
Wenn ich einer Frau gegenüber ein Commitment eingehe, in Bezug auf eine Vereinbarung und Lieferung, erlaubt mir

das, einen Ausweg aus der Zwangsjacke zu haben? Oder bedarf es keiner Zwangsjacke?

Gary:

Wenn du ein Commitment eingehst, das auf Vereinbarung und Lieferung basiert, dann weißt du genau, was von dir erwartet wird. Derzeit habt ihr die Vorstellung, dass ihr alles aufgeben müsst, euch und alles, was ihr seid, eingeschlossen, wenn ihr ein Commitment eingeht, was euch nicht viel Wahl lässt.

Die meisten von uns Männern wollen nicht wissen, was sie wissen, und du im Besonderen, willst nicht wissen, dass du dein Leben auch ohne eine Frau leben könntest. Du willst glauben, dass du ohne eine Frau ein Verlierer bist und dass es dich zu einem Gewinner macht, wenn du eine Frau in deinem Leben hast.

Überall, wo ihr diesen Fluch und diesen Bannspruch kreiert habt, werdet ihr all das zerstören und unkreieren? Right and Wrong, Good and Bad, POD and POC, All Nine, Shorts, Boys, and Beyonds.

Ich habe gerade eine Email bekommen mit dem Titel „Männer-Tipp Nummer 78." Darin heißt es: „Wenn eine Frau dir sagt, dass du doch einfach machen sollst, was du willst, mache unter keinen Umständen das, was du willst." Liefert euch das irgendeine Information über Männer und Frauen?

Kursteilnehmer:

Ja. Es ist gut, das zu hören.

Gary:

Also was wählt ihr ständig? Für euch oder für die Frau?

Kursteilnehmer:

Ich wähle immer, was sie will.

Gary:

Warum wählst du immer, was sie will?

Kursteilnehmer:

Weil mich das härter am Kopf trifft als die Leichtigkeit des Gewahrseins, das ich kurz davor hatte.

Gary:

Ja, und wenn du wirklich für dich gewählt hättest, wärst du dann gewillt, dich für was auch immer aufzugeben?

Kursteilnehmer:

Nein.

Gary:

Alles, was ihr getan habt, um euch für jemand anderen aufzugeben, werdet ihr all das zerstören und unkreieren? Right and Wrong, Good and Bad, POD and POC, All Nine, Shorts, Boys, and Beyonds.

Ich habe schon früher versucht, dich dazu zu bringen, dir das anzuschauen.

Kursteilnehmer:

Ja.

Gary:

Und wolltest du das?

Kursteilnehmer:

Nein, wollte ich nicht.

Gary:

Warum nicht?

Kursteilnehmer:

Es hat etwas mit der Kontrolle der Frauen zu tun.

Gary:

Magst du es, von Frauen kontrolliert zu werden, oder magst du es, Frauen zu kontrollieren?

Kursteilnehmer:

Ich versuche so zu tun, als ob ich es mögen würde, Frauen zu kontrollieren.

Gary:

Gibst du vor, Frauen zu kontrollieren, oder bist du tatsächlich fähig, Frauen zu kontrollieren und weigerst dich, es zu tun, um sicherzustellen, dass niemand weiß, was für ein komplettes Arschloch du tatsächlich bist?

Kursteilnehmer:

Ich bin fähig, es zu tun, aber ich weigere mich, es zu tun.

Gary:

Wie viel Energie verwendet ihr alle darauf, die Tatsache zu verbergen, dass ihr verdammte Arschlöcher nach weiblichen Maßstäben seid? Alles was das ist, mal Gottzillionen, werdet ihr all das zerstören und unkreieren? Right and Wrong, Good and Bad, POD and POC, All

Nine, Shorts, Boys, and Beyonds.

Kursteilnehmer:

Ist das dieselbe Energie, wenn ich nicht gewillt bin, meine Partnerin sauer auf mich zu machen?

Gary:

Du tust exakt das, was sie sauer auf dich macht, damit sie wie der Idiot dasteht.

Kursteilnehmer:

Tue ich das wirklich? Das gefällt mir. Ja. Ich sage nicht, dass ich es nicht tue. Mir war nicht bewusst, dass ich es tue.

Gary:

Es ist nicht so, dass du dir dessen nicht bewusst gewesen wärst. Du warst einfach nicht gewillt, das anzuerkennen, denn wenn du das tun würdest, dann wärst du nicht mehr imstande, so viele gute Gedanken über dich zu hegen, um dem entgegenzuwirken, von dem du entschieden hast, dass es deine Falschheit ist.

Kursteilnehmer:

Genau.

WAS KANN ICH ANDERES SEIN ODER TUN, DAS ALL DAS VERÄNDERN WIRD?

Kursteilnehmer:

Was kann ich also stattdessen anderes machen oder sein?

Gary:

Jetzt kommen wir zu einer guten Frage! Frage: Was kann ich anderes sein oder tun, das all das verändern wird?

Kursteilnehmer:

Es ist, als wäre ich kurz davor, etwas anderes zu wählen und ich habe keine Ahnung, was es ist.

Gary:

Ist es, dass du keine Ahnung hast – oder ist es so, dass sich für dich zu viel zu schnell verändern würde, wenn du gewillt wärst, es zu wählen?

Kursteilnehmer:

Ja, das auch.

Gary:

Alles was das ist, mal Gottzillionen, werdet ihr all das zerstören und unkreieren? Right and Wrong, Good and Bad, POD and POC, All Nine, Shorts, Boys, and Beyonds.

DER VERSUCH, DICH ÜBER DEINEN KÖRPER HINWEGZUSETZEN

Kursteilnehmer:

Ich habe neulich mit einer Frau geschlafen und dann haben wir zusammen zu Mittag gegessen. Am Abend in meinem Hotelzimmer wurde mir klar: „Das funktioniert nicht. Das macht keinen Spaß. Ich kann mich nicht über meinen Körper hinwegsetzen", also habe ich gewählt zu gehen.

Gary:

Warum hast du versucht, dich über deinen Körper hinwegzusetzen?

Kursteilnehmer:

Weil ich in diesen „Lieferungsmodus" gehe. Selbst, wenn ich nicht wollte, hätte ich Leistung bringen und liefern müssen. Die Erwartungen einer Frau an mich.

Gary:

Welche Dummheit verwendet ihr, um euch als den ewigen Lieferjungen zu kreieren, wählt ihr? Alles was das ist, mal Gottzillionen, werdet ihr all das zerstören und unkreieren? Right and Wrong, Good and Bad, POD and POC, All Nine, Shorts, Boys, and Beyonds.

Was also liebst du daran, ein Lieferjunge zu sein.

Kursteilnehmer:

Nichts mehr.

Gary:

In wie vielen Leben warst du eine Konkubine? Versuchst du noch immer, deinem Ruf gerecht zu werden? Versuchst du noch immer, deine Verpflichtung zu erfüllen, das zu sein? Oder versuchst du immer noch, dem Liefern nachzukommen – während du versprochen hast, dass dir niemals etwas geliefert würde?

Kursteilnehmer:

Ich denke, es ist alles das, was du gesagt hast und noch mehr.

Gary:

Alle Verpflichtungen, die du hast, ein universeller Samenspender zu sein, wirst du die bitte jetzt alle aufgeben? Right and Wrong, Good and Bad, POD and POC, All Nine, Shorts, Boys, and Beyonds.

Welche Dummheit verwendet ihr, um euch als die Konkubine aller Frauen zu kreieren, wählt ihr? Alles was das ist, mal Gottzillionen, werdet ihr all das zerstören und unkreieren? Right and Wrong, Good and Bad, POD and POC, All Nine, Shorts, Boys, and Beyonds.

Welche Bastardisierung der Perfektion von Männern verwendet ihr, um euch als die Konkubine, den Samenspender und die Quelle der Kreation für die Körper der Realität zu kreieren, wählt ihr? Alles was das ist, mal Gottzillionen, werdet ihr all das zerstören und unkreieren? Right and Wrong, Good and Bad, POD and POC, All Nine, Shorts, Boys, and Beyonds.

Kursteilnehmer:

In Bezug auf die Kreation von zukünftigen Körpern, geht es da um frühere Leben oder ist das etwa morgen und übermorgen?

Gary:

Na ja, es geht um den nächsten Tag und für immer. Das ist der Wert der Männer. Das ist der Grund, weshalb ihr immer denkt, dass ihr mit einer Frau zusammenkommen müsst und weshalb ihr nie mit einer Frau zusammenkommen wollt.

Kursteilnehmer:

Ja. Universeller Samenspender.

Gary:

Du hast dir eine Verpflichtung auferlegt, nicht noch mehr Kinder zu machen. Deshalb hattest du kein Interesse, mit einigen Frauen Sex zu haben – weil sie in der Lage gewesen wären, in jenem Moment schwanger zu werden.

Wenn du dich dazu verpflichtet hast, keine Kinder zu haben und du mit jemandem zusammen bist, die bereit ist, Kinder zu haben und beschlossen hat, dich in eine Ehe oder Beziehung zu locken, indem sie ein Kind mit dir hat, dann wird dein Körper sagen: „Nein! Das tun wir nicht", was der Grund dafür ist, dass du kein Interesse hast und nach Hause gehst. Bedanke dich bei deinem Körper dafür, dass er deinen Arsch gerettet hat.

Gary:

Okay, meine Herren. Ich möchte, dass ihr beschließt, euch euer Leben anzuschauen und zu fragen:
- Hätte ich wahrhaftig gern eine Beziehung?
- Wenn ich eine Beziehung haben würde, die mein Leben ausdehnt, wie würde das aussehen?
- Welche grundlegende Persönlichkeit hätte ich gern bei der Person?

Möchtet ihr, dass sie sich gut anzieht? Möchtet ihr, dass sie viel Geld ausgibt? Wo möchtet ihr sie haben? Ihr müsst auch all die Dinge aufschreiben, die ihr *nicht* an ihr haben möchtet, denn der einzige Weg, um das zu bekommen, was ihr wirklich wollt, ist zu wissen, was ihr wollt, und ebenfalls, was ihr nicht wollt.

Bitte schaut euch das an und findet heraus, ob ihr tatsächlich gern eine Beziehung hättet. Ihr seid humanoide

Männer, die es vorziehen würden, einen extrem gemütlichen Ort zu haben, an dem sie ihr Nest bauen können. Daran ist nichts Falsches, aber ihr tendiert dazu, euch die falschen Frauen dafür auszusuchen. Ich möchte euch so auf die Spur setzen, dass ihr in der Lage seid, die Art von Frau zu wählen, die ihr wirklich wollt.

In Ordnung, Freunde, großartig, dass ihr bei diesem Call dabei seid.

Kursteilnehmer:
Danke Gary, du bist super.

Kursteilnehmer:
Danke.

10
Die aggressive Präsenz der Sexualness

Je mehr du die Frage hast, desto mehr Präsenz bist du.
Je mehr Präsenz du bist, desto mehr Kontrolle hast du.

AGGRESSIVE PRÄSENZ

Gary:
Hallo, meine Herren. Ich würde gern über aggressive Präsenz sprechen. Aggressive Präsenz bedeutet, dass ihr euch für niemanden aufgebt und dass ihr immer eine Frage habt. Wenn ihr eine aggressive Präsenz seid, passt ihr euch nicht an die Realität anderer Leute an. Die Leute neigen dann dazu, ihre Realität der euren anzupassen.

Kursteilnehmer:
Neulich war da jemand, in dessen Gesellschaft ich nicht sein wollte, weil ich die Art nicht mochte, wie er meinen

Sohn behandelt hatte. Ich steckte da fest, statt zu fragen: "Wie würde es aussehen, wenn ich einfach ich selbst sein könnte, egal in wessen Gesellschaft ich bin?" Ich habe realisiert, wie viel ich von mir abschneide, um ihm aus dem Weg zu gehen. Was würde es brauchen, aggressive Präsenz zu haben?

Gary:

Was, wenn du gewillt gewesen wärst zu sagen: "Hey, sei freundlich zu meinem Sohn. Er ist mir wichtig"?

Kursteilnehmer:

Ist das aggressive Präsenz? Es ist auch, nicht gewillt zu sein, Scheiße zu fressen. Wenn man aggressiv präsent bist, lässt man sich von niemandem etwas gefallen.

Kursteilnehmer:

Und du wirst dir der Dinge bewusst, wenn sie auftauchen?

Gary:

Ja. Du wirst dir bewusst: „Oh, dieser Typ wird energisch meinem Sohn gegenüber. Er ist nicht aggressiv präsent mit ihm." Du musst freundlicher sein. Du musst aggressiv freundlich sein.

Kursteilnehmer:

Als ich gesehen habe, wie du das machst, Gary, habe ich bemerkt, dass du es nicht zum Streit kommen lässt. Ich scheine ins Kämpfen zu geraten.

Gary:

Das ist es, was man dir beigebracht hat. Du glaubst, das

macht dich zu einem Mann. Es macht dich zu einem echten Kerl.

Kursteilnehmer:

Kannst du mehr darüber sagen, was ein echter Kerl ist?

Gary:

Die Vorstellung ist, dass du von Männern immer gemocht wirst, wenn du ein echter Kerl bist, und nicht notwendigerweise von Frauen. Ein echter Kerl ist jemand, von dem alle Männer denken, dass er sowohl sexy, als auch gut ist. Sean Connery würde als echter Kerl gesehen werden, aber Roger Moore, der auch 007 gespielt hat, würde nicht so gesehen werden. Ihn würde man zu hübsch dafür finden.

Kursteilnehmer:

Ein echter Kerl ist also ein Mann in den Augen eines Mannes?

Gary:

Ja.

Was könnt ihr als Mann sein oder tun, das, wenn ihr es sein oder tun würdet, euch alles geben würde, was ihr euch im Leben wünscht? Alles was das ist, mal Gottzillionen, werdet ihr all das zerstören und unkreieren? Right and Wrong, Good and Bad, POD and POC, All Nine, Shorts, Boys, and Beyonds.

FÜR DICH WÄHLEN

Hier geht es darum zu bestimmen, was ihr als euer Leben

haben wollt. Wenn ihr euer eigenes Leben haben könntet, was würdet ihr wählen?

Kursteilnehmer:

Diese Frage ist so ein tolles Werkzeug für mich. Das ist im Augenblick meine Frage Nummer 1: Wenn ich meine Realität wählen könnte, was würde ich wählen? Mir ist dabei bewusst geworden, wie wenig ich tatsächlich für mich gewählt habe.

Gary:

Das ist interessant, nicht wahr, wenn du merkst, wie wenig du für dich wählst?

Kursteilnehmer:

Ich frage auch: „Wenn ich meine Realität wählen würde, wer wäre ich?"

Gary:

Ja.

Wenn ihr eure Realität sexuell wählen würdet, von wem würdet ihr beschließen, nicht gefickt zu werden? Alles was das ist, mal Gottzillionen, werdet ihr all das zerstören und unkreieren? Right and Wrong, Good and Bad, POD and POC, All Nine, Shorts, Boys, and Beyonds.

Wie viele von euch neigen dazu, euch von Frauen und Freunden ficken zu lassen?

Kursteilnehmer:

Ja. Und von der Familie.

Gary:
   Ja, und von der Familie. Mit der Familie ist es viel besser.

Kursteilnehmer:
   Und von uns selbst.

Gary:
   Ja.
   Wenn ihr wählen würdet, mit wem ihr Sex habt, wem würdet ihr nicht erlauben, euch zu ficken? Alles was das ist, mal Gottzillionen, werdet ihr all das zerstören und unkreieren? Right and Wrong, Good and Bad, POD and POC, All Nine, Shorts, Boys, and Beyonds.

AGGRESSIV SEXUELL SEIN

   Ich bin aggressiv sexuell, weil ich meine sexuelle Energie nicht abschneide für einen Mann, eine Frau oder sonst eine Person, auch nicht für zwei Personen oder sonst jemanden. Ich bin immer so, was auch immer ist. Wenn ihr aggressiv sexuell seid, dann ist es wahrscheinlicher, dass die Leute ihre Realität der euren anpassen. Wie viele von euch versuchen immer, ihre Realität der einer Frau anzupassen?

Kursteilnehmer:
   Das wäre dann ein *Ja*.

Gary:
   Das ist ein *Ja* für alle.
   Welche Bastardisierung totaler Sexualness verwendet ihr, um die Eliminierung und Ausradierung der aggressiven

Präsenz der Sexualness zu kreieren, die ihr wählen könntet, wählt ihr? Alles was das ist, mal Gottzillionen, werdet ihr all das zerstören und unkreieren? Right and Wrong, Good and Bad, POD and POC, All Nine, Shorts, Boys, and Beyonds.

Als Männer neigen wir dazu, aggressiv zu sein im Sinne von Gewaltanwendung, um eine Frau mit uns ins Bett zu bekommen. Das hat nichts mit Freundlichkeit und Fürsorglichkeit zu tun. Ihr sagt: "Hey, Baby, bist du bereit?" Wie soll das funktionieren? Es funktioniert nicht! Wie vielen Frauen wird das gefallen? Nicht sehr vielen!

Uns wurde von Pornofilmen beigebracht, wie wir sexuell sein sollen – nichts davon beinhaltet Freundlichkeit und Fürsorglichkeit als Referenzmaterial. Da geht es nur darum, wie du ihre Nippel sechs Mal in die eine und sechs Mal in die andere Richtung drehen kannst und das macht sie dann so heiß, dass sie dich haben muss. Diese Bilder sind nicht real oder wahr. Das ist nicht eure beste Wahl.

Ihr solltet so aggressiv sexuell sein, dass Frauen mit euch ins Bett wollen, einfach weil ihr so aggressiv präsent seid. Wie macht ihr das? Ihr kommt dahin, indem ihr fragt:

+ Wird es leicht sein?
+ Wird es Spaß machen?
+ Werde ich etwas lernen?

VON DER PRÄSENZ HERAUS FUNKTIONIEREN

Je mehr ihr die Frage habt, desto mehr Präsenz seid ihr. Je mehr Präsenz ihr seid, desto mehr Kontrolle habt ihr.

Ihr versucht immer weiter, eine Schlussfolgerung zu

kreieren, als Quelle für Kontrolle. Lasst uns annehmen, ihr wollt mit jemandem schlafen. Welche Frage ist das? Das ist keine Frage! Das ist eine Schlussfolgerung. Wenn ihr zu einer Schlussfolgerung kommt, glaubt ihr, ihr werdet mehr Kontrolle über die Situation haben und dass die Leute tun werden, was ihr wollt. Aber so ist das nicht.

Was macht Schlussfolgerung großartiger als Frage? Alles was das ist, mal Gottzillionen, werdet ihr all das zerstören und unkreieren? Right and Wrong, Good and Bad, POD and POC, All Nine, Shorts, Boys, and Beyonds.

Habt ihr Kontrolle falsch identifiziert als Schlussfolgerung? Überall, wo ihr zu der Schlussfolgerung gekommen seid, dass Schlussfolgerung Kreation ist, oder dass Schlussfolgerung notwendig für euch ist, um Kontrolle zu haben, werdet ihr all das zerstören und unkreieren? Right and Wrong, Good and Bad, POD and POC, All Nine, Shorts, Boys, and Beyonds.

Wenn ihr allerdings von der Frage aus funktioniert, dann werden die Frauen euch anschauen und denken: „Oh. Er könnte der Mann für mich sein." Denn wenn ihr in der Frage seid, dann fragt ihr: „Ist diese Frau die richtige Person für mich?" und sie fangen diesen Gedanken von euch auf. Wenn ihr zu einer Schlussfolgerung kommt, dann ist ihre Ansicht, dass euch nichts an ihnen liegt.

Je mehr ihr aus der Frage heraus funktioniert, desto mehr werdet ihr erkennen, dass ihr mehr Sex wollt, der Spaß macht. Und diese Art von Sex, die ihr wollt, gibt es nicht sehr viel. Ist das alles real für euch? Also reduziert das die Anzahl der Leute, mit denen ihr wählen könnt, Sex zu haben, aber es expandiert eure Bereitschaft zu empfangen.

DIE FRAU, DIE DICH NICHT *BRAUCHT*

Gary:

Da gibt es noch einen anderen Teil in dieser Geschichte. Wenn ihr aus der aggressiven Präsenz heraus funktioniert, dann braucht die Person euch nicht.

Wie viele von euch funktionieren aus der Ansicht heraus, dass ihr eine Frau wollt, die euch braucht? Alles was das ist, mal Gottzillionen, werdet ihr all das zerstören und unkreieren? Right and Wrong, Good and Bad, POD and POC, All Nine, Shorts, Boys, and Beyonds.

Was ihr wollt, ist eine Frau, die nicht nach euch bedürftig ist. Das ist der Ort, von dem aus ihr funktionieren solltet. Ihr fragt: „Okay, was würde mir Spaß machen?" und nicht: „Was muss ich richtig machen? Was muss ich falsch machen? Was ist notwendig?", sondern: „Was würde ich hier gern kreieren und generieren?"

Wie viele von euch haben ihr Leben mit dem Versuch verbracht, von einer Frau gebraucht zu werden? Wie vielen von euch hat eure Mutter beigebracht, dass jede Frau einen Mann will, der sie braucht? Alles was das ist, mal Gottzillionen, werdet ihr all das zerstören und unkreieren? Right and Wrong, Good and Bad, POD and POC, All Nine, Shorts, Boys, and Beyonds.

Kursteilnehmer:

Mir ist gerade klargeworden, dass ich etwas für meine Frau bin und nicht für mich.

Gary:

Ja, das wäre dann der Versuch, dich zu einem Ding zu machen, das man braucht.

Kursteilnehmer:

Ja.

Kursteilnehmer:

Ist es das, was wir als Liebe definieren, wenn wir klein sind?

Gary:

Ja, und das ist es auch, was du als das definierst, was dir Sex geben wird.

Kursteilnehmer:

Richtig. Ich beobachte das bei meinem Sohn. Er geht zu seiner Mama und sie braucht ihn. Sie braucht ihn und dann kommt er zu mir und ich brauche ihn überhaupt nicht. Verwirrt ihn das?

Gary:

Nein. Seine Mutter bringt ihm bei, dass er eine Frauen haben soll, die ihn braucht.

Kursteilnehmer:

Richtig.

Gary:

Wie vielen von euch hat man beigebracht, der Mann zu sein, der ihr sein sollt, um von eurer Mutter gebraucht zu werden? Alles was das ist, mal Gottzillionen, werdet ihr all das zerstören und unkreieren? Right and Wrong, Good and

Bad, POD and POC, All Nine, Shorts, Boys, and Beyonds.

Kursteilnehmer:

Wenn ich mit meinem Vater zusammen bin, ist es so einfach. Wenn ich meine Mutter besuche, braucht sie mich. So war es immer schon. Was ist das? Wurden Frauen darauf eingependelt?

Gary:

Frauen wurden darauf eingependelt zu glauben, dass es so sein soll. Dein Vater wollte, dass du ein echter Kerl wirst, wenn du erwachsen bist. Deine Mutter wollte, dass du von Frauen gebraucht wirst, wenn du erwachsen bist. In dieser Berechnung warst *du* nirgendwo involviert. Niemand hat dich gefragt: „Was willst du? Was willst du sein? Was ist dir wichtig?"

Kurteilnehmer:

Das fühlt sich für mich wie Missbrauch an. Ist es das?

Gary:

Nein. Es ist Missachtung.

Kursteilnehmer:

Kannst du mehr über den Unterschied zwischen Missbrauch und Missachtung sagen?

Gary:

Du denkst, es wäre Missbrauch, wenn du nicht als du anerkannt wirst. Aber das hat selten etwas mit Missbrauch zu tun. Es hat mit Missachtung zu tun, denn die meisten Eltern wissen gar nicht, was tatsächlich passiert. Sie wissen nicht, wie sie mit irgendetwas umgehen sollen, also gehen sie in einen Zustand von Missachtung. Und die meisten von euch wählen Frauen, die euch nach einer Weile ebenso missachten, denn ihr tendiert dazu, jemanden zu finden, der genauso wie euer Vater oder eure Mutter oder wie beide ist. Missachtet zu werden fühlt sich für euch realer an als irgendetwas anderes.

Kursteilnehmer:

Die Frau, mit der ich mich gerade verabrede, braucht mich in keiner Weise.

Gary:

Macht dich das unglaublich bedürftig ihr gegenüber?

Kursteilnehmer:

Nein, es ist etwas anderes.

Gary:

Fühlst du dich von ihr missachtet??

Kursteilnehmer:

Das ist es. Ja. Es ist, als ob ich das Nicht-Brauchen als Missachtung falsch identifiziert hätte. Was ist es, das ich hier nicht gewillt bin, mir anzuschauen?

Gary:

Bist du also gewillt, eine Frau überhaupt nicht zu brauchen?

Gary:

Nicht in diesen zehn Sekunden, nein.

Gary:

Welche Dummheit verwendet ihr, um die Bedürftigkeit nach Frauen zu kreieren, die ihr wählt? Alles was das ist, mal Gottzillionen, werdet ihr all das zerstören und unkreieren? Right and Wrong, Good and Bad, POD and POC, All Nine, Shorts, Boys, and Beyonds.

AGGRESSIVE BEDÜRFNISLOSIGKEIT

Kursteilnehmer:

Wie würde aggressive Bedürfnislosigkeit Frauen gegenüber aussehen?

Gary:

Das wäre der Ort, an dem ihr, statt zu versuchen, flachgelegt zu werden, fragt:
Was will ich wirklich von dieser Person?
Kann sie mir das liefern?
Ihr fragt selten danach, was euch jemand liefern kann. Habt ihr das jemals bemerkt?

Kursteilnehmer:

Nein, ich frage mich immer, was ich der anderen Person liefern kann.

Gary:

Ja. Du versuchst, ein Beitrag zu sein. Und sie erwarten sogar noch mehr Beitrag von dir. Du glaubst, dass du niemals genug lieferst. Sie haben immer recht und du hast unrecht. Wie gut klappt das?

Kursteilnehmer:

Heißt das, statt zu sagen: „Wenn du mir nicht geben kannst, was ich will, verpiss dich"?

Gary:

Ja, und die meisten Frauen haben diese Ansicht: „Du kannst mir nicht liefern, was ich will? Hau ab und verschwinde."

AGGRESSIVE SEXUALNESS

Aggressive Sexualness ist der Ort, an dem du nicht gewillt bist, die Frage zu verlassen. In dieser Realität wird Aggression als alles das angesehen, was eine Frage kreiert. Hast du jemals jemanden sagen gehört: „Hör auf, all diese Fragen zu stellen! Warum stellst du all diese Fragen? Was willst du von mir? Wie kannst du nur so sein?" Eine Frage zu stellen, wird als etwas Falsches angesehen. Das wird als Aggression gesehen, außer du sagst vorher: „Hey, kann ich dir bitte eine Frage stellen?"

Wenn du fragst: „Kann ich dir eine Frage stellen?", fühlt sich niemand angegriffen. Aber wenn du eine Frage präsentierst, ohne vorher um Erlaubnis zu fragen, wird die andere Person zum Angriff übergehen. Sie wird gekränkt sein und dann in die Defensive gehen. Dies sind die Orte, wo ihr mit Frauen in Schwierigkeiten geratet.

WENN EINE FRAU KEINEN ORGASMUS HABEN KANN

Kursteilnehmer:

Was ist das, wenn eine Frau Mühe hat, einen Orgasmus zu bekommen oder keinen haben kann?

Gary:

Normalerweise wenn eine Frau keinen Orgasmus bekommen kann, dann deshalb, weil sie tatsächlich nicht in ihrem Körper ist. Wenn du Sex hast, dann lass das Licht an. Stemme deinen Körper von ihrem hoch; lieg nicht auf ihr, so dass sie ihre Augen verstecken kann. Und jedes Mal, wenn du siehst, dass sie ihre Augen schließt, sag zu ihr: „Bitte komm zurück. Komm zurück. Öffne deine Augen. Bitte schau mich an. Ich möchte die Verbindung zu dir spüren. Ich möchte die Verbindung zu dir spüren und ich möchte die Verbindung zu deinem Körper spüren. Lass mich alles von dir fühlen." So beginnst du, sie zurück zu ihrem Körper zu bringen und zurück zu dem, was möglich ist.

Du musst nur diese eine Sache tun, und zwar sie dazu zu bringen, bei ihrem Körper zu bleiben. Die meisten Frauen, die nicht orgasmisch oder nicht multipel orgasmisch sind, neigen dazu, getrennt von ihrem Körper zu sein. Einige von ihnen schauen gern von der Zimmerdecke aus zu. Wenn du fühlst, dass sie weggehen oder wenn du spürst, dass die aus ihrem Körper heraustreten, frage: „Wo bist du? Wohin bist du gerade gegangen? Was ist geschehen?" Wenn du diese Fragen stellst, wird sie anfangen zu fragen. Du musst sie zurück zum Fragen bringen, denn Fragen kreieren Präsenz.

Kursteilnehmer:

Welche Fragen kann ich mir stellen, die mir erlauben würden, gewahr zu sein, wenn meine Frau das macht?

Gary:

Lass das Licht an – oder habt zumindest Kerzenlicht. Bitte sie, ihre Beine über deine Schultern zu legen, damit ihr einander sehen könnt. Sei mit ihr und sag: „Ich bin so froh, dass ich in deine Augen sehen kann. In deine Augen zu sehen ist das Wunderbarste auf der Welt. Bleib bei mir, Liebling. Ich brauche das wirklich. Ich brauche das wirklich.

Und dann musst du fragen: „Kannst du kommen oder soll ich?"

Kursteilnehmer:

Meine Frau und ich sind jetzt seit ungefähr acht Jahren zusammen und erst in den letzten drei Monaten fängt sie an, einen Orgasmus beim Sex mit mir zu haben. Sie ist ziemlich gut dazu imstande, wenn sie es selbst tut, aber wenn ich dabei bin, scheint es für sie sehr viel schwerer zu sein. Ich werde anfangen, das zu tun, was du vorgeschlagen hast.

HAT SIE GERN SEX MIT IHREM KÖRPER – ODER ALS IHR KÖRPER?

Gary:

Manche Leute, vor allem Frauen, versuchen während des Sex außerhalb ihres Körpers zu bleiben. Tatsächlich mögen sie es nicht, eine Verbindung zu ihrem Körper zu haben. Wenn du wirklich Spaß mit Sex haben willst, musst du fragen: „Möchte diese Person gern Sex *mit* ihrem Körper oder *als* Körper haben?" Viele Frauen stehen außerhalb ihres Körpers und schauen ihn an. Hat das Wesen Sex – oder hat der Körper Sex?

Kursteilnehmer:
Der Körper hat Sex.

Gary:
Also musst du dich mit dem Körper und dem Wesen verbinden. Du willst beides. Wenn du beides bekommst, dann hast du die Fähigkeit zu größerer Stimulation.

Kursteilnehmer:
Wie würde das aussehen? Oder welche Fragen kann ich stellen, um noch verbundener im Körper und mit dem Wesen beim Sex zu sein?

Gary:
Du musst die Bereitschaft haben zu sehen, was die andere Person zu haben gewillt ist.
Wie viel von eurer Energie verwendet ihr, um euch selbst blind gegenüber dem zu machen, wozu andere Leute in der Lage sind? Viel, ein wenig oder Megatonnen? Alles was das ist, mal Gottzillionen, werdet ihr all das zerstören und unkreieren? Right and Wrong, Good and Bad, POD and POC, All Nine, Shorts, Boys, and Beyonds.

Kursteilnehmer:
Und dann fragst du: „Wo soll ich sie berühren? Wann soll ich sie berühren? Wie viel soll ich sie berühren?"

Gary:

Alles, was du tun musst, ist den Körper zu fragen. Er wird dir sagen, wo du ihn berühren sollst.

„DA IST EINE ENERGIE MIT MEINEM PENIS"

Kursteilnehmer:

Ich habe viel großartigen Sex gehabt und ich finde, dass da eine Energie mit meinem Penis ist, die sehr viel dynamischer ist. Welche Tipps hast du, wenn mein Penis in der Vagina der Frau ist? Welche Energien könnte ich dabei sein, die mir mehr Gewahrsein geben würden?

Gary:

Wenn du deinen Penis in der Vagina einer Frau hast, dann versuche, anstatt das Rein-Raus-Ding zu machen, ihn abwechselnd still zu halten und zu beugen, während du Energie in ihn fließen lässt, so als ob du hinein und heraus gehen würdest, ohne dich zu bewegen.

Kursteilnehmer:

Das kann ich machen.

Gary:

Und lass die Energie auch durch deinen gesamten Hüftbereich fließen. Die Chancen stehen gut, dass die Frau einen Orgasmus haben wird, wenn du einfach nur das tust.

Kursteilnehmer:

Danke.

Kursteilnehmer:

Ich habe bemerkt, es scheint sehr viel mehr Raum in der Vagina zu geben, wenn ich in der Frau bin, als den, den ich gewohnt war.

Gary:

Versuchst du, diesen Raum auszufüllen oder kreierst du den Raum?

Kursteilnehmer:

Ich habe eher versucht, diesen Raum auszufüllen, als ihn zu kreieren.

Gary:

Was, wenn du den Raum als etwas kreieren würdest, das zu der orgasmischen Qualität beitrüge von dem, was du tust?

Kursteilnehmer:

Wow! Ich sehe, dass ich die Vorstellung abgekauft habe, dass es eng sein sollte.

Gary:

Na ja, wie viele Stücke Scheiße haben dir erzählt, dass es so sein sollte?

Kursteilnehmer:

Jede Menge.

Gary:

Alles was das ist, mal Gottzillionen, werdet ihr all das zerstören und unkreieren? Right and Wrong, Good and

Bad, POD and POC, All Nine, Shorts, Boys, and Beyonds. Könntest du deinen Penis bitten, die *Energie* zu sein, die diesen Raum füllt, statt das *Organ*, das diesen Raum füllt?

Kursteilnehmer:

Das werde ich tun.

Gary:

Cool.

Kursteilnehmer:

Vielen Dank. Wow.

„WARUM KANN ICH NICHT AUCH MULTIPLE ORGASMEN HABEN?"

Kursteilnehmer:

Ich werde ein bisschen neidisch auf Frauen. Warum kann ich nicht auch multiple Orgasmen haben?

Gary:

Du kannst multiple Orgasmen haben. Du musst nicht ejakulieren, um einen Orgasmus zu haben. Wenn ich auf dem Rücken liege, kann ich sechs oder acht Orgasmen haben, ohne jemals zu ejakulieren.

Kursteilnehmer:

Wie machst du das?

Gary:

Ich habe mich darauf trainiert, dass ich nicht zu schnell

komme, wenn ich auf dem Rücken liege; ich wollte, dass die Frau erregter wird.

Kursteilnehmer:

Wie hast du dich so trainiert?

Gary:

Ich habe einfach meinen Körper gebeten, mir einen anderen Weg zu zeigen.

Kursteilnehmer:

Dieses Frage-Ding...

Kursteilnehmer:

(Lachen)

Gary:

Ich habe gelesen, dass Männer multiple Orgasmen haben und ich fragte: „Wie kann ich das haben?" Ich bekam: „Leg dich auf den Rücken", also sagte ich: „Okay." Ich habe mich auf den Rücken gelegt und ließ sie auf mir sitzen und sich an mir reiben, bis sie zufrieden war und ich habe meine Finger benutzt und all das Zeug gemacht. Ich habe getan, was ich konnte, um es für sie noch besser zu machen und schließlich habe ich begonnen, Orgasmen zu haben, während ich auf dem Rücken lag. Ich habe begonnen, Orgasmen zu haben, ohne notwendigerweise zu ejakulieren.

Es geht darum, euren Körper zu fragen: „Körper, was bräuchte es für uns, einen Orgasmus ohne Ejakulation zu haben?" Wenn ihr anfangt, euch anzuschauen, was ihr kreieren könnt, dann beginnt, eine andere Möglichkeit aufzutauchen. Aber ihr müsst es euch von diesem Ort aus anschauen, nicht von den anderen Orten aus, an die ihr geht.

Bei multiplen Orgasmen fühlt es sich an, als würde man nicht ejakulieren müssen oder nicht das Bedürfnis danach haben, aber man verliert dabei nicht die Erektion. Du hast das Gefühl, dass, wenn du noch einen Orgasmus hast, du ejakulieren könntest, aber es gelingt dir, nicht zu ejakulieren und es wird noch besser. Du fühlst dich so, als wärst du gekommen, bist es aber nicht. Es fühlt sich wie ein innerer Orgasmus an statt einer Ejakulation.

SELBSTBEFRIEDIGUNG

Gary:

Bei aggressiver Sexualness geht es nicht darum, darauf zu warten, dass eine Frau Sex mit euch haben will. Es geht um eure Bereitschaft, Sex für euch zu haben. Wir neigen dazu, Masturbation aufzugeben, vor allem, wenn wir eine Beziehung eingehen. Wenn ihr Masturbation aufgebt, gebt ihr es auf, euch selbst Vergnügen zu bereiten und ihr gebt die Vorstellung auf, dass ihr Sex haben werdet, ob das jemand anderem gefällt oder nicht.

Ein Mann, der sexuell aggressiv ist, wird Sex haben und dann in der Dusche verschwinden und masturbieren.

Kursteilnehmer:

Wie funktioniert das in einer Ehe?

Gary:

Du masturbierst, wenn du das wählst. Du tust, was immer du wählst. Du kannst sagen: „Schatz, tut mir leid. Ich muss jetzt wirklich masturbieren." Wenn ihr das nicht gefällt, wird sie sagen: „Warum lässt du mich dir nicht dabei helfen?" oder du könntest sagen: „Du kannst mir dabei helfen, wenn du willst."

Kursteilnehmer:

Ja, ich habe das ein paar Mal gemacht. Das hat Spaß gemacht.

Gary:

Man kann auch anders funktionieren. Versucht es mit der Frage: Wenn ich all die Sexualness wäre, die ich bin, wie würde ich im Leben funktionieren?

Wenn ihr all die Sexualness wärt, die ihr wirklich seid, wie würdet ihr im Leben funktionieren? Alles was das hochgebracht hat, mal Gottzillionen, werdet ihr all das zerstören und unkreieren? Right and Wrong, Good and Bad, POD and POC, All Nine, Shorts, Boys, and Beyonds.

Lasst diese Prozesse laufen:

Wenn ich als das funktionieren würde, was ich wahrhaftig bin, wie würde ich sexuell funktionieren? Alles was das ist, mal Gottzillionen, werdet ihr all das zerstören und unkreieren? Right and Wrong, Good and Bad, POD and POC, All Nine, Shorts, Boys, and Beyonds.

Wenn ich sexuell als ich funktionieren würde, wie würde ich im Leben funktionieren? Alles was das ist, mal Gottzillionen, werdet ihr all das zerstören und unkreieren? Right and Wrong, Good and Bad, POD and POC, All

Nine, Shorts, Boys, and Beyonds.

Es gab eine Zeit in meinem Leben, in der vier Frauen pro Tag für mich funktionieren bedeutete. Unglücklicherweise bin ich zu nicht viel anderem gekommen.

Kursteilnehmer:

Also Gary, wie würde das aussehen?

„WIE WÄRE ES, SEX MIT DIESEM MANN ZU HABEN?"

Gary:

Du schaust dir einen Mann an und fragst: „Wie wäre es, Sex mit diesem Mann zu haben?" Das bedeutet nicht, dass du Sex mit ihm haben musst. Wenn ihr gewillt seid, euch anzuschauen, wie es wäre, Sex mit jemandem zu haben, vor allem mit jemandem des gleichen Geschlechts, wenn das nicht eure übliche Vorliebe ist, dann beginnt ihr die sexuelle Energie von Frauen auf eine andere Art und Weise zu sehen, denn ihr hört auf mit dem Versuch, sexuelle Energie in „Mann" oder „Frau" hinein zu legen.

Fangt also an zu fragen: „Wie wäre es, Sex mit dieser Person zu haben?" Wenn ihr beginnt, diese Art von Aggressivität sexuell zu haben, beginnt ihr zu sehen, was funktioniert und nicht funktioniert. Und wenn ihr gewillt seid zu sehen, was funktioniert und was nicht, seid ihr gewillt, das, was ihr tut, auf eine andere Weise zu tun.

Kursteilnehmer:

Ich liebe diese Frage: „Wie wäre es, Sex mit diesem Mann

zu haben?" Das eröffnet eine total andere Möglichkeit des Empfangens. Ich habe eine total andere Energie empfangen, als ich das in Bezug auf einen Mann gefragt habe.

Gary:

Ja, wenn du gewillt bist, das in Bezug auf einen Mann zu fragen, dann bist du gewillt, eher zu sehen, was Frauen wählen würden.

Kursteilnehmer:

Ja.

Gary:

Und wenn du ein Mann bist und hetero und dir einen Mann unter dem Gesichtspunkt anschaust: „Wie wäre es, mit ihm Sex zu haben?", dann musst du dir das Wesen anschauen und den Körper und sehen, ob das Spaß machen würde, was ihr bei Frauen eben *nicht* tut. Ihr sagt: „Oh, sie ist schön. Ich will sie." Was ist das für eine Frage? Gar keine! Bei Männern bleibt ihr in der Frage.

Bei Frauen tendiert ihr dazu, das nicht zu tun. Wenn ihr gewillt wärt, die Frage aufrecht zu erhalten, hättet ihr dann etwas Großartigeres? Ja, und das ist der wichtige Teil daran. Wenn ihr dorthin kommt, wo ihr einen Mann sehen und fragen könnt: „Würde es Spaß machen, mit ihm Sex zu haben?", könnt ihr anfangen, euch die Frauen anzuschauen und die gleiche Frage zu stellen: „Würde es Spaß machen, mit ihr Sex zu haben?" Dann werdet ihr sagen: „Wow! Ich hatte keine Ahnung, dass ich so viel Gewahrsein habe."

Kursteilnehmer:

Oh, das ist großartig! Da kann man üben, das zu wählen, was leichter ist.

Gary:

So lernt ihr, bessere Leute zu wählen, mit denen ihr Sex habt.

Kursteilnehmer:

Ich habe das gemacht und es funktioniert.

Gary:

Das tut es. Es ist toll.

Kursteilnehmer:

Wow. Super. Ich bin dankbar.

Gary:

Okay, meine Herren, das war es.

Kursteilnehmer:

Danke, Mr. Douglas. Du bist wundervoll.

Kursteilnehmer:

Das bist du.

Kursteilnehmer:

Es ist immer ein guter Call.

Gary:

Und denkt daran, versucht, auf dem Rücken zu liegen und multiple Orgasmen zu haben. Das ist eure Hausaufgabe bis zum nächsten Mal. Der erste, der sechs Orgasmen hat, ohne zu ejakulieren, gewinnt einen Preis. Danke. Bis zum nächsten Mal. Bye-Bye.

11
Commitment wählen

Wenn du aus der Wahl heraus ein Commitment eingehst, musst
du realisieren, was tatsächlich möglich ist.
Es geht um die Frage: Was ist hier möglich, das
ich nicht in Betracht gezogen habe?

Gary:

Hallo, meine Herren. Lasst uns mit ein paar Fragen anfangen.

MÄNNLICHKEIT UND MASKULINITÄT

Kursteilnehmer:

Kannst du über Männlichkeit und Maskulinität sprechen und darüber, wie man männlicher und maskuliner aussieht und klingt? Ich habe keine so tiefe Stimme wie andere Männer. Hast du irgendwelche Vorschläge, wie man eine tiefere, männlichere Stimme bekommen kann? Und wie ist es mit dem Bart? Ich habe auch nicht viel Bart. Ist das genetisch – oder kann man das verändern?

Gary:

Es ist genetisch – und es kann veränderbar sein. Du musst fragen: Welche Energie, welcher Raum und welches Bewusstsein können ich und mein Körper sein, um eine gewaltige Menge Haare mit vollkommener Leichtigkeit wachsen zu lassen? Das einzige Problem dabei ist, dass du dann auch höchstwahrscheinlich Haare auf deiner Brust, deinem Rücken und deinen Hoden wachsen hast. Versuch es.

Kursteilnehmer:

Klappt das auch umgekehrt? Für weniger Körperbehaarung?

Gary:

Versuche das: Welche Energie, welcher Raum und welches Bewusstsein kann ich sein, um weniger Haare mit totaler Leichtigkeit zu haben?

Aber das Problem damit ist, dass du dabei vielleicht auch eine Glatze bekommst.

Du hast also eine Wahl. Du kannst glatzköpfig mit jeder Menge Körperbehaarung sein und dann wird sie die ganze Zeit an deinem Körper arbeiten oder du hast dickes, welliges Haar auf dem Kopf und dann wird sie die ganze Zeit mit den Händen in deinen Haaren sein. Wo möchtest du, dass sie ihre Hände hinlegt?

Kursteilnehmer:

Überall.

Gary:

Genau. Deshalb lässt du überall Haare wachsen. Hör auf, es zu bewerten. Wo hast du die Bewertung über Haare her? Es gibt jede Menge Frauen, die keine haarigen Männer mögen, aber wenn sie keine haarigen Männer mögen, wollen sie dich nicht und du wirst sie nicht wollen. Wähle die, die viel Haar mögen. Und wenn du viele Haare auf der Brust hast, zieh dein T-Shirt aus, um zu zeigen, dass du eine haarige Brust hast. Manche Frauen werden das mögen. Und wenn du keine Haare auf der Brust hast, ergreife die Gelegenheit, dein Hemd auszuziehen, damit sie wissen, wie du ausgestattet bist. Maskulin zu sein bedeutet nur, dass du gewillt bist, etwas zu sein, was auf diesem Planeten keinen Wert hat.

Um deine Stimme tiefer zu machen, versuche Folgendes: Welche Energie, welcher Raum und welches Bewusstsein können ich und mein Körper sein, das unserer Stimme erlauben würde, mit totaler Leichtigkeit zwei Oktaven tiefer zu werden? Alles was das ist, mal Gottzillionen, wirst du all das zerstören und unkreieren? Right and Wrong, Good and Bad, POD and POC, All Nine, Shorts, Boys, and Beyonds.

EIN ENERGIESOG

Kursteilnehmer:

Was ist das, wenn du dich wie in einem Sog fühlst, der dich zu einer anderen Person hinzieht und es fühlt sich so leicht und einfach an? Ich hatte da eine Erfahrung nach der letzten Access Consciousness Sieben-Tage-Veranstaltung, wo ich eine Woche lang sehr lebhaft vom Sex mit einer bestimmten Dame geträumt habe und eine Woche später ist es tatsächlich passiert. Wir waren miteinander im Bett und haben den Traum inszeniert.

Ich bin einer Energiewelle zu ihr gefolgt, die zu diesem Vergnügen geführt hat, und es hat sich so einfach und energetisch angenehm angefühlt. Es hat sich angefühlt wie die Energie von „verrückt möglich". Es war sehr schön, muss ich sagen. Und nun bin ich nicht sicher, was ich tun soll.

Gary:

An diesen Ort müsst ihr aufhören hinzugehen, Leute. Ihr neigt dazu zu fragen: „Oh, was mache ich jetzt?" Ach nee. Weitermachen ist das, was ihr tut. Wenn ihr so eine Energieströmung habt, dann strömt hinein, strömt hinaus, strömt hinein und hinaus und amüsiert euch, verdammt noch mal.

Alles was das ist, mal Gottzillionen, werdet ihr all das zerstören und unkreieren? Right and Wrong, Good and Bad, POD and POC, All Nine, Shorts, Boys, and Beyonds.

Kursteilnehmer:

Ich versuche, nicht zu scharf drauf zu sein, damit ich sie nicht etwa verschrecke. Wie verändere ich das, um mehr Leichtigkeit damit zu bekommen, wo ich hin soll oder was ich nach dem Sex tun soll? Ich möchte mehr aus dieser Möglichkeit machen.

Gary:

Du bist gerade kopfgesteuert, mein Freund.

Alles, was du getan hast, um dich selbst kopfgesteuert zu

machen, wirst du all das zerstören und unkreieren? Right and Wrong, Good and Bad, POD and POC, All Nine, Shorts, Boys, and Beyonds.

Welche Bastardisierung von unendlicher Sexualness verwendet ihr, um das kopfgesteuert Sein, herzgesteuert Sein und schoßgesteuert Sein zu kreieren, das ihr wählt? Alles was das ist, mal Gottzillionen, werdet ihr all das zerstören und unkreieren? Right and Wrong, Good and Bad, POD and POC, All Nine, Shorts, Boys, and Beyonds.

Kursteilnehmer:

Könntest du erklären, was du gemeint hast, als du sagtest, dass er kopfgesteuert ist? Warum ist das kopfgesteuert?

Gary:

Erstens: „Ich versuche, nicht zu scharf drauf zu sein" ist kopfgesteuert. Da geht es darum, was du versuchen musst zu sein oder zu tun. Zweitens: „Wie verändere ich das, um mehr Leichtigkeit damit zu bekommen, wo ich hin soll, oder was ich tun soll?" Kopfgesteuert.

Kursteilnehmer:

Ist das, als würde man versuchen herauszufinden, was in der Zukunft passieren wird, statt eine Frage zu stellen?

Gary:

Es ist das, was ihr kreiert, wenn ihr Bewertungen darüber habt, was für eine Beziehung ihr haben solltet oder wie ihr sein solltet. Wenn ihr eine Wahl trefft und diese Wahl bewertet, dann kreiert ihr eine Solidität, die erfordert, dass die Bewertung sich vorwärts ausdehnt und eure Zukunft kreiert. Ist das wirklich das, was ihr gern wählen würdet?

„Keine Bewertung" ist gleich einer Zukunft ohne Bewertung. „Bewertung", auch eine positive Bewertung, ist gleich einer Zukunft mit Bewertung.

WIE VIELE ZUKÜNFTE HAST DU KREIERT, DIE DEINE FÄHIGKEIT ZU KREIEREN BLOCKIEREN?

Jedes Mal, wenn ihr wählt, kreiert ihr. Jede Wahl kreiert, ob es nun eine Wahl für oder gegen euch ist. Wenn ihr in diese Wahl eine Bewertung legt, dann kreiert ihr eine Zukunft, die beginnt, sich zu ereignen, was diese Bewertung als Zukunft kreieren wird. Lasst uns annehmen, ihr seid dreizehn Jahre alt. Ihr findet ein Mädchen und sie hat Sex mit euch. Ihr sagt: „Oh mein Gott, ich muss sie für immer lieben. Ich muss bei ihr bleiben. Ich muss Kinder mit ihr haben. Ich muss all das Zeug haben." Das ist potentielle Zukunft, die ihr zu kreieren beginnt, basierend auf den Bewertungen darüber, was ihr getan habt und was ihr tun solltet.

Kursteilnehmer:
Ja.

Gary:
All das wird zu etwas, das eingeschlossen ist als eine potentielle Zukunft und jedes Mal, wenn ihr in die Nähe von jemandem kommt, der dazu passt, fügt ihr diese Energie zu dieser Zukunft hinzu, um eine Zukunft zu kreieren, von der ihr beschlossen habt, dass sie sich so ereignen soll.

Keine davon ist real.

Wie viele Zukünfte mit Frauen habt ihr kreiert, die derzeit eure Fähigkeit zu kreieren blockieren? Ich werde bis vier zählen. Das „Eins, zwei, drei" löscht die Vergangenheit und die Gegenwart. Wenn „Vier" dazukommt, verändert das die Zukunft, die ihr kreiert, basierend auf den Entscheidungen, Wahlen und Bewertungen, die ihr trefft. Auf Vier werden wir sie alle zerstören und unkreieren. Eins…zwei…drei…vier. Danke.

All das Zeug, das ihr in Bezug auf die Zukunft mit Frauen kreiert habt, und wie ihr keine Zukunft mit einer Frau haben könnt und wie ihr eine Zukunft mit einer Frau haben müsst und ohne eine Zukunft mit einer Frau, seid ihr kein richtiger Mann und überall dort, wo ihr nicht sein könnt, ohne eine Frau zu haben, all diese Zukünfte, werdet ihr sie alle auf Vier zerstören und unkreieren: Eins…zwei…drei…vier. Danke.

Welche Bastardisierung des unendlichen Commitments des Seins verwendet ihr, um die Notwendigkeit von Sex, Beziehung, Kopulation und Sexualität zu kreieren, wählt ihr? Alles was das ist, mal Gottzillionen, werdet ihr all das zerstören und unkreieren? Right and Wrong, Good and Bad, POD and POC, All Nine, Shorts, Boys, and Beyonds.

Wie viele von euch haben die Ansicht, dass sie ohne eine Frau nicht sein können? Alles was das ist, mal Gottzillionen, werdet ihr all das zerstören und unkreieren? Right and Wrong, Good and Bad, POD and POC, All Nine, Shorts, Boys, and Beyonds.

Hat irgendeiner von euch jemals das Gefühl gehabt, dass ihr von eurem Bedürfnis nach Sex oder Kopulation oder

Beziehung angetrieben werdet?

Kursteilnehmer:
 Ja.

Kursteilnehmer:
 Oh ja.

Gary:
 Darum geht es. Es ist der Ort, an dem ihr denkt, dass ihr keine Wahl habt. Ihr denkt, ihr müsst es tun. Wo ist eure Wahl?

AN EINEN ORT KOMMEN, WO ES EINE WIRKLICHE WAHL GIBT

Die ganze Idee dieser Serie war es, euch zu dem Punkt zu bringen, wo ihr Wahl haben könnt, statt zu denken, dass ihr irgendwie keine Wahl habt und Sex machen müsst. Wenn ihr zu dem Punkt kommen könnt, wo es eine wirkliche Wahl gibt, müsst ihr keinen Teil von euch aufgeben, um eine Beziehung oder Sex zu kreieren, dann könnt ihr mehr Präsenz und mehr Spaß haben. Wie wäre es, wenn Sex totaler Spaß für euch wäre?

Kursteilnehmer:
 Ja, bitte.

Gary:
 Die ganze Zeit. Jedes Mal.
 Welche Bastardisierung des unendlichen Commitments des Seins verwendet ihr, um die Notwendigkeit von Sex,

Beziehung, Kopulation und Sexualität zu kreieren, wählt ihr? Alles was das ist, mal Gottzillionen, werdet ihr all das zerstören und unkreieren?

Right and Wrong, Good and Bad, POD and POC, All Nine, Shorts, Boys, and Beyonds.

Also, warum sage ich *Sexualität?* Weil ihr an einen Ort kommt, an dem ihr denkt, dass ihr Sex mit einer Frau haben müsst, um zu beweisen, dass ihr ein Mann seid. Was hat das mit Wahl zu tun?

Kurteilnehmer:
Nichts.

Gary:
Das bedeutet, dass ihr nur Sex mit der Hälfte der Bevölkerung haben könnt. Die einzige Gelegenheit, bei der ihr erkennt, dass es nicht wirklich darauf ankommt, ist dann, wenn man euch ins Gefängnis wirft und ihr nur Männer habt, mit denen ihr Sex haben könnt.

Alles was das ist, mal Gottzillionen, werdet ihr all das zerstören und unkreieren? Right and Wrong, Good and Bad, POD and POC, All Nine, Shorts, Boys, and Beyonds.

Das sollte jetzt witzig sein. Wo ist euer Sinn für Humor? Ist es zu spät für euch, einen Sinn für Humor zu haben?

Kursteilnehmer:
Ich glaube, dass du ein POD und POC in Bezug auf deinen Humor machen solltest, damit wir über deine Witze lachen können.

Gary:

Alles, was euch nicht erlaubt, meinen Humor zu erkennen und wie brillant er ist und alles, was euch nicht erlaubt, einen Sinn für Humor in Bezug auf Sex, Kopulation, Beziehung und Sexualität zu haben und alles, was euch nicht erlaubt, mit jeder Form von Sex, Kopulation, Beziehung und Sexualität zu spielen, die ihr nur haben könnt, werdet ihr all das zerstören und unkreieren? Right and Wrong, Good and Bad, POD and POC, All Nine, Shorts, Boys, and Beyonds.

COMMITMENT ALS EINE ENTSCHEIDUNG / COMMITMENT ALS EINE WAHL

Kursteilnehmer:

Gary, kannst du über Commitment und Wahl sprechen? Kreieren wir Commitment als eine Entscheidung, statt es als Wahl zu haben?

Gary:

Ja.

Kursteilnehmer:

Ist das die Sicht dieser Realität, was Commitment bedeutet?

Gary:

Ja.

All die Zukünfte, die ihr basierend darauf kreiert habt, werdet ihr sie alle zerstören und unkreieren: Eins…zwei…drei…vier. Danke.

Ihr Jungs müsst begreifen, dass ihr eure Entscheidungen über Commitments trefft und dann versucht ihr das Commitment zu bestätigen, um es real und richtig zu machen.

COMMITMENT ALS EINE ZEHN-SEKUNDEN-WAHL

Kursteilnehmer:

Du sprichst über Wahl in Zehn-Sekunden-Abschnitten und du hast gesagt, dass Commitment eine Zehn-Sekunden-Wahl ist. Das verwirrt mich. Wie funktioniert das?

Gary:

Wenn du in Zehn-Sekunden-Abschnitten wählst, kannst du in einem Zehn-Sekunden-Abschnitt sagen: „Ich liebe sie." In den nächsten zehn Sekunden kannst du sagen: „Ich liebe sie nicht." Du kannst sagen: „Ich liebe mein Business" und zehn Sekunden später kannst du sagen: „Ich liebe mein Business nicht." Wenn du in Zehn-Sekunden-Abschnitten wählst, dann existiert die Möglichkeit konstanter Kreation.

Ihr Jungs seid irgendwie zu der seltsamen Ansicht gelangt, dass Commitment etwas Dauerhaftes ist. Ihr denkt, sobald ihr ein Commitment eingegangen seid, ist keine andere Wahl mehr möglich.

Wenn ihr ein Commitment von der Wahl aus eingeht, müsst ihr euch klar werden, was tatsächlich möglich ist. Ihr fragt dann: Was ist möglich hier, das ich noch nicht in Betracht gezogen habe? Was wäre, wenn ihr euch anschauen würdet, was möglich ist, anstatt das, was ihr glaubt, dass sein müsste? Das ist etwas anderes, als der Versuch, sich dem Commitment zu verpflichten, dem ihr euch bereits verpflichtet habt.

Kursteilnehmer:

Das wäre einfach zu verdammt einfach.

Gary:

Ja, und deswegen werdet ihr keine Leichtigkeit in eurem Leben haben. Ich versucht immer weiter nach dem Schweren und Schlechten zu suchen, statt nach dem, was die Dinge leichter machen würde. Wie wäre es, wenn ihr was immer ihr tut aus dem Aspekt heraus tut, ob es leicht ist anstatt schwer?

Kursteilnehmer:

Das ist so genial einfach.

Gary:

Es ist einfach. Wir suchen immer danach, wie wir etwas zum Funktionieren bringen können, das nicht zu funktionieren scheint, anstatt diese Fragen zu stellen:
- Was funktioniert daran?
- Was funktioniert nicht daran?

Lasst uns zum Beispiel annehmen, dass ihr ein Commitment eingeht zu heiraten. Bedeutet das, dass ihr sie einhalten müsst? Wenn ihr eine Frau heiratet, seid ihr dann für immer mit ihr verheiratet?

Kursteilnehmer:

Nein.

Gary:

Ihr versucht immer, an einen Ort zu kommen, von dem ihr denkt, dass ihr von dort aus funktionieren könnt. Ihr denkt, dass das etwas Großartigeres kreieren würde, anstatt wirklich präsent zu sein. Ihr versucht immer weiter herauszufinden, wie es sein wird, bevor ihr es auch nur gewählt habt. Wie viele möglichen Zukünfte kreiert ihr und wie viele möglichen Zukünfte habt ihr kreiert, um das zu kreieren, was in eurem Leben nicht funktioniert? Auf Vier: Eins…zwei…drei…vier. Danke.

Ihr müsst aus einem Gefühl des Friedens heraus wählen. Welche Art von Frieden und Möglichkeit ist hier verfügbar, die ihr nicht in Betracht gezogen habt? Der einzige Grund, in einer Beziehung zu sein, ist, ein Gefühl von Frieden zu haben, was ein Gefühl von Freude und Möglichkeit ist und ein Gefühl, dass da jemand ist, der immer hinter dir steht, jemand mit dem du sexuell Spaß haben kannst.

Kursteilnehmer:

Und nicht nur sexuell.

Gary:

Ja, und es sollte mit dem Sex ein Gefühl des Friedens da sein. Wenn ihr Sex habt, solltet ihr nicht die Ansicht haben: „Ich wünschte, ich hätte das nicht getan." Es sollte sein: „Was könnte ich wählen, das ich nicht gewählt habe?" Wie wäre es, wenn ihr etwas wählen würdet, das großartiger ist?

EINE BEZIEHUNG MIT DEM KIND DEINES PARTNERS KREIEREN

Kursteilnehmer:

Gary, ich habe eine Frage in Bezug auf eine Beziehung, die ich mit einem vierjährigen Mädchen wähle. Sie macht... Ich bin nicht sicher, wie ich das bezeichnen soll... Beschützen oder Verteidigung oder Konkurrenz mit mir. Kann ich so mit ihr sprechen, das ihr es erlauben wird zu begreifen, dass ich ihr die Mami nicht wegnehmen werde? Das ist die Sache, die auftaucht.

Gary:

Ja, du kannst sagen: „Ich bin gern mit deiner Mama zusammen. Du bist gern mit deiner Mama zusammen. Welche Art von Beziehung willst du mit mir haben?"

Kursteilnehmer:

Cool. Das ist wirklich leicht.

Gary:

„Was möchtest du, dass ich für dich bin? Willst du, dass ich dein Extra-Papa bin? Willst du, dass ich der Freund deiner Mutter bin? Willst du, dass ich dein Freund bin? Was möchtest du?"

Kursteilnehmer:

Ja und das wird ihr Wahl geben. Super.

Gary:

Ja, sie muss die Wahl haben. Als ich mit meiner Ex-Frau zusammenkam, hatte sie einen Sohn, Adam, mit sechzehn und außer Kontrolle und eine Tochter, Shannon, mit sechs Jahren und außer Kontrolle. Ich fragte Adam: „Was willst du, dass ich in deinem Leben bin? Wie willst du, dass ich in deinem Leben bin? Willst du, dass ich der Ehemann deiner Mutter bin? Willst du, dass ich dein Stiefvater bin? Willst du, dass ich dein böser Stiefvater bin? Was willst du, dass ich sein soll?" Er wählte, dass ich sein Vater sein soll und ich sagte: „Okay, von jetzt an bin ich dein Vater."

Kursteilnehmer:
Und dann bist du die Energie dessen, was auch immer der Vater ist?

Gary:
Ja. Genau.

Kursteilnehmer:
Das könnte also derjenige sein, der die Regeln aufstellt oder was auch immer das ist.

WAS BEDEUTET VATER FÜR DICH?

Gary:
Du musst fragen: „Was bedeutet Vater für dich?" Finde heraus, was ihre Definition von Vater sein ist oder Bruder sein oder was auch immer.

Kursteilnehmer:
Ja.

Gary:

Lass sie die Beziehung definieren und dann tust du alles, was du kannst, um das zu sein.

Kursteilnehmer:

Das macht es um vieles leichter.

Gary:

Ja. Du kannst dich anpassen. Kinder können das nicht.

Kursteilnehmer:

Ja. Das begreife ich.

Gary:

Jeder erwartet von den Kindern, dass sie sich anpassen und das ist genau das Falsche, was man tun kann. An einem Punkt meiner Beziehung mit meiner Ex hat mich Shannon wie Scheiße behandelt. Ich habe sie gefragt: „Wie kommt es, dass du mich wie Scheiße behandelst?"

Sie sagte: „Weil du nicht zu meiner wirklichen Familie gehörst."

Ich sagte: „Wenn du mich wie Scheiße behandelst, werde ich dich genauso behandeln wie du mich, nur noch schlimmer."

Wann auch immer sie mich wie Scheiße behandelt hat, habe ich sie wie Scheiße behandelt. Ich habe ihr genau die gleiche Scheiße serviert, die sie mir serviert hat, und innerhalb von drei Wochen hat sich alles verändert.

Kursteilnehmer:

Drei Wochen. Das ist eine lange Zeit!

Gary:

Ja, es war eine lange Zeit, aber ich habe durchgehalten. Du musst die bewusstere Person sein.

Kursteilnehmer:

Warum können Kinder sich nicht anpassen?

Gary:

Weil sich ihr ganzes Leben darum dreht, sich den Ansichten aller anderen entsprechend verändern zu müssen. Sie haben das Gefühl, dass sie über nichts die Kontrolle haben.

Kursteilnehmer:

Also können sie sich anpassen, aber wir sollten es nicht von ihnen erwarten?

Gary:

Na ja, jeder erwartet von ihnen, dass sie sich anpassen. Du erwartest von deinem Kind die ganze Zeit, dass es sich deiner Realität anpasst. Also ist die Ansicht des Kindes: „Ich habe keine Kontrolle." Und wenn ein Kind keine Kontrolle hat, wo geht es hin, um Kontrolle zu erlangen? In Aggression, Wut, Zorn und Hass.

Kursteilnehmer:

Genau.

Kursteilnehmer:

Ist es das, was ich mit meinem Sohn mache? Mein Leben kreieren und erwarten, dass er mitmachen möchte?

KREIERE KEINEN KONFLIKT ODER TRENNUNG IN DEINEN KINDERN

Gary:

Neulich hast du zu ihm gesagt: „Du hast die Wahl. Willst du nach Hause zu deiner Mutter und in die Schule gehen?" „Willst du wieder in die Schule gehen?" zu sagen, ist eine Sache, aber das nach Hause Gehen zu seiner Mutter als eine Strafe zu benutzen, war keine gute Sache, denn dann kommt seine Loyalität zu seiner Mutter in Konflikt mit seinem Wunsch, bei dir zu sein. Kreiert so etwas nicht in euren Kindern.

Kursteilnehmer:

Was hätte ich sagen können?

Gary:

„Hey Sohn, wenn du nach Hause willst, kann ich versuchen, jemanden zu finden, der dich hinbringt."

Kursteilnehmer:

Ja.

Gary:

Dann hat er Wahl.

Kursteilnehmer:

Das ist so interessant! Das hab ich mir bisher noch nie angesehen. Das würde bedeuten, ihn so zu behandeln, wie ich gern behandelt worden wäre.

Gary:

Ja. Wenn du mit jemandem in einer Beziehung bist und du behandelst dein Kind so, muss das Kind Aggression gegen die Person kreieren, mit der du in einer Beziehung bist.

Kursteilnehmer:

Oh, okay.

Gary:

Und das lässt ihnen wenig bis gar keine Wahl im Leben.

Kursteilnehmer:

Ich schaue mir gerade an, wie gemein es war, meinen Sohn zu fragen: "Willst du nach Hause zu deiner Mutter und zur Schule gehen?" Kannst du mir mehr Informationen darüber geben, wie ich dadurch eine Trennung kreiert habe mit …

Gary:

Lass uns annehmen, dass du ihm das gesagt hast, weil du es als eine Strafe betrachtest, ihn zu seiner Mutter zu schicken. Betrachtet er das als eine Strafe?

Kursteilnehmer:

Nein.

Gary:

Wenn du also das tust, dann muss er zwischen seiner Mutter und dir und deiner Partnerin wählen. An wem wird er es auslassen?

Kursteilnehmerin:

An meiner Partnerin.

Gary:

Ja, weil *sie* das Problem ist.

Kursteilnehmer:

Warum würde ich das tun? Es ist jetzt so klar, dass das gemein war.

Gary:

Es war einfach ein Moment der Gedankenlosigkeit. Du hast nicht versucht, irgendetwas absichtlich zu tun. Du hast nicht von dem Gewahrsein heraus funktioniert, welches Ergebnis du erzielst, mit der Wahl, die du getroffen hast.

Kursteilnehmer:

Ja. Danke.

Gary:

Du hast keinen dauerhaften Schaden angerichtet.

Kursteilnehmer:

Nein, und seine Mutter sagt zu ihm: „Ich schicke dich zu deinem Vater, dann kannst du bei ihm wohnen! Du bist genau wie dein Vater!" All das ist so eine Gemeinheit. Ich habe sie gehasst dafür, dass sie das getan hat und ich habe nicht einmal bemerkt, dass ich es mit ihm genauso gemacht habe, bis du es gesagt hast.

Gary:

Das ist, weil ich gewillt bin, Dinge zu sagen, die niemand

anderer gewillt ist zu sagen.

Kursteilnehmer:

Kannst du mir sagen, wo ich das sonst noch tue?

WO VERSUCHST DU, IHN DAZU ZU BRINGEN, DICH IHR VORZUZIEHEN?

Gary:

Du musst dir anschauen, wo du versuchst, ihn dazu zu bringen, dich ihr vorzuziehen.

Kursteilnehmer:

Ja.

Gary:

Der leichtere Weg, ihn dazu zu kriegen, dich ihr vorzuziehen, ist es, ihn bei ihr leben zu lassen und einfach du selbst zu sein, wenn er zurück kommt.

Kursteilnehmer:

Ja.

Gary:

Die Mutter meines Sohnes hat immer versucht zu beweisen, dass sie besser ist als ich. Heute will er, dass sie verschwindet und er will, dass ich die ganze Zeit da bin. Shannons Mutter wollte nie, dass ich Shannon zu nahe komme und wollte nie, dass ich sie berühre. Und heute will Shannon bei mir sein. Sie will nicht bei ihrer Mutter sein.

So funktioniert das. Der Elternteil, der zu beweisen

versucht, dass er oder sie besser ist, der Elternteil, der versucht, das Kind zu kontrollieren, verliert das Kind. Wenn ihr nicht mit der Mutter eurer Kinder lebt, seid euch bewusst, dass das Kind euch immer eurem Partner vorziehen wird. Ihr müsst das Kind zur Nummer 1 noch vor eurem Partner machen und ihn oder sie wissen lassen, dass ihr das nur tut, damit das Kind glücklich bleibt. Wer ist eure Priorität Nummer 1? Euer Kind oder euer Partner?

Kursteilnehmer:
Mein Kind.

Gary:
Wenn er also deine Priorität Nummer 1 ist, was ist dann deine Partnerin? Sie ist ebenso die Nummer 1. Du musst dir Zeit für beide nehmen. Beide verbringen Zeit nur mit dir. Beide wissen, dass sie die Nummer 1 in deinem Leben sind.

Kursteilnehmer:
Richtig, statt zu versuchen, beide zu kombinieren.

Gary:
Ja, denn das Kind wird das Gefühl bekommen, dass es seine Position verliert und es deiner Partnerin verübeln. Du musst eine gewisse Zeit investieren, bis das Kind das Gefühl hat, dass es dich nicht länger braucht. Du lässt ihm gewaltige Mengen an Energie zukommen, bis es genug hat.

Wenn du einer Person gewaltige Mengen an Energie zufließen lässt, dann wird sie entweder aufgefüllt oder sie möchte weggehen. Sie bekommt auf jeden Fall das Gefühl, dass sie nicht ausgeschlossen wird.

Kursteilnehmer:

Während ich versucht habe, ihm alles zu geben, was ihm seine Mutter nicht geben kann, damit...

Gary:

Damit er dich lieber mag.

Kursteilnehmer:

Ja.

Gary:

Das kreiert nur einen Ort, an dem er *gegen*, statt *für* etwas wählen muss.

Kursteilnehmer:

Das hilft sehr. Danke.

Gary:

Das Tolle bei dir ist, dass deine Partnerin dein Kind mag und gewillt ist, Dinge für ihn zu tun und ihm Dinge zu geben, die ihn glücklich machen. Dadurch kann es funktionieren. Wenn ein Kind bei seiner Mutter und seinem Vater lebt, werden beide Elternteile das Kind verhätscheln. Wenn es einen Stief-Elternteil gibt, dann wird der oft eine Abneigung dagegen entwickeln, dass das Kind so viel Zeit und Energie in Anspruch nimmt. Ihr dürft so einer Abneigung niemals erlauben, eure Beziehung zu bestimmen. Deshalb müsst ihr in der Frage sein und folgende Frage stellen: Was kann ich hier kreieren, das ich noch nicht einmal in Betracht gezogen habe?

„ICH HABE VERSUCHT, DER COOLE PAPA ZU SEIN"

Kursteilnehmer:

Ich bin so dankbar für die Themen, die wir aufgebracht haben. Ich schaue mir all die Situationen an, wo ich versucht habe, der coole Papa oder der reiche Papa zu sein oder der Papa, der keine Ansicht hat, statt lieber jemand, der einfach mit seinem Kind zusammensein kann. Ich habe all diese Orte kreiert, wo ich versucht habe, etwas zu *tun*.

Gary:

Ja. Und was hat deine Mama dir beigebracht? Hat sie dir beigebracht, dass du versuchen solltest, besser als dein Vater zu sein?

Kursteilnehmer:

Sie hat versucht, mir beizubringen, nicht wie mein Vater zu sein und so musste ich wie er werden, um herauszufinden, wie ich nicht wie er sein kann.

Gary:

Ja und gleichzeitig versuchst du noch immer zu tun, was sie getan hat, nämlich zu beweisen, dass dein Vater nicht so gut war wie sie.

Kursteilnehmer:

Ja und wie viel von meiner Zukunft wird dadurch noch immer kreiert?

Gary:

Eine Menge. Können wir also all das zerstören und

unkreieren?

Kursteilnehmer:
Ja.

Gary:
Eins…zwei…drei…vier! Danke.
So einige von euch haben Mütter und Väter, die dasselbe tun.

Kursteilnehmer:
Ich möchte dir sagen, wie dankbar ich für diese Unterhaltung bin. Ich bin kein Stiefvater und ich habe keine Stiefmutter oder so etwas. Ich habe nicht einmal Kinder, aber das Gewahrsein, das durch diese Konversation hochgebracht wurde, kann man auf das Leben im Allgemeinen anwenden. Es ist brillant.

Gary:
Wenn du siehst, wie die Leute Wahlen treffen, die etwas kreieren werden, was sie nicht haben wollen, dann weißt du wenigstens, wobei oder wie du ihnen helfen kannst.

Kursteilnehmer:
Ja.

Kursteilnehmer:
Kann ich dazu noch eine Frage stellen? Können wir all die Orte zerstören und unkreieren, wo ich das als die Zukunft meines Sohnes kreiert habe?

Gary:

Alles, was du getan hast, um diese Art von Zukunft zu kreieren. All die Projektionen und Erwartungen, die du über andere hattest, die du als Zukunft kreiert hast, die in deren Universen eingeschlossen ist und all die Projektionen und Erwartungen: Eins…zwei…drei…vier! Danke.

Das passiert auch bei Frauen, wenn Frauen projizieren, dass du in ihrer Zukunft sein solltest. Sie sehen dich an und sagen: „Oh, er ist der Mann für mich." Sie fangen an zu versuchen, in deiner Realität eine Zukunft zu verfestigen, die darauf basiert, dass du mit ihnen zusammen bist. Wie viele von euch Jungs haben noch diese Art von Zukünfte, die kreiert werden?

Kursteilnehmer:

Oh, Jesus Christus!

Gary:

Ja. Können wir die alle zerstören und unkreieren: Eins…zwei…drei…vier! Danke!

Kursteilnehmer:

Das ist ein Riesenthema. Ich danke dir so sehr, dass du das aufgebracht hast.

Kursteilnehmer:

Und das trifft auch auf Geld zu. Als ich dich kennen gelernt habe, wie viele Projektionen hatte ich in Bezug auf Geld?

Gary:

Ja. Anscheinend gibt euch der Prozess über die

Projektionen, die von euch für eure Zukünfte entfernt werden, mehr Freiheit als alles andere, das ich heute Abend gemacht habe.

Kursteilnehmer:

Du hast mir gesagt, dass ich unangemessen großzügig bin, und trotzdem wirft mir meine Frau noch immer vor, ich sei selbstsüchtig. Sie denkt, dass ich sie nicht ausreichend berücksichtige. Was ist das?

LERNE, MANIPULATIV ZU SEIN

Gary:

Sie ist eine Frau. Wenn sie nicht die Priorität Nummer 1 in deinem Leben und die Person Nummer 1 ist, der du zuhörst und mit der du sprichst, dann ist ihre Ansicht, dass du ihr nicht genug Aufmerksamkeit schenkst. Es gibt alle möglichen Wege, wie du das ändern kannst.

Bring ihr zum Beispiel mindestens einmal pro Woche ein Geschenk mit. Es muss nichts Großes sein, einfach etwas, das ihr zeigt, dass du an sie denkst. Es kann eine einzelne Blume sein. Such eine schöne Blume aus und sage: „Schatz, ich wollte dir diese Blume geben, weil sie mich an dich erinnert hat. Sie ist so gut wie vollkommen und ich könnte mir nichts Schöneres vorstellen." Das reicht für drei Tage und wirst dafür wahrscheinlich sogar einen geblasen bekommen. Jungs, ihr müsst lernen, manipulativ zu sein.

Kursteilnehmer:

Einfach kleine „Ich denke an dich" Zeichen? Kannst du

noch ein paar andere solche Dinge nennen, die das Leben mit einer Frau sogar noch lustiger und leichter machen würden?

Gary:

Frag sie: „Was ist es, was du gern von mir hättest?" und sei gewillt, die Antwort zu hören, die sie dir nicht gibt. Frauen betreiben da etwas, das ich Subtext nenne. Du stellst eine Frage wie diese und sie werden sagen: „Oh, nichts", aber das meinen sie nicht. Was sie eigentlich meinen, ist: „Ich möchte, dass du weißt, was ich will, ohne dass ich irgendetwas sagen muss."

Wenn deine Frau das tut, geh mit ihr einkaufen und frag: „Was gefällt dir in diesem Schaufenster? Was findest du wirklich aufregend?" bis du anfängst, eine Vorstellung davon zu bekommen, wie ihr Geschmack sein könnte. Dann hast du eine Wahl.

Jedes Mal, wenn du mit ihr zusammen bist, zeige deine Dankbarkeit dafür, dass sie in deinem Leben ist. „Ich bin so dankbar, dass du in meinem Leben bist. Ich bin so dankbar für das Geschenk, das du bist."

Kursteilnehmer:

Ich habe das einmal zu meiner Partnerin gesagt und sie hätte mir fast die Eier abgeschnitten.

Gary:

Ja, weil sie gedacht hat, dass das eine Manipulation ist. Du hättest sagen sollen: „Schatz, ich habe das ernst gemeint. Ich meine es wirklich so."

Kursteilnehmer:

Ich beobachte ihn, wie er ihr ständig sagt, wie schön sie ist. Ist das auch ein Ausdruck von Dankbarkeit?

Gary:

Ja, das ist die einzige Art, wie sie es empfangen kann.

Kursteilnehmer:

Ja, das kann sie.

Gary:

Sie kann empfangen: „Du bist so schön. Wie konnte ich nur so viel Glück haben, dich in meinem Leben zu haben?" Ihr müsst herausfinden, was die betreffende Person empfangen kann. Gebt ihr, was sie empfangen kann. Verwendet nicht die Worte, die ich euch hier sage. Du weißt bereits, was du sagen musst. Ich habe bemerkt, wie deine Partnerin von Jahr zu Jahr hübscher wird und wie ihr beide immer harmonischer miteinander und einander immer verbundener werdet.

Kursteilnehmer:

Du hast mir einmal gesagt, dass ich meiner Partnerin Dinge geben soll, die ihr niemand jemals gegeben hat. Das war verdammt „Wow".

Gary:

Dain und ich haben einer Frau, die für uns arbeitet, einmal eine Halskette geschenkt, die das Teuerste war, das sie jemals bekommen hatte und es hat einfach ihr Universum gesprengt. Das Ergebnis davon war, dass wir sogar noch mehr Geld gemacht haben. Wenn du gewillt bist, anzuerkennen, dass Frauen diese Art von Dingen verdienen, dann werden sie sagen: „Oh mein Gott. Dieser Typ ist wirklich für mich da. Ich bin für ihn da. Ich bleibe bei ihm."

Und wie Dain sagt, man tut es nicht aus der Haltung heraus: „Oh, das wird jetzt eine Manipulation sein." Man tut es aus einer Dankbarkeit und Freude heraus, die tatsächlich da ist, denn da ist Dankbarkeit für alle, die in eurem Leben sind und für alles, was sie schenken und bereitstellen.

Also gut, meine Herren, es war mir eine Freude. Ich glaube, ihr seid ein paar von den coolsten Jungs auf dem Planeten und die einzigen mit genug Mut, Männer zu werden.

Kursteilnehmer:
Du bist großartig, Gary!

Kursteilnehmer:
Danke Gary.

12
Den Subtext der Frauen entschlüsseln

**Frauen funktionieren mit Subtext.
Da gibt es „das, was sie sagt" und da gibt es „das, was sie denkt."
Das, was sie denkt, ist das, was du tun sollst.**

Gary:

Hallo, meine Herren. Ist irgendjemand glücklich?

Kursteilnehmer:

Ja. Wir sind wirklich glücklich.

Kursteilnehmer:

Wir sind glücklich! Glücklich!

Gary:

In Ordnung, dann geht's los. Lasst mich sehen, was ich hier kreieren kann. Lasst mich sehen, wie elend ich euch machen kann. Wer hat eine Frage?

KULTURELLE EINPENDELUNG

Kursteilnehmer:

Ich habe festgestellt, dass ich mich mehr zu Frauen hingezogen fühle, die den gleichen ethnischen Hintergrund haben wie ich und die gleiche Hautfarbe. Ist das ein Implantat oder irgendeine Programmierung des Körpers, wenn man Sex mit Leuten der gleichen Rasse und der gleichen ethnischen Gruppe hat?

Gary:

Nein, es ist eine Einpendelung, die ihr von eurer Kultur gelernt habt. Wir tendieren dazu, von Leuten mit der gleichen „ethnischen Zugehörigkeit" am meisten erregt zu werden, weil man uns beigebracht hat zu glauben, dass sie am attraktivsten sind. Es ist keine Programmierung; es ist eine Einpendelung.

Viele Typen schauen sich eine Frau an und sagen: „Oh! Sie ist heiß!" Bedeutet das wirklich, sie anzuschauen? Nein, ihr macht sie zu einem Objekt und verwandelt sie in ein „Etwas" in eurer Welt, statt mit ihr als Wesen zu sein.

Wie viele Einpendelungen habt ihr, um festzulegen, mit wem oder was ihr schlafen werdet und mit wem ihr nicht schlafen werdet, wählt ihr? Alles was das ist, mal Gottzillionen, werdet ihr all das zerstören und unkreieren? Right and Wrong, Good and Bad, POD and POC, All Nine, Shorts, Boys, and Beyonds.

„ICH ZIEHE HÄUFIG SCHWULE MÄNNER AN"

Kursteilnehmer:

Es scheint mir, als würde ich oft schwule Männer anziehen. Sie flirten gern mit mir und dabei fühle ich mich jedes Mal unwohl, weil ich nicht sicher bin, wie ich darauf reagieren soll. Wie kreiere ich das?

Gary:

Na ja. Ich weiß nicht. Es könnte sein, dass du tatsächlich sexy bist! Die Sache mit schwulen Männern ist, dass sie Männer mögen, die sexy sind. Wenn du sexy bist, dann werden schwule Männer hinter dir her sein. Das bedeutet nicht, dass du schwul bist, obwohl es das wesentlich leichter machen würde, wenn du es wärst. Es bedeutet, dass du gut aussiehst. Zu schade, dass du ein Idiot bist. Du denkst, dass du nicht gut aussiehst, weil Frauen nicht so hinter dir her sind wie Männer. Ganz toll.

Kursteilnehmer:

Sende ich die falschen Signale an schwule Männer?

Gary:

Nein.

Kursteilnehmer:

Wie kann ich das ändern?

Gary:

Genieße es. Erkenne, dass es nur eine Anerkennung dessen ist, was du getan hast und was für dich funktioniert.

WOHIN MUSS MAN SEINE ENERGIE LENKEN?

Kursteilnehmer:

Ich beginne eine bewusste Beziehung mit einer Frau und ich habe festgestellt, dass ich mich mehr um mein eigenes Business kümmere und weniger um Access Consciousness und darum, andere Facilitatoren zu unterstützen. Schließe ich Access aus, um meine Beziehung und mein eigenes Business zu kreieren?

Gary:

Nein. Du musst gewillt sein zu sehen, wohin du deine Energie an jedem einzelnen Tag hinlenken musst. Das ist der wichtigste Teil von all dem. Es geht nicht darum, Access aufzugeben. Du musst danach fragen: Was wird die Priorität sein, die das beste Resultat für mich kreieren wird?

Kursteilnehmer:

Was kann ich anderes sein oder tun, um sie alle als Priorität zu haben?

Gary:

Du kannst nicht alles gleichzeitig als Priorität haben. Du könntest erkennen, dass es Zeiten gibt, wenn die eine Sache zur Priorität wird, und Zeiten, wenn es eine andere Sache ist. Und wenn du mit einer Frau zusammen bist, dann ist sie immer die Priorität.

Kursteilnehmer:

Was kann ich sein, das mir erlauben wird, mehr von

Access Consciousness und von dir zu empfangen?

Gary:

Du kannst *du selbst* sein. Und wenn du dein Business betreibst, wenn du all die Dinge tust, über die du hier sprichst, dann sollte alles besser werden.

EINE BEZIEHUNG, ZU DER EIN KIND GEHÖRT

Kursteilnehmer:

Zu der Beziehung, in der ich jetzt bin, gehört ein Kind. Ich habe festgestellt, dass es eine großartige Verbindung zwischen uns kreiert, wenn ich mit meiner erfreulichen Anderen darüber spreche, wie wir ihre Tochter facilitieren. Ist das ein Beitrag für das Kind, für mich und die Frau - oder wird der Schuss nach hinten losgehen?

Gary:

Nein, es ist ein Beitrag. Du musst begreifen, dass es das ist, worauf ihr hier abzielt. Das ist es, was beigetragen werden kann und was wirklich möglich ist.

Kursteilnehmer:

Nach dem letzten Telecall habe ich meine Stieftochter gefragt, als was sie mich gerne in ihrem Leben hätte und sie sagte: „Glücklich." Nachdem wir darüber noch ein bisschen weiter geredet hatten, sagte sie: „Ein Freund." Auch darüber haben wir gesprochen und ihre Ansicht ist, dass ein Freund ein Spielgefährte ist. Wie kann ich das nutzen?

Gary:

Sei ein Spielgefährte.

Kursteilnehmer:

Sie hat auch damit gespielt, meinen Namen anzunehmen und einmal hat sie mich *Papa* genannt.

Gary:

Das würde bedeuten, dass sie versucht, dich zu einem Papa zu machen. Du musst dir anschauen, ob du gewillt bist, das zu sein, denn wenn du irgendwann nicht mehr mit dieser Frau zusammensein solltest, dann musst du gewillt sein, der Papa für das Kind zu sein, ansonsten wird die Frau dich hassen.

Kursteilnehmer:

Meine Stieftochter macht gern Videos über Gespenster und solche Sachen mit mir und ich habe ihre Mama und sie gefragt, ob ich sie verwenden kann, um Werbung für mein Business zu machen. Das ist für beide in Ordnung. Was wird das kreieren?

Gary:

Das wird kreieren, dass sie in dein Business involviert sind, was mehr Profit für dich kreieren sollte.

Kursteilnehmer:

Sollten wir da eine Vereinbarung und Lieferung ausmachen?

Gary:

Ja. Alles sollte mit einer Vereinbarung und Lieferung

gemacht werden.

EIN UNDEFINIERTES LEBEN

Kursteilnehmer:
    Zuerst einmal will ich mich sehr für diese Telecalls bedanken. Sie waren für mich auf so viele Arten lebensverändernd. Ich habe mehr Klarheit darüber bekommen, wie ich in Bezug auf Frauen funktioniere, in Bezug auf Beziehung und was ich anderes tun kann, damit die Dinge klappen. Ich gehe nicht mehr so sehr in meine Falschheit hinein und ich habe einen größeren inneren Frieden. Im Augenblick habe ich das Gefühl, dass es keinen Bereich in meinem Leben gibt, in dem es irgendetwas gibt, an dem ich mich festhalten kann. Ich habe nach einem undefinierten Leben gefragt, was für mich bedeutet, frei zu sein von den Definitionen und Begrenzungen, die andere Leute mir auferlegen. Ich habe allerdings keine Ahnung, wie ich damit funktionieren kann, außer dass ich Fragen stelle.

Gary:
    Wenn du in deinen Beziehungen und in allem, was du tust, aus der Frage heraus funktionierst, dann beginnst du, dich darauf hin zu bewegen, ein undefiniertes Leben zu haben. Wenn alles eine Frage ist, dann öffnest du die Tür für eine Beziehung, die bisher noch nicht existiert hat. Fragt:
    Welche Energie, welcher Raum und welches Bewusstsein können ich und mein Körper sein, das uns erlauben

würde, eine Beziehung jenseits dieser Realität mit totaler Leichtigkeit zu haben? Alles, was dem nicht erlaubt, sich zu zeigen, mal Gottzillionen, werdet ihr all das zerstören und unkreieren? Right and Wrong, Good and Bad, POD and POC, All Nine, Shorts, Boys, and Beyonds.

Ihr solltet das vielleicht als Endlosschleife mindestens dreißig Tage laufen lassen, bis ihr zu begreifen anfangt, dass es da einen anderen Ort gibt, von dem aus ihr mit allem umgehen könnt.

MIT DER WUT EINER FRAU UMGEHEN

Kursteilnehmer:

Wenn meine Frau mir Wut liefert oder auf mich projiziert, gehe ich immer noch in einen Schockzustand und blende mich aus. Manchmal gehe ich auch in meine Falschheit. Ich habe Clearings mit den Beyonds und den SHICUUUU-Implantaten laufen lassen, aber da ist immer noch Widerstand, die Energie ihrer Wut zu empfangen.

Gary:

Wut ist niemals etwas anderes, als eine Art und Weise, dich zu kontrollieren. Was, wenn du eine andere Wahl haben könntest? Wärst du gewillt, das zu haben?

Kursteilnehmer:

Sollte ich laufen lassen: Welche Energie, welcher Raum und welches Bewusstsein können mein Körper und ich sein, das mir erlauben würde, der jämmerliche Scheißhaufen, die Falschheit und die Schwäche zu sein, die ich wahrhaftig bin?

Gary:

Das ist nicht gut. Du solltest laufen lassen:

Welche Bastardisierung der unendlichen Kapazität verwende ich, um die Falschheit, den jämmerlichen Scheißhaufen und den schwachen, rückgratlosen Feigling zu kreieren, der ich versuche zu sein und vortäusche zu sein, wähle ich? Alles was das ist, mal Gottzillionen, werdet ihr all das zerstören und unkreieren? Right and Wrong, Good and Bad, POD and POC, All Nine, Shorts, Boys, and Beyonds.

Kursteilnehmer:

Ich habe auch versucht, Energieziehen zu verwenden, meine Barrieren fallen zu lassen, habe interessante Ansicht betrieben und POC und POD. Das alles funktioniert manchmal, aber wenn ich in so einen gefrorenen Zustand komme, sind all die Werkzeuge weg. Gibt es hier noch einen anderen Weg, frei zu sein und das loszulassen?

Gary:

Manchmal musst du gewillt sein, wütend zu werden. Du kannst wütend sein ohne Bewertung und ohne Gewalt. Wut ohne Bewertung und Gewalt ist das generierende Element von Wut. Du musst gewillt sein, das zu tun. Sei gewillt, wütend zu werden, wenn du musst. Die meisten von uns glauben, dass es das Ziel ist, nicht wütend zu sein. Was, wenn es nicht darum ginge? Was, wenn es da eine andere Möglichkeit gäbe, die wir noch nicht gewählt haben?

Kursteilnehmer:

Kann Wut ohne Bewertung auch bei Kindern angewendet werden?

Gary:

Ja. Bei Kindern kannst du sagen: „Stopp. Das war's."

Kursteilnehmer:

Ist Wut ohne Bewertung dasselbe wie die Killer-Energie?

Gary:

Nein, Wut ohne Gewalt oder Bewertung sieht so aus: „Weißt du was? Mach das noch einmal und wir beide sind fertig miteinander." Die Leute neigen dazu, die Ansicht zu haben, dass Wut immer etwas Falsches ist, aber das stimmt nicht. Es ist einfach so, dass du ein Mann bist und deswegen bist du sowieso immer eine Falschheit.

Alles, was ihr getan habt, um nicht wahrzunehmen, zu wissen, zu sein und zu empfangen, welche anderen Optionen ihr habt, werdet ihr all das zerstören und unkreieren? Right and Wrong, Good and Bad, POD and POC, All Nine, Shorts, Boys, and Beyonds.

AGGRESSIVE PRÄSENZ IN EINER BEZIEHUNG

Kursteilnehmer:

Kannst du mehr über aggressive Präsenz in einer Beziehung sagen und wie das aussehen könnte?

Gary:

Aggressive Präsenz ist die Bereitschaft, du zu sein und präsent in einer Beziehung zu sein, ganz gleich, was das für Folgen hat. Es geht darum, keine Ansicht zu haben.

Alles ist nur eine interessante Ansicht, nicht mehr. Wenn du gewillt bist, ohne das Gefühl zu funktionieren, dass du etwas anderes zu tun hast, als einfach präsent zu sein, dann beginnst du, eine Realität zu kreieren, in der nichts zu einer Falschheit wird und alles zu einer Möglichkeit wird.

WIE MAN SICH EINER FRAU NÄHERT

Kursteilnehmer:
Kannst du darüber sprechen, wie man sich einer Frau nähert?

Gary:
Es kommt darauf an, wonach du suchst. Du musst fragen:
+ Was will ich hier wirklich kreieren?
+ Was will ich tun?
+ Wie wird das für mich funktionieren?
+ Was möchte ich von dieser Frau bekommen?

Wenn du wirklich etwas mit einer Frau kreieren möchtest, musst du die Frage stellen: „Was will ich hier wirklich kreieren?" Viele von euch versuchen, etwas auf einer Lüge basierend zu kreieren.

Wie viele Lügen verwendet ihr, um die Beziehungen zu kreieren, die ihr wählt? Alles was das ist, mal Gottzillionen, werdet ihr all das zerstören und unkreieren? Right and Wrong, Good and Bad, POD and POC, All Nine, Shorts, Boys, and Beyonds.

„DAS WORT COMMITMENT LÄSST MICH IMMER NOCH FESTSTECKEN"

Kursteilnehmer:

Das Wort *Commitment* lässt mich immer noch feststecken. Zum Beispiel, die Vorstellung, sich zu einer Beziehung zu bekennen, gibt mir das Gefühl, als würde ich alle anderen Frauen ausschließen müssen, mit denen ich Sex haben oder mit denen ich ein enges Verhältnis haben möchte. Oder sich für einen Geschäftsdeal oder einen Job zu verschreiben, bedeutet, dass ich alle anderen Geschäftsmöglichkeiten ausschließen muss.

Gary:

Wie viele von euch kaufen den Scheiß ab, dass ihr nur fähig seid oder ihr nur gewillt seid oder es euer Wunsch ist, eine einzige Person oder ein einziges Geschäft als die Gesamtsumme eurer Realität zu haben? Alles was das ist, mal Gottzillionen, werdet ihr all das zerstören und unkreieren? Right and Wrong, Good and Bad, POD and POC, All Nine, Shorts, Boys, and Beyonds.

Kursteilnehmer

Die Erwartungen der anderen Person wecken in mir den Wunsch, in die andere Richtung davon zu laufen.

Gary:

Was, wenn du einfach bewusst bist – statt ein Idiot?

Kursteilnehmer:

(Lachen)

Gary:

Erkenne, dass du bewusst bist. Du bist viel bewusster als neunzig Prozent der Typen auf dem Planeten. Und was bedeutet das? Es bedeutet, dass du mehr Möglichkeiten mit mehr Frauen hast als die anderen Typen.

Nutze dein Gewahrsein und frage:
- Was will die andere Person hören?
- Was will die andere Person kreieren?
- Wie wird das aussehen?

Fangt an, euch nach diesem Universum auszustrecken und ihr werdet in der Lage sein, mit allen zu sprechen ohne das Gefühl, dass ihr nicht wählen könnt, mit ihr zusammenzusein. Ihr werdet in der Lage sein, euer Ermächtigungs-Programm als großartiger zu kreieren, als das, was ihr bisher getan habt.

Kursteilnehmer:

Ich habe Angst, dass, wenn ich mit jemandem oder mit etwas ein Commitment eingehe, ich mich wieder an diese Person oder diese Sache verliere.

Gary:

Ist das wirklich deines? Ich hasse es, dir das zu sagen, mein Freund, aber du bist wesentlich bewusster, als du wissen willst. Neunzig Prozent von dem, was ihr Jungs denkt, dass euch durcheinander bringt, ist nicht einmal eures. Wie seltsam ist das?

DU KANNST DU SEIN OHNE EINE FRAU

Kursteilnehmer:

Ich habe eine Frau getroffen, die zwölf Jahre jünger ist als ich. Sie lebt etwa sechzig Kilometer von mir entfernt und ihr Leben ist ganz anders als meines. Sie arbeitet mit Kunst und ich arbeite im Business.

Gary:

Warum denkst du, ist sie an dir interessiert? Ihre grundlegende Ansicht ist, dass du erfolgreich sein musst. Sie will lernen, wie man erfolgreich ist.

Kursteilnehmer:

Alles war wirklich leicht mit uns und keiner von uns hat nach einer ernsthaften Beziehung gesucht und so haben wir einfach weiter gemacht. Ich mochte sie wirklich und sie hat Gefühle entwickelt, die sie nicht wollte, und hat sie weggeschoben. Es ist, als ob sie die Ansicht hätte, dass sie nicht in einer Beziehung sein will, und so kann nichts anderes geschehen. Sogar wenn sie in ihrem Leben weiter geht, wie auch immer sie wählt, weiter zu gehen, hätte ich gern ein wenig mehr Klarheit darüber, was da passiert.

Gary:

Welche Bastardisierung der unendlichen Freiheit von Frauen verwendet ihr, um die unbewussten Beziehungen mit Frauen zu kreieren, die ihr wählt? Alles was das ist, mal Gottzillionen, werdet ihr all das zerstören und unkreieren? Right and Wrong, Good and Bad, POD and POC, All Nine, Shorts, Boys, and Beyonds.

Kursteilnehmer:

Whoa! Das ist die Energie, die ich gefühlt habe.

Gary:

Welche Bastardisierung der unendlichen Freiheit von Frauen verwendet ihr, um die unbewussten Beziehungen mit Frauen zu kreieren, die ihr wählt? Alles was das ist, mal Gottzillionen, werdet ihr all das zerstören und unkreieren? Right and Wrong, Good and Bad, POD and POC, All Nine, Shorts, Boys, and Beyonds.

Ihr Jungs habt die seltsame Ansicht, dass ihr ohne eine Frau nicht ihr selbst sein könnt. Das ist verdammt merkwürdig, denn ihr *könnt* ohne eine Frau ihr selbst sein. Tatsächlich ist es viel einfacher, aber aus irgendeinem Grund habt ihr beschlossen, dass ihr ohne eine Frau nicht ihr selbst sein könnt.

Alles was das ist, mal Gottzillionen, werdet ihr all das zerstören und unkreieren? Right and Wrong, Good and Bad, POD and POC, All Nine, Shorts, Boys, and Beyonds.

Welche Bastardisierung der unendlichen Freiheit von Frauen verwendet ihr, um die unbewussten Beziehungen mit Frauen zu kreieren, die ihr wählt? Alles was das ist, mal Gottzillionen, werdet ihr all das zerstören und unkreieren? Right and Wrong, Good and Bad, POD and POC, All Nine, Shorts, Boys, and Beyonds.

Kursteilnehmer:

Lass es bitte nochmal laufen.

Gary:

Welche Bastardisierung der unendlichen Freiheit von

Frauen verwendet ihr, um die unbewussten Beziehungen mit Frauen zu kreieren, die ihr wählt? Alles was das ist, mal Gottzillionen, werdet ihr all das zerstören und unkreieren? Right and Wrong, Good and Bad, POD and POC, All Nine, Shorts, Boys, and Beyonds.

Und all die nicht aktualisierten und nicht verwirklichten Zukünfte, die ihr in Bezug auf eure Zukunft habt als immer mit einer Frau und der einzige Weg, wie ihr eine Zukunft haben könnt, ist mit einer Frau, können wir die alle bitte zerstören: eins…zwei…drei…vier. Danke.

DU GEHST IMMER IN EINE BEZIEHUNG, WEIL ES DAS IST, WAS DIE FRAU WILL

Kursteilnehmer:

Ich wünsche mir nicht wirklich eine Beziehung und doch habe ich eine tolle Frau getroffen, mit der ich es wirklich genieße, Zeit zu verbringen, und obwohl alles leicht ist, endet es mit der Kreation einer Beziehung.

Gary:

Du bist ein Mann. Du bist ein Idiot. Ich liebe dich, aber nimmst du mich auf den Arm? Du wirst immer eine Beziehung eingehen, weil es das ist, was die Frau will. Ihr werdet euch jedes Mal für die Frau aufgeben, Jungs. Es ist einfach verdammt dumm. Ihr habt einen Penis. Euer IQ ist nur so groß wie euer Penis.

Kursteilnehmer:

Können die Dinge nicht einfach erfreulich sein, ohne all

das andere Zeug?

Gary:

Nein, tut mir leid. Ihr seid höllisch süß, aber ihr seid dümmer als Dreck. So etwas wie eine Freundschaft mit Zusatzleistungen gibt es nicht. Jede Frau nimmt immer an, wenn ihr freundlich und einfach seid und darüber hinaus auch noch süß, dass das bedeutet, dass ihr schließlich eine Beziehung eingehen werdet, und dass der einzige Grund, weshalb ihr Zeit mit ihr verbringt, der ist, dass ihr wirklich eine Beziehung wollt. Tut mir leid, Jungs. Ihr habt ein Gehirn, das funktioniert und das ist das, das zwischen euren Beinen hängt. Der Rest eurer Gehirnleistung ist nutzlos.

Kursteilnehmer:

Gibt es irgendeinen Weg aus dieser Scheiße heraus?

Gary:

Gibt es einen Weg heraus? Ja. Werdet klug. Schaut es euch an. Nachdem ich den Kurs über Sex und Beziehung gegeben habe, bekam ich eine SMS von einer Frau, die lautete: „Was muss ich tun, um dich zu haben? Kann ich dir ein Foto von meiner Klitoris schicken? Muss ich auf aggressiven Rückzug machen? Was muss ich tun, um dich zu bekommen?" Hat sie nach meiner Ansicht gefragt? Nein. Hat sie mich gefragt, ob ich interessiert bin? Nein! Warum? Weil sie eine Frau ist und ihre grundlegende Ansicht ist: „Wenn du ein Mann bist, dann hast du keine andere Ansicht als die, die ich will, dass du sie hast." Ihr müsst das begreifen, Jungs, denn wenn ihr es nicht begreift, dann werdet ihr euer ganzes Leben mit dem Versuch verbringen, die Frau recht haben zu lassen und zu versuchen herauszubekommen, wie ihr es ihr recht machen könnt. Nicht *euch*, sondern *ihr*.

DIE FRAU IST NICHT DIE QUELLE DEINER SEXUELLEN REALITÄT

Kursteilnehmer:

Ich habe aufgehört, die Frau zur Quelle meiner sexuellen Realität zu machen. Das hat mir große Freiheit gegeben.

Gary:

Ja. Die Frau ist nicht die Quelle deiner sexuellen Realität. Wie viele von euch haben Frauen zur Quelle eurer sexuellen Realität gemacht? Ihr macht Sex zur Quelle dessen, wie ihr lebt. Ihr entscheidet, dass ihr ohne Sex nicht leben könnt. Die Wahrheit ist, dass ihr ohne Sex leben könnt – aber es macht sehr viel mehr Spaß, Sex zu haben. Aber ihr Jungs habt Sex nicht deswegen, weil es Spaß macht. Ihr habt Sex, um sicherzustellen, dass ihr weiter leben könnt.

Ihr denkt, dass Sex etwas Ernsthaftes ist. Ich habe eine andere Ansicht. Ich habe die Ansicht, dass Sex etwas ist, das man tut, um Spaß daran zu haben. Warum es nicht einfach tun, weil es Spaß macht?

Welche Dummheit verwendet ihr, um den ernsthaften Sex zu kreieren, den ihr wählt? Alles was das ist, mal Gottzillionen, werdet ihr all das zerstören und unkreieren? Right and Wrong, Good and Bad, POD and POC, All Nine, Shorts, Boys, and Beyonds.

Wenn ihr an den Punkt kommt, wo Sex keine Bedeutung

mehr hat, wo es in Ordnung für euch ist, es auf die eine oder andere Art zu haben, dann kreiert ihr einen Ort, wo ihr tatsächlich Wahl haben könnt und der Sex, den ihr habt, sehr viel großartiger sein wird.

Frauen bieten mir alle möglichen seltsamen, aufdringlichen Einladungen an und ich habe nicht den Wunsch, Sex mit ihnen zu haben. Ich mag jemanden, mit dem es Spaß macht, nicht jemanden, der fordernd ist. Es muss da für mich persönlich ein Gefühl von Spaß dabei sein. Wenn du zu dem Punkt kommst, wo du es nicht brauchst, beginnst du zu wählen, mit wem du Sex hast – und wann. Es ist ein einfacherer Ort, von dem aus man funktionieren kann und wenn ihr dorthin gelangt, dann werdet ihr besseren Sex haben. Das kann ich euch garantieren.

WIE VIELE AUFGABEN HAT MAN DIR ÜBERTRAGEN?

Kursteilnehmer:
Ich erkenne, dass ich versucht habe, beim Sex und in Beziehungen ein Friedensstifter zu sein. Ich habe das Clearing laufen lassen: „Welche Dummheit verwende ich, um den Friedensstifter zu kreieren, den ich wähle?", und es scheint, als würde sich da etwas verändern.

Gary:
Hast du die Aufgabe übernommen, ein Friedensstifter zu sein – oder hat man dir die Aufgabe übertragen? Hat man dir den Job im Uterus gegeben?

Kursteilnehmer:

Gegeben fühlt sich leichter an.

Gary:

Also hat man dir die Aufgabe gegeben, der Friedensstifter in deiner Familie zu sein. Gibt dir das Wahl oder macht sie das zu denjenigen, die für dich wählen?

Kursteilnehmer:

Es macht sie zu denjenigen, die wählen.

Gary:

Wenn sie diejenigen sind, die wählen, welche Wahlen hast du? Hast du viele Wahlen oder hast du wenig Wahl?

Kursteilnehmer:

Wenig Wahl.

Gary:

Die Realität ist, dass das, was du wirklich kreieren solltest, eine großartigere Möglichkeit ist, nicht eine, die weniger bedeutet. Wie wäre es, wenn du die großartigste Möglichkeit haben könntest, die du jemals hattest? Wie wäre das?

Beachte, dass du keine Antwort hast, weil *keine Antwort* der Ort ist, an dem dir niemals die Wahl gelassen wurde. Man hat dir einen Job gegeben und das war der Job, den du haben solltest. Kein anderer Job funktioniert.

Überall wo du in Angleichung und Übereinstimmung oder in Widerstand und Reaktion gegangen bist, das erlaubt hat, dass dir der Job gegeben wurde, wirst du all das zerstören und unkreieren? Right and Wrong, Good and

Bad, POD and POC, All Nine, Shorts, Boys, and Beyonds.

Wie viele Jobs wurden euch in diesem Leben von Frauen gegeben, die von euch verlangen, nicht für euch zu wählen, nicht ihr zu sein, und zu tun, was sie von euch wollen? Alle diese, werdet ihr sie zerstören und unkreieren? Right and Wrong, Good and Bad, POD and POC, All Nine, Shorts, Boys, and Beyonds.

Alle Zukünfte, die kreiert wurden, basierend auf diesen Jobs, können wir sie alle bitte zerstören und unkreieren: Eins…zwei…drei…vier. Noch einmal: Eins…zwei…drei…vier. Noch einmal: Eins…zwei…drei…vier. Okay, fühlt ihr euch jetzt freier zu wählen?

Kursteilnehmer:

Ja.

Gary:

Ihr denkt immer noch, dass euch die Aufgabe übertragen wurde, weil die Frau euch die Aufgabe übertragen hat, ob es jetzt darum geht, den Müll rauszutragen oder der Müll zu sein. Vielen von euch hat man den Job gegeben, der Mann in der Familie zu sein, vor allem wenn ihr geschiedene Mütter hattet. Man hat euch die Aufgage übertragen, der Mann in der Familie zu sein, aber man hat euch nie gesagt, was das bedeutet und ihr habt definitiv nie die Vorteile davon gehabt. Üblicherweise hat man euch gesagt, dass eure Väter so furchtbar, schrecklich und böse waren, dass ihr beschlossen habt, ihr wolltet nicht so werden, so dass ihr auch nicht ihr selbst werden konntet. Die Art und Weise, wie ihr wissen könnt, was ihr als Mann seid, ist durch den Mann, den ihr als Vater hattet, sogar wenn ihr ihn nur für die dreißig Sekunden hattet, die er gebraucht hat zu kommen.

Alles was das ist, mal Gottzillionen, werdet ihr all das zerstören und unkreieren? Right and Wrong, Good and Bad, POD and POC, All Nine, Shorts, Boys, and Beyonds.

DER JOB, DICH SELBST ZU BEWERTEN

Wenn ihr eine Mutter hattet, die euren Vater in irgendeiner Weise, Gestalt oder Form bewertet hat, dann ist euch als einzige Wahl der Job geblieben, euch selbst zu bewerten.

Wie vielen von euch wurde der Job übertragen, euch selbst nonstop verdammt noch mal aus der Existenz zu bewerten? Alles was das ist, mal Gottzillionen, werdet ihr all das zerstören und unkreieren? Right and Wrong, Good and Bad, POD and POC, All Nine, Shorts, Boys, and Beyonds.

Kursteilnehmer:

Wie funktioniert das? Wenn deine Mutter deinen Vater bewertet, dann bist du…

Gary:

Du bist der Nachkomme. In der Bibel heißt es: „Die Schuld der Väter wird heimgesucht an den Söhnen." Das ist es. Das ist die Einpendelung auf die Annahme, dass ihr genauso schlecht seid wie euer Vater. Und wenn ihr euer Leben damit verbringt, nicht so sein zu wollen wie euer Vater, dann ist das Endresultat, dass ihr das bereits geworden seid, um es nicht zu sein, was bedeutet, dass ihr feststeckt. Tatsächlich seid ihr besser als euer Vater. Hat irgendeiner von euch das jemals bemerkt? Wurdet ihr jemals dafür anerkannt, dass ihr viel besser seid als euer Vater?

Kursteilnehmer:

Nein. Meine Mutter hat immer gesagt: „Du siehst aus wie dein Vater" und die Leute haben gesagt: „Du siehst aus wie dein Vater" und eines Tages wurde mir klar: „Wow, mein Körper verwandelt sich in den meines Vaters."

Gary:

Ja. All diese Ansichten wurden auf dich projiziert. Wie viele von euch haben die Ansicht, dass ihr wie euer Vater ausseht oder wie eure Mutter oder wie euer Onkel oder euer Großvater? Die Wahrheit ist, dass keiner von euch wie irgendjemand aussieht, außer so wie ihr selbst.

Überall wo ihr euch einverstanden damit erklärt habt, so auszusehen wie jemand anderes Körper, werdet ihr all das zerstören und unkreieren? Right and Wrong, Good and Bad, POD and POC, All Nine, Shorts, Boys, and Beyonds.

WAS IST DER SUBTEXT HIER, DEN ICH NICHT ANERKENNE?

Kursteilnehmer:

Wenn ich meine Frau frage, was sie gern hätte, wie etwas aussehen würde oder was ich für sie tun könnte, bekomme ich selten eine Information. Sie will nicht antworten und so kommen wir nie zu einer Vereinbarung und Lieferung. Ich habe dich sagen gehört, dass Frauen niemals sagen werden, was wahr für sie ist, damit sie den Mann kontrollieren können. Welche Fragen kann ich stellen und welche Energien kann ich hier sein? Kannst du mehr darüber sagen? Suche ich nach der Antwort, nicht nach dem Gewahrsein?

Gary:

Ja, du suchst nach der Antwort, nicht nach dem Gewahrsein. Was würdest du gern kreieren? Was würdest du gern mit einer Frau kreieren?

Alles, was euch nicht erlaubt, das wahrzunehmen, zu wissen, zu sein und zu empfangen, werdet ihr all das zerstören und unkreieren? Right and Wrong, Good and Bad, POD and POC, All Nine, Shorts, Boys, and Beyonds.

Kursteilnehmer:

Ich habe damit auch ein Problem. Können wir darüber ein bisschen ausführlicher sprechen? Wann auch immer ich versucht habe, eine Vereinbarung und Lieferung auszumachen, stellt mir die Frau die Frage, die ich ihr gestellt habe, und so drehen wir uns immer im Kreis.

Gary:

Warum stellt dir jemand eine Frage, die du demjenigen gerade gestellt hast? Weil a) derjenige die Frage nicht beantworten will und b) er herausfinden will, wie deine Antwort lautet, bevor er antwortet.

Wenn du eine Frau fragst: „Magst du diese Farbe?" wird sie antworten: „Welche Farbe magst du?" ihre Ansicht ist: „Wenn du die Farbe nicht magst, die ich mag, werde ich dich nicht mögen. Wenn ich die Farbe nicht mag, die du magst, werden wir nicht miteinander auskommen." Das ist der Subtext jeder Konversation. Du musst die Frage stellen: Was ist der Subtext hier, den ich nicht anerkenne?

Kursteilnehmer:

Ich bin schon einigen Frauen begegnet. Wir mögen die gleiche Dinge, wir tun die gleichen Sachen gern und wir haben viel gemeinsam…

Gary:

Jede Frau wird dir erzählen, dass ihr etwas gemeinsam habt, ob es nun wahr ist oder nicht. *Gemeinsam* bedeutet: „Wir sind dazu bestimmt zusammenzusein." Das ist der Subtext dieser Aussage. Wenn eine Frau sagt: „Wir haben viel gemeinsam", bedeutet das: „Wir werden heiraten."

Kursteilnehmer:

Darauf wollte ich kommen. Wenn eine Frau sagt: „Wir haben vieles gemeinsam", dann sage ich: „Ja, und was hat das mit irgendetwas zu tun?"

Gary:

Jede Frau wird danach Ausschau halten, was ihr gemeinsam habt, so dass sie entscheiden kann, ob du der Mann bist, den sie will. Es hat nichts mit deiner Ansicht zu tun. Deine Ansicht ist ihr egal.

Kursteilnehmer:

Wahr, wahr, wahr.

Gary:

Wann werdet ihr begreifen, dass es in jeder weiblichen

Konversation Subtext gibt? „Du bist so interessant" bedeutet: „Oh, ich kann Sex mit dir haben." „Wow, das hat wirklich Spaß gemacht" bedeutet: „Was wirst du als nächstes tun?" und „Wann kann ich die Kirche bestellen?"

Kursteilnehmer:
Ich habe es begriffen.

Gary:
Ihr Jungs habt die Ansicht, dass Frauen hören, was ihr sagt. Nein, nein. Sie hören nicht, was ihr sagt. Sie haben sich bereits zusammengereimt, was passieren wird.

Wie viel von eurer Fähigkeit für Verständnis wird ausgeschaltet von dem, was eine Frau sich darüber zusammengereimt hat, was sie hören will? Alles was das ist, mal Gottzillionen, werdet ihr all das zerstören und unkreieren? Right and Wrong, Good and Bad, POD and POC, All Nine, Shorts, Boys, and Beyonds.

WELCHEN TEIL VON „FRAUEN HABEN EINEN SUBTEXT" BEGREIFST DU NICHT?

Frauen kommunizieren auf eine umständliche Art und denken, dass sie das bekommen, was sie wollen, wenn sie die Art und Weise verändern, mit der sie danach fragen, so dass ihr schließlich den Weg frei macht und tut, was sie sagen. Frauen erwarten immer von Männern, dass sie tun, was sie wollen. Warum begreift ihr das nicht? Welchen Teil von „Frauen haben Subtext" begreift ihr nicht?

Die Ansicht einer Frau ist, wenn du sagst, was sie sagt, sagst du die Wahrheit. Wenn du ihr sagst, was sie hören möchte, dann sagst du die Wahrheit. Alles andere ist eine Lüge.

Ihr müsst das begreifen, Jungs. Frauen funktionieren mit Subtexten. Fragt: Was ist hier der Subtext, auf den ich nicht höre? Subtext ist die Art und Weise, wie sie funktionieren. Da gibt es „Das ist es, was sie sagt" und „Das ist es, was sie denkt." Was sie denkt, ist das, was ihr machen sollt. Sie sagt: „Oh, das ist kein Problem. Mach, was immer du willst." Das bedeutet: „Mach das und ich bringe dich um."

Jemand hat vorgeschlagen, wir sollten eine Subtext-App haben, um zu entschlüsseln, was Frauen sagen. Wäre das nicht großartig? Sie sagt: „x y z" und dabei kommt heraus: „Das bedeutet: bla bla bla." In einem Kurs, den wir diese Woche hatten, habe ich den Frauen erzählt, was Subtext ist und alle sagten: „Ja, aber…"

Ich sagte zum Beispiel: „Der Subtext davon ist: bla bla bla."

Und sie sagte: „Was meinst du? Ich habe keinen Subtext verwendet!"

Ich sagte: „Doch, hast du! Du hast es eben getan! Es ist nicht falsch; es ist einfach das, was du machst. Wenn du ehrlich sein willst mit dem, was du sagst, dann musst du erkennen, wann du es tust. Es ist einfach eines der Dinge, bei denen Frauen anders sind als Männer."

Es gibt da ein großartiges Video auf YouTube, das heißt: „It's Not about the Nail" („Es geht nicht um den Nagel").

Eine Frau sagt zu einem Mann: „Ich möchte, dass du mir zuhörst. Ich habe diesen Schmerz (pain) in meinem Kopf."

Der Mann sagt: „Na ja, was ist mit dem Nagel (nail), der in deinem Kopf steckt?"

Die Frau sagt: „Nein, der ist nicht das Problem! Ich möchte, dass du zuhörst. Warum hörst du nie zu? Hör auf, mich reparieren zu wollen!"

Wisst ihr, Jungs, die Sache ist die: Ihr seid Männer.

Kursteilnehmer:

Hast du irgendwelche Clearings für mehr Leichtigkeit mit der Entschlüsselung des Subtextes?

Gary:

Frauen haben immer Hintergedanken. Sie haben immer einen Subtext. Nichts ist jemals gerade heraus. Es ist niemals direkt.

Welche Dummheit verwendet ihr, um zu kreieren, dass ihr niemals den Subtext wahrnehmt und empfangt, wählt ihr? Alles was das ist, mal Gottzillionen, werdet ihr all das zerstören und unkreieren? Right and Wrong, Good and Bad, POD and POC, All Nine, Shorts, Boys, and Beyonds.

„WIR HABEN JETZT EINE BEZIEHUNG"

Kursteilnehmer:

Gibt es irgendetwas bei meiner Beziehung, das ich mir nicht angeschaut habe, das mehr Raum und Möglichkeit kreieren könnte, wenn ich es mir anschauen würde?

Gary:

Ihr macht das sowieso immer, also denke ich nicht, dass du dir darüber Sorgen machen musst. Du und deine Partnerin, ihr beide versucht, eure Beziehung zu kreieren.

Ihr versucht nicht, sie zu leben. Und das ist essentiell. Der größte Fehler, den die Leute machen, ist zu sagen: „Wir haben jetzt eine Beziehung." Das ist das Ende? Nein, es ist nicht das Ende. Es ist nur der Beginn dessen, was sonst noch möglich ist. Ihr seid in einem konstanten Zustand der Kreation eurer Beziehung, wenn ihr auf Folgendem basierend funktioniert:

- Was ist sonst noch möglich?
- Welche anderen Wahlen haben wir?
- Was können wir sonst noch kreieren?
- Wie hätten wir das gern?
- Können wir alles zerstören und unkreieren, wie es gestern war?

Diese Fragen zu stellen lässt euch im gegenwärtigen Moment bleiben und öffnet die Tür zu Ebenen der Möglichkeit, die niemand anderer jemals haben könnte.

Vielen Dank. Ihr Jungs wart ein erstaunliches Geschenk. Diese Telecall-Serie war ein riesiger Beitrag für eine großartigere Möglichkeit. Ihr Jungs seid so ungefähr die mutigsten Typen, die ich jemals getroffen habe, weil ihr gewillt seid, darüber zu sprechen, etwas anderes als das zu sein, was andere Leute gewillt sind zu sein.

Kursteilnehmer:

Super! Ich möchte Danke sagen für eine großartige Telecall-Serie.

Kursteilnehmer:

Vielen Dank, Gary.

Gary:

Ich danke euch allen, dass ihr bei diesem Telecall dabei wart. Ich bin so dankbar, dass ihr auf der Welt seid. Passt auf euch auf – und geht raus und lasst euch flachlegen! Aber denkt daran, ihr wollt nur einmal flachgelegt werden. Wenn ihr es zum zweiten Mal macht, werdet ihr in einer Beziehung sein und beim dritten Mal werdet ihr heiraten. Und wenn das Mädchen sagt: „Wir haben so viel gemeinsam", ist ihre Ansicht, dass ihr bald heiraten werdet. Also macht euch besser auf die Folgen gefasst, wenn ihr euch nicht so zeigt, wie ihr sollt.

Ich liebe euch, Jungs! Alles Gute!

Der Access Consciousness Löschungssatz

**Ihr seid die einzigen, die die Ansichten loslassen können, die euch gefangen halten.
Was ich euch hier mit dem Löschungsprozess anbiete, ist ein Werkzeug, das ihr verwenden könnt, um die Energie der Ansichten zu verändern, die euch in Situationen einschließen, die sich nicht verändern.**

In diesem Buch stelle ich eine Menge Fragen und einige dieser Fragen könnten deinen Kopf ein wenig verdrehen. Das ist meine Absicht. Die Fragen, die ich stelle, sind dazu gedacht, deinen Verstand vor die Tür zu schicken, damit du die Energie einer Situation erfassen kannst.

Sobald die Frage deinen Kopf verdreht und die Energie der Situation hochgebracht hat, frage ich, ob du gewillt bist, diese Energie zu zerstören und unzukreieren, denn eine Energie, die feststeckt, ist der Ursprung von Barrieren und Begrenzungen. Diese Energie zu zerstören und unzukreieren wird die Tür für neue Möglichkeiten für dich öffnen. Das ist die Gelegenheit für dich zu sagen: „Ja, ich bin gewillt loszulassen, was auch immer die Begrenzung an Ort und Stelle hält."

Danach folgt das seltsame Gerede, das wir den

Löschungssatz nennen:

Right and Wrong, Good and Bad, POD and POC, All 9, Shorts, Boys, and Beyonds®

Mit dem Löschungssatz gehen wir zurück zu der Energie der Begrenzungen und Barrieren, die kreiert wurden. Wir schauen uns die Energien an, die uns davon abhalten, uns vorwärts zu bewegen und uns in alle Räume auszudehnen, in die wir gern gehen würden. Der Löschungssatz ist einfach eine Abfolge von Abkürzungen, der sich an die Energien richtet, die die Begrenzungen und Kontraktionen in unserem Leben kreieren.

Je öfter du den Löschungssatz laufen lässt, desto tiefer geht er und desto mehr Schichten und Ebenen kann er für dich frei schalten. Wenn bei dir viel Energie hochkommt, nachdem eine Frage gestellt wurde, dann solltest du den Prozess so oft wiederholen, bis die Sache, an die er sich richtet, kein Thema mehr für dich ist.

Du musst die Worte nicht verstehen, damit der Löschungssatz funktionieren kann, denn hier geht es um die Energie. Wenn du trotzdem daran interessiert bist, was die Worte bedeuten, dann findest du hier eine kurze Definition.

Right and Wrong, Good and Bad ist die Abkürzung für: Was ist richtig, gut, perfekt und korrekt daran? Was ist falsch, gemein, böse, schrecklich, schlecht und furchtbar daran? Die Kurzversion der Frage ist: Was ist richtig und falsch, gut und schlecht? Es sind die Dinge, die wir als richtig, gut, perfekt und/oder korrekt ansehen, die uns am meisten feststecken lassen. Wir möchten sie nicht loslassen, weil wir entschieden haben, dass wir sie richtig hinbekommen.

POD steht für den Punkt der Zerstörung (**point of destruction**), überall wo du dich selbst zerstört hast, um das, was auch immer du gerade löschst, in der Existenz zu halten.

POC steht für den Punkt der Kreation (**point of creation**) all der Gedanken, Gefühle und Emotionen, die deiner Entscheidung, diese Energie einzuschließen, direkt voraus gegangen sind.

Manche Leute sagen: „POD und POC das", was einfach eine Abkürzung für den längeren Satz ist. Wenn du etwas „POD und POCst", dann ist es so, als würdest du die unterste Karte eines Kartenhauses wegziehen. Das ganze Haus fällt in sich zusammen.

All 9 steht für die neun unterschiedlichen Arten, mit denen du diese Sache als eine Begrenzung in deinem Leben kreiert hast. Das sind die Schichten der Gedanken, Gefühle, Emotionen und Ansichten, die die Begrenzung als solide und real kreieren.

Shorts ist die Kurzversion einer viel längeren Reihe von Fragen, die Folgendes umfassen: Was ist bedeutungsvoll daran? Was ist bedeutungslos daran? Was ist die Bestrafung dafür? Was ist die Belohnung dafür?

Boys steht für die energetischen Strukturen, die Haufensphären genannt werden. Im Grunde genommen haben sie mit den Bereichen unseres Lebens zu tun, in denen wir versucht haben, etwas anzugehen immer wieder ohne Erfolg. Es gibt mindestens dreizehn verschiedene Arten dieser Sphären, die wir alle zusammen „die Boys" nennen. Eine Haufensphäre sieht aus wie diese Luftblasen, die entstehen, wenn du in diese Seifenblasenpfeifen für Kinder bläst, die viele Kammern haben. Es entstehen unglaublich viele Luftblasen und wenn du eine platzen lässt, dann wird der Raum sofort wieder von den anderen gefüllt.

Hast du jemals versucht, die Schichten einer Zwiebel abzuziehen, wenn du dich bemüht hast, einem Thema auf den Grund zu kommen, aber du bist niemals zum Kern gekommen? Das war deswegen so, weil es keine Zwiebel war; es war eine Haufensphäre.

Beyonds sind Gefühle oder Empfindungen, die du bekommst, die dein Herz zum Stillstand bringen, deinen Atem versagen lassen oder deine Bereitschaft verhindern, Möglichkeiten zu sehen. Beyonds sind das, was passiert, wenn du in einem Schockzustand bist. Es gibt viele Bereiche unseres Lebens, in denen wir erstarren. Jedes Mal, wenn das geschieht, dann ist das ein Beyond, das dich gefangen hält. Das ist die Schwierigkeit mit einem Beyond: Es hält dich davon ab, präsent zu sein. Die Beyonds umfassen alles, was über unsere Glaubensfähigkeit hinausgeht, über unsere Realität, Vorstellungskraft, Fassungsvermögen, Wahrnehmungsvermögen, Rationalisierung, Vergebung und all die anderen „Jenseits von…" Es handelt sich normalerweise um Gefühle und Empfindungen, seltener um Emotionen und niemals um Gedanken.

Glossar

ERLAUBNIS

Du kannst dich nach einer Ansicht ausrichten und mit ihr übereinstimmen oder du kannst Widerstand gegen eine Ansicht leisten und auf sie reagieren. Das ist die Polarität dieser Realität. Oder du kannst im Erlauben sein. Wenn du im Erlauben bist, dann bist du der Fels in der Mitte des Stroms. Gedanken, Glaubenssätze, Einstellungen und Überlegungen kommen auf dich zu und fließen an dir vorbei, denn für dich sind sie alle nur eine interessante Ansicht. Wenn du andererseits in Ausrichtung und Übereinstimmung oder in Widerstand und Reaktion gehst, dann wirst du gefangen im Strom des Irrsinns und lässt dich mit auf die Reise nehmen. Das ist nicht der Strom, in dem du sein solltest. Du solltest im Erlauben sein. Totale Erlaubnis ist: Alles ist nur eine interessante Ansicht.

BARS

Die Bars™ sind ein Handauflege-Prozess von Access, bei dem die Hände den Kopf leicht berühren, um mit Punkten in Kontakt zu kommen, die mit verschiedenen Lebensbereichen korrespondieren. Es gibt Punkte für

Freude, Traurigkeit, Körper und Sexualität, Gewahrsein, Güte, Dankbarkeit, Frieden und Ruhe. Es gibt sogar einen Geldbar. Diese Punkte heißen Bars (Riegel), weil sie von einer Seite des Kopfes bis zur anderen laufen.

SEIN

In diesem Buch wird das Wort *sein* manchmal statt *bist* benutzt, um das unendliche Wesen, das du wahrhaftig *sein* (engl.: the infinite being you truly *be*), im Gegensatz zu der erfundenen Ansicht darüber, was du glaubst, dass du *bist*, zu bezeichnen.

SEIN UND SEINSWEISE

Sein bist du, das unendliche Wesen, das du bist.
Seinsweise ist etwas, das du tust, um zu beweisen, dass du bist.

ENERGETISCHE SYNTHESE DES SEINS (ESB)

ESB ist ein Kurs, den Dr. Dain Heer gibt. Dabei geht es darum, wie du, als Wesen, Dinge zusammenführst, um alles um dich herum zu verändern.

ENERGETISCHE SYNTHESE DER VERBUNDENHEIT (ESC)

Das ist ein Prozess, den Dain anwendet. Im Grunde bringt dich die energetische Synthese der Verbundenheit mit der ganzen molekularen Struktur des Universums auf eine andere Art und Weise in Verbindung. Auf Dains Webseite (www.drdainheer.com) kannst du mehr darüber erfahren. Er bietet kostenlose „Kostproben" an, damit du ein Gefühl dafür bekommen kannst, wie das aussieht.

KOPFGESTEUERT SEIN, HERZGESTEUERT SEIN, SCHOSSGESTEUERT SEIN

Wenn du kopfgesteuert bist, dann denkst du die ganze Zeit (worum auch immer es sich handelt): „Was kommt als Nächstes? Was werden wir als Nächstes tun? Was ist der nächste Schritt?" Jemand, der kopfgesteuert ist, sagt immer: „Das Nächste, das Nächste, das Nächste".

Jemand, der herzgesteuert ist, sagt immer: „Warum hast du mich nicht angerufen? Liebst du mich nicht mehr? Was ist los mit dir? Was ist mit mir los?"

Jemand, der schoßgesteuert ist, versucht immer zu beweisen, wie sexuell er oder sie ist, statt tatsächlich sexuell zu *sein*. Es ist ein *Beweis* für Sexualness – nicht sexuell *sein*. Frauen, die sich provozierend anziehen, aber nicht einen Funken sexuell sind, sind schoßgesteuert. Sie sehen aus, als sollten sie sexuell sein – aber das ist nur ihr Image, nicht die Realität.

HALTEMUSTER

Dies sind Muster, die wir in unseren Körpern festhalten. Sie können durch einen Handauflege-Prozess von Access Consciousness erschlossen werden.

Humane and Humanoide

Es gibt zwei unterschiedliche Spezies von zweibeinigen Wesen auf diesem Planeten. Wir nennen sie Humane und Humanoide. Sie sehen gleich aus, sie gehen gleich, sie reden gleich und oft essen sie das Gleiche, aber die Realität ist, dass sie verschieden sind.

Humane werden dir immer sagen, wie unrecht du hast, wie recht sie haben und wie du nichts verändern solltest. Sie sagen zum Beispiel: „Wir machen die Dinge nicht so, also denke nicht einmal darüber nach." Sie sind diejenigen, die fragen: „Warum veränderst du das? Es ist in Ordnung, wie es ist."

Humanoide haben einen anderen Ansatz. Sie schauen sich die Dinge immer an und fragen: „Wie können wir das verändern? Was wird das verbessern? Wie können wir das überbieten?" Das sind die Menschen, die all die großartige Kunst kreiert haben, all die großartige Literatur und den ganzen großartigen Fortschritt auf dem Planeten.

IMPLANTATE

Implantate sind die Dinge, die man uns in irgendeinem Leben angetan hat, die eine Auswirkung auf den Körper und den Verstand haben. Ein Implantat kreiert eine bestimmte Schwingung in uns; es wird zu etwas, was uns beeinflusst und hält. Wir haben herausgefunden, dass es möglich ist, diese Implantate zu entfernen oder ungeschehen zu machen, indem wir einen Prozess von Access Consciousness verwenden.

Interessante Ansicht

Interessante Ansicht ist ein Werkzeug von Access

Consciousness. Es ist eine großartige Art und Weise, Bewertungen zu neutralisieren, indem wir uns selbst daran erinnern, dass, was auch immer die Bewertung ist, sie nur eine interessante Ansicht ist, die wir oder jemand anderer in diesem Moment hat. Sie ist nicht richtig oder falsch oder gut oder schlecht.

Jedes Mal, wenn eine Bewertung hochkommt, sage einfach: „Interessante Ansicht". Das hilft, dich von der Bewertung zu distanzieren. Du richtest dich nicht daran aus, du stimmst nicht zu – und du hast keinen Widerstand und keine Reaktion dagegen. Du erlaubst dem einfach zu sein, was es ist, was nicht mehr ist, als eben eine interessante Ansicht. Wenn du das tun kannst, bist du in Erlaubnis.

IST DAS MEINES?

„Ist das meines?" ist eine Frage, die du stellen kannst, um herauszufinden, ob die Gedanken, Gefühle und Emotionen, die du hast, tatsächlich dir gehören - denn 98% der Gedanken, Gefühle und Emotionen, die wir haben, gehören uns nicht. Wir fangen ständig das Zeug von allen anderen auf und nehmen an, dass das unseres ist, vor allem wenn es sich um etwas Schlechtes handelt. Und wir nehmen an, dass das gute Zeug jemand anderem gehört.

KILLER-ENERGIE

Killer-Energie ist die Energie, die für dich nötig wäre, um etwas umzubringen, wenn du gewillt wärst, es ohne jede Bewertung zu tun. Es braucht Energie, um eine Kuh oder ein Wild zu töten, oder irgendetwas anderes, das du essen wirst. Diese Energie, die man jemandem so entgegenbringt, als würde man tatsächlich ein Tier schlachten, ist die Energie, die die Dinge für die Leute verändern wird.

LEICHTER/SCHWERER

Das, was leicht ist, ist immer wahr und du spürst die Leichtigkeit darin. Das, was eine Lüge ist, ist immer schwer und du spürst diese Schwere.

THE PLACE

Ein Roman von Gary Douglas über das, wonach du immer gesucht hast und darüber, wie und wo das möglich sein könnte.

POD und POCen

POD und POCen ist die Kurzform, um zu sagen, dass du zurückgehst in der Zeit zu dem Punkt, wo du dich selbst mit etwas zerstört hast, oder zu dem Punkt der Kreation von etwas, das dich blockiert.

ENERGIE ZIEHEN, ENERGIEFLÜSSE

Die meisten Männer schieben Energie in Richtung der Frauen, von denen sie angezogen sind. Frauen erleben das häufig und ihre Antwort ist in den allermeisten Fällen: „Nein, danke!" Statt Energie zu jemanden zu schieben, von dem du dich angezogen fühlst, versuche lieber, Energie von ihr oder ihm zu ziehen. Das ist die Art und Weise, wie man jemanden anzieht. Er oder sie fühlt sich plötzlich zu dir hingezogen. Durch Energieflüsse kreierst du Verbindungen mit Menschen. Du bittest einfach die Energie zu ziehen. So einfach geht das.

ETWAS ALS ENDLOSSCHLEIFE LAUFEN LASSEN

Das ist etwas, das du auf deinem Computer tun kannst, das dir erlaubt, etwas wieder und wieder anzuhören.

EMPFANGEN

In dieser Realität glauben die Leute, dass die einzige Art zu empfangen durch Sex, Kopulation oder Geld ist.

Wahres Empfangen ist die Fähigkeit, all die Information zu empfangen, die es gibt. Es hat mit dem Gewahrsein von all dem zu tun, das möglich ist. Es ist die Fähigkeit, das ganze Gewahrsein ohne Ansicht wahrzunehmen.

Sex und kein Sex

Wenn wir bei Access Consciousness *Sex* und *kein Sex* sagen, beziehen wir uns nicht auf Kopulation. Wir sprechen über das Empfangen. Wir haben diese Worte gewählt, weil sie die Energie des Empfangens und Nichtempfangens besser hochbringen als alles andere, das wir gefunden haben.

Die Leute verwenden ihre Ansichten über Sex und keinen Sex als eine Art und Weise, ihr Empfangen zu begrenzen. Sex und kein Sex sind sich einander ausschließende Universen

– Entweder-Oder-Universen – wo du entweder deine Präsenz zeigst (Sex), um alle anderen auszuschließen, oder wo du deine Präsenz versteckst (kein Sex), damit du nicht gesehen werden kannst. In beiden Fällen, mit dem Fokus auf dich selbst, erlaubst du dir nicht, von irgendjemandem oder von irgendetwas zu empfangen.

SHICUUUU-IMPLANTATE

Das sind Implantate, die geheim, versteckt, unsichtbar, verborgen, ungesehen, unausgesprochen, unanerkannt und ungenannt sind.

ZEICHEN, SIEGEL, EMBLEME UND SIGNIFIKANZEN

Das sind die Abzeichen, die du die ganze Zeit trägst, die nichts mit dem zu tun haben, wer du bist.

WELCHE DUMMHEIT WÄHLST DU?

Um unbewusst zu sein, müssen unendliche Wesen sich selbst als dumm kreieren. Fragen, die mit „Welche Dummheit verwendest du…?" beginnen, sollen nicht unterstellen, dass du dumm bist. Stattdessen sollen sie die Energie der Anlässe hochbringen, als du einen Mangel an Wissen gewählt hast – eine Dummheit – um dich selbst als unbewusst zu kreieren.

Was ist Access Consciousness?

*Was, wenn du gewillt wärst, dich zu nähren
und für dich zu sorgen?
Was, wenn du die Türen öffnen würdest, um alles zu sein, von dem
du entschieden hast, dass es nicht möglich ist?
Was bräuchtest du, um zu erkennen, wie entscheidend
du bist für die Möglichkeiten der Welt?*

Access Consciousness ist eine einfache Sammlung von Werkzeugen, Techniken und Philosophien, die dir erlauben, dynamische Veränderungen in jedem Bereich deines Lebens zu kreieren. Access bietet dir Bausteine, die dir Schritt für Schritt erlauben, vollkommen gewahr zu werden und damit zu beginnen, als das bewusste Wesen zu funktionieren, das du in Wahrheit bist. Diese Werkzeuge können dazu verwendet werden, alles zu verändern, was auch immer in deinem Leben nicht funktioniert, damit du ein anderes Leben und eine andere Realität haben kannst.

Zugang zu diesen Werkzeugen kannst du durch eine Vielfalt von Kursen, Büchern, Telecalls und anderen Produkten bekommen oder durch einen Zertifizierten Facilitator von Access Consciousness oder einen Access Consciousness Bars Facilitator.

Das Ziel von Access ist es, eine Welt von Bewusstsein und Eins-Sein zu kreieren. Bewusstsein ist die Fähigkeit, in jedem Moment deines Lebens präsent zu sein, ohne dich oder jemand anderen zu bewerten. Bewusstsein inkludiert alles und bewertet nichts. Es ist die Fähigkeit, alles zu empfangen, nichts zurückzuweisen und alles zu kreieren, das du dir in deinem Leben wünschst, großartiger als das, was du derzeit hast, und mehr, als du dir jemals vorstellen kannst.

Um mehr über Access Consciousness zu erfahren oder um einen Access Consciousness Facilitator zu finden, besuche bitte:

http://www.accessconsciousness.com/
www.garymdouglas.com

Verzeichnis der Kapitel und Überschriften

Kapitel 1: Das Eintreten in etwas anderes 9
Dir selbst als Mann vertrauen / Anderen Männern vertrauen 9
Partnerschaften mit Männern kreieren 12
Deinen Sinn für Schönheit abschneiden 17
„Wir sind füreinander da" 20
Die Freundlichkeit, die Männer haben 24
Trennung kreieren 28
Sexuelle Energie und Empfangen 31
Etwas anderes wählen 33
Veränderung vs. etwas anderes 37
Was kann ich anderes tun? 41
Möglichkeit, Wahl, Frage und Beitrag 48
Seid ihr jemals dazu ermutigt worden, ein Mann zu sein? 50

Kapitel 2: Sex und Beziehung kreieren aus dem Gewahrsein, was ist 53
Kreation vs. Erfindung 53
Wie es *aussieht* vs. wie es *ist* 55
Die Schwanzherrschaft 57
Wenn ihr ein Mann seid, habt ihr unrecht 59
Die Erfindung der Empfängnisverhütung 63
Was, wenn Erfolg nur eine Wahl ist? 66
Du kannst kreieren – oder du kannst erfinden 68

Etwas kreieren, das anders ist 70
Machst du dich weniger sexuell? 73
Versucht ihr, diejenigen zu heilen, die an einem Mangel an sexueller Energie sterben? 74
Sexuelle Anziehung 79
Fokus auf der Kreation 81
Urlaub machen 82
Wie wäre es, Sex und Beziehung von einer total anderen Realität aus zu kreieren? 85

Kapitel 3: Ihr seid das wertvolle Produkt 87

Dämonen der Notwendigkeit 87
Die Welt eines Dämonen mit Bewusstsein durchsetzen 93
Machst du jemanden rechtschaffen? 95
Vereinbaren und Liefern 98
Wird das meine Agenda ausdehnen? 100
Wenn du der Anführer bist, wirst du zum wertvollen Produkt 102
Die Falschheit daran, sich Sex zu wünschen 106
Totale Präsenz bei Sex und Kopulation 107
Kulturelle Einpendelung 108
Die sexuelle Energie sein, die du bist 111
Was würde ich gern für mich kreieren? 113
Orgasmus durch Kontraktion / Orgasmus durch Ausdehnung 115
Integrität mit sich selbst 122

Kapitel 4: Der König der Möglichkeiten werden 127

Die ewige Saison der Unzufriedenheit 127
Eine verdrehte Unzufriedenheit, die Trennung zwischen Männern kreiert. 131
Was, wenn es kein Empfinden von Bedürfnis in eurem Leben gäbe? 133
Unverteidigt sein 137
Wird sie mich zu einem wertvollen Produkt machen? 139
Die Vermeidung der Freude von Sex und Kopulation 140

Das Antörnen, das du bist 142
Die ultimative Erregung 147
Sex ist eine Lebenskraft 153
Dich selbst als wertvoll sehen 155
Was wird es brauchen, damit diese Beziehung funktioniert? 157
Die Feinheit des Gewahrseins, das ihr tatsächlich habt 158
Der Ständer, den du wählen könntest 160
In die Rolle des Königs eintreten 166
Was, wenn du gewillt wärst, der König der Möglichkeiten zu sein? ...168

Kapitel 5: Der phänomenale Sex, die phänomenale Kopulation und die phänomenale Beziehung, die du wählen könntest. .. 173
Dämonenangereicherte Ereignisse kreieren 173
Es „passiert" nicht einfach 179
„Ich will, dass er sein Leben für mich aufgibt" 183
Romantik 186
„Ich scheine verheiratete Frauen anzuziehen" 187
Gibst du dich auf? 191
Einimpfung von Realitäten 194
Sei ehrlich in Bezug darauf, wo du dich in deinem Leben befindest ...198
Wie kann ich es zu meinem Vorteil nutzen, ein Widerling zu sein? ...201
Deine sexuelle Energie nutzen 203
Was kreierst du mit deiner sexuellen Energie? 209
Großartiger Sex 210
Mach die Bewertungen der anderen Leute nicht wahr 212

Kapitel 6: Was ersehnst du dir wirklich? 217
Was, wenn jeder gewillt wäre, ein Hurenbock zu sein? 217
Was willst du in deinem Leben? 218
Gewahrsein wählen 221
Du musst es dir ersehnen 223
Machst du dich selbst falsch für deine Wahrheit? 225

Eine ideale Beziehung mit einer Frau 227
Zeit zusammen verbringen 228
Was ist das Wichtigste für mich? 231
Erstelle eine Liste: Was hätte ich gern bei einem Partner? 233
Du brauchst auch eine „Ich will nicht"-Liste 233
Welche Dummheit verwendest du, um die Frauen zu kreieren,
die du wählst? 235
Eine Frau nicht nötig haben 236
„Ich habe aufgehört zu kreieren" 239
Deine Stimme aufgeben 240

Kapitel 7: Gut im Bett sein **243**
Kreiere eine galvanische Reaktion in ihrem Körper 243
Macht langsam... 244
Informiere dich über die weiblichen Körperteile 245
Welche Art von Berührung hätte sie gern? 245
Ihren Körper stimulieren 250
Masturbation 252
Empfangen 255
Eine molekulare Vibration zwischen dir und der Frau kreieren...........256
Sprich mit ihr...258
Die Leute verbinden sich als Körper 259
„Du bist mein" 261
Was will diese Person? / Was will ich?...262
Nörgelei 265

Kapitel 8: Was ist ein Gentleman?..**271**
Ein Gentleman sein..271
Ein Gentleman wählt Möglichkeit statt Bewertung 276
Lade Sie ein, in eine großartigere Möglichkeit einzutreten 277
Du musst von deiner Realität aus kreieren 282
Was willst du kreieren?... 284

Warum wird Lust als eine Falschheit angesehen?.................... 286
Gemein zu anderen Männern sein..291
Versuchen, die Frauen anderer Männer zu stehlen 293
Besteuerung... 296
Eine sexuelle Realität jenseits dieser Realität............................. 297
Es ist alles eine Bewertung des Empfangens................................ 298
Welche Art von Zukunft versucht sie zu kreieren? 303
Heraustreten aus dem aufhaltbar Sein 308
Die Energie von Begrenzung 316

Kapitel 9: Was willst du tatsächlich in einer Beziehung?......321
Die Perfektion der Frauen..321
Pornographie...324
Die Bannsprüche, die wir kreieren..325
„Ich kann nicht aufhören, an sie zu denken" 329
„Ich habe danach gefragt"..332
Hast du genug Geld für sie?..334
Der liebevolle Sex, den du gern hättest 336
Warum Frauen davonlaufen wollen..339
„Ich sollte sie nicht verlassen"... 340
Dich aufgeben 345
Was würde dich in deinem Leben begeistern?............................347
Du musst eine Vereinbarung und Lieferung treffen.................... 348
Commitment...350
Was kann ich anderes sein oder tun, das all das verändern wird?........355
Der Versuch, dich über deinen Körper hinwegzusetzen 356

Kapitel 10: Die aggressive Präsenz der Sexualness 361
Aggressive Präsenz..361
Für dich wählen 363
Aggressiv sexuell sein..365
Von der Präsenz heraus funktionieren 366

Die Frau, die dich nicht *braucht* 368
Aggressive Bedürfnislosigkeit 372
Aggressive Sexualness.. 373
Wenn eine Frau keinen Orgasmus haben kann 374
Hat sie gern Sex mit ihrem Körper – oder als ihr Körper? 375
„Da ist eine Energie mit meinem Penis" 377
„Warum kann ich nicht auch multiple Orgasmen haben?" 379
Selbstbefriedigung.. 381
„Wie wäre es, Sex mit diesem Mann zu haben?" 383

Kapitel 11: Commitment wählen 387
Männlichkeit und Maskulinität 387
Ein Energiesog 389
Wie viele Zukünfte hast du kreiert, die deine Fähigkeit
zu kreieren blockieren? 392
An einen Ort kommen, wo es eine wirkliche Wahl gibt 394
Commitment als eine Entscheidung / Commitment als eine Wahl .. 396
Commitment als eine Zehn-Sekunden-Wahl 397
Eine Beziehung mit dem Kind deines Partners kreieren 400
Was bedeutet Vater für dich? 401
Kreiere keinen Konflikt oder Trennung in deinen Kindern 404
Wo versuchst du, ihn dazu zu bringen, dich ihr vorzuziehen? 407
„Ich habe versucht, der coole Papa zu sein" 410
Lerne, manipulativ zu sein 413

Kapitel 12: Den Subtext der Frauen entschlüsseln 417
Kulturelle Einpendelung 418
„Ich ziehe häufig schwule Männer an" 419
Wohin muss man seine Energie lenken? 420
Eine Beziehung, zu der ein Kind gehört 421
Ein undefiniertes Leben 423
Mit der Wut einer Frau umgehen 424

Aggressive Präsenz in einer Beziehung 426
Wie man sich einer Frau nähert...427
„Das Wort Commitment lässt mich immer noch feststecken" 428
Du kannst du sein ohne eine Frau..430
Du gehst immer in eine Beziehung, weil es das ist, was die Frau will.432
Die Frau ist nicht die Quelle deiner sexuellen Realität 434
Wie viele Aufgaben hat man dir übertragen?..435
Der Job, dich selbst zu bewerten 438
Was ist der Subtext hier, den ich nicht anerkenne? 439
Welchen Teil von „Frauen haben einen Subtext" begreifst du nicht? ...442
„Wir haben jetzt eine Beziehung" 444

www.ingramcontent.com/pod-product-compliance
Lightning Source LLC
Chambersburg PA
CBHW050425240426
43661CB00055B/2273